Wolfgang Zwickel

Einführung
in die biblische Landes-
und Altertumskunde

Wissenschaftliche Buchgesellschaft

Volkmar Fritz gewidmet

Die Deutsche Bibliothek – CIP-Einheitsaufnahme
Ein Titeldatensatz für diese Publikation ist bei
Der Deutschen Bibliothek erhältlich.

© 2002 by Wissenschaftliche Buchgesellschaft, Darmstadt
Einbandgestaltung: Neil McBeath, Stuttgart
Gedruckt auf säurefreiem und alterungsbeständigem Papier
Printed in Germany

Besuchen Sie uns im Internet: www.wbg-darmstadt.de

ISBN 3-534-15084-8

Inhalt

Vorwort

Diese Einführung in die Biblische Landes- und Altertumskunde will einen Überblick über den derzeitigen Stand der Forschung, vor allem aber auch einen Einblick in die Methodik in den vielfältigen Disziplinen vermitteln, die von diesem Fach berührt werden. Sie wendet sich damit speziell an Studierende, die sich Grundkenntnisse in diesem Fach erwerben wollen, aber auch an Wissenschaftlerinnen und Wissenschaftler von Nachbardisziplinen, um ihnen einen Zugang zu dem Fach zu ermöglichen. Die Landes- und Altertumskunde ist in besonderem Maße natürlich für die exegetischen Fächer relevant. Da sie sich aber in den letzten Jahren dank einer Fülle von Publikationen weitgehend verselbstständigt hat, hoffe ich mit diesem Buch die Thematik auch wieder für die Exegese stärker zugänglich zu machen. Vieles konnte dabei angesichts der beschränkten Seitenzahl und der Fülle von Themen nur kurz angesprochen, aber nicht breiter behandelt werden. In vielen Fällen musste zudem eine Verengung des Blickwinkels auf die alttestamentliche Epoche vorgenommen werden, obwohl die Landes- und Altertumskunde natürlich einen Zeitraum von mindestens 10000 Jahren abdeckt. Einerseits liegt dies in meinen eigenen Forschungsinteressen begründet, andererseits ist aber gerade auch das 1. Jahrtausend v. Chr. diejenige Epoche, in der die Landes- und Altertumskunde am meisten von Exegeten herangezogen wird. Im Bereich des Neuen Testaments lässt sich erst in den letzten Jahren, und weitgehend beschränkt auf den amerikanischen Raum, ein neues Interesse am Land der Bibel erkennen.

Das ausführliche Literaturverzeichnis soll angesichts der Vielzahl von Fächern und methodischen Ansätzen dazu verhelfen, tiefer in die einzelnen Thematiken einzusteigen. Hier konnte ebenso wenig wie im Textteil ein vollständiger Überblick über die gesamte relevante Literatur geboten werden. Sicherlich hätte manches nützliche Buch oder mancher wichtige Zeitschriftenartikel noch hinzugefügt werden können. Bei der Auswahl der im Literaturverzeichnis genannten Werke stand das Ziel im Vordergrund, den Leserinnen und Lesern dieses Buches einige zentrale Werke für ein eigenes wissenschaftliches Arbeiten zu nennen. Gerade weil die einzelnen Disziplinen sich inzwischen verselbstständigt haben, schien es nötig, erstmals seit vielen Jahren wieder die wesentlichen Werke der Nachbardisziplinen zusammenzutragen. Grundlegende Monographien, seltener dagegen Aufsätze, werden daher in dem Literaturverzeichnis genannt. Daneben habe ich mich bemüht, gerade auch die neuere deutschsprachige Forschung im Literaturverzeichnis aufzuführen, manchmal zu Lasten englischsprachiger Bücher. Obwohl die deutschsprachige Forschung immer wieder wichtige Werke hervorbringt, wird sie international nur in geringem Maße wahrgenommen. Über die üblichen Lexika (ABD, OEANE u. a.) sind weitere englischsprachige Beiträge leicht ausfindig zu machen. Es bleibt zu hoffen, dass durch das hier vorgelegte Literaturverzeichnis auch die deutschsprachige Forschung wieder stärker wahrgenommen wird.

Gerade weil die biblische Landes- und Altertumskunde ein breites Spektrum von wissenschaftlichen Forschungsfeldern abdeckt, gibt es eine Vielzahl an Menschen, von denen ich in Gesprächen, bei universitären Veranstaltungen oder aus Büchern die methodischen Grundlagen erlernen konnte. Wenn in jüngster Zeit die Interdisziplinarität der Forschung wieder verstärkt eingefordert wird, dann ist dies eine Forderung, die von der biblischen Landes- und Altertumskunde schon längst erfüllt wird. Allen Kolleginnen und Kollegen, von denen ich im interdisziplinaren Gespräch lernen durfte und die hier namentlich nicht aufgezählt werden können, sei herzlich gedankt. Mein besonderer Dank gilt daneben den Freunden Matthias Flender, Ulrike Schorn, Sandra Berg und Michael Tilly, die das Manuskript und das Literaturverzeichnis gelesen haben und mir manche wichtige Anregung gaben. Der Calwer Verlag stellte freundlicherweise Kartenvorlagen zur Verfügung, Frau Ronja Kratz gestaltete einige Zeichnungen neu.

Ich widme dieses Buch Volkmar Fritz. Er war der erste, der nach dem 2. Weltkrieg wieder Grabungen in Israel durchführte und der damit viel zum Verständnis israelischer und deutscher Archäologen beigetragen hat. Schon während seines Studiums an der Hebräischen Universität in Jerusalem von 1964 bis 1967 – in der damaligen Zeit noch außergewöhnlich für einen Deutschen – war er an den Grabungen in Arad beteiligt, später leitete er, z. T. in Kooperation mit israelischen Kollegen, selbst Grabungen. Er hat sich auch stets bemüht, das Fach der Biblischen Archäologie und der Biblischen Landes- und Altertumskunde in Deutschland populär zu machen, ohne dabei popularistisch zu werden. Des Weiteren verdanke ich ihm auch die Pflege der archäologischen Bibliothek am Seminar für Altes Testament und Biblische Archäologie in Mainz, wo er bis zu seinem Weggang an die Universität Gießen gewirkt hat. Schließlich habe ich mit meinen besonderen Forschungsinteressen, die u. a. im Bereich der Kult- und Baugeschichte liegen, immer wieder von den Vorarbeiten profitieren können, die er in zahlreichen Arbeiten gelegt hat. Ihm sei dafür herzlich gedankt.

Mainz, im Januar 2002   Wolfgang Zwickel

1. Einführung

Die biblische Landes- und Altertumskunde ist im deutschsprachigen Raum traditionell ein theologisches Fach. Biblische Archäologie bzw. Palästinaarchäologie – in diesem Kontext finden bei uns Veranstaltungen zur Landes- und Altertumskunde statt – ist von seinen Anfängen her an das Alte Testament gebunden. Dafür lassen sich durchaus gute Gründe anführen, insbesondere der, dass die Bibel trotz einer Vielzahl von außerbiblischen Quellen, die wir inzwischen kennen, noch immer die wichtigste, umfassendste und inhaltsreichste Quelle für die Kenntnis dieser Region ist, die heute von den Staaten Israel, Jordanien und Palästina/Westbank gebildet wird. Dass man dieses Fach nicht unbedingt an die Theologie binden muss, zeigt sich aber darin, dass in anderen Ländern (z. B. Großbritannien) die biblische Landes- und Altertumskunde bzw. die Biblische Archäologie zu den Kulturwissenschaften gezählt wird und damit auch formal anderen archäologischen Disziplinen gleichgestellt ist.

Biblische Landes- und Altertumskunde als theologisches Fach

Das besondere Interesse an der Geschichte der südlichen Levante, die kulturell nie eine Hochblüte wie etwa Ägypten oder Mesopotamien erlebte, lässt sich jedoch nur mit der Bedeutung der Bibel erklären. Bis heute übt diese Gegend und ihre archäologische Hinterlassenschaft noch immer eine hohe Anziehungskraft auf Touristen aus. Andererseits gibt es in Deutschland kein Museum für biblische Kultur, weil die Kultur dieser Region im Vergleich zu den Nachbarregionen als zu unscheinbar für eine Ausstellung erachtet wird. Wenn in den Archiven der deutschen Museen Fundstücke aus Palästina vorhanden sind, werden sie so gut wie nie ausgestellt. Die Altertümer aus Palästina sind interessant, nicht weil sie schön sind, sondern weil sie etwas von der Bibel und ihrer Welt erzählen. Wer sich daher mit der biblischen Landes- und Altertumskunde beschäftigt, ist stets gezwungen, sich sowohl mit der archäologischen als auch mit der textlichen Hinterlassenschaft auseinanderzusetzen. Insbesondere muss geklärt werden, wie diese beiden Bereiche miteinander in eine Beziehung gesetzt werden können. Der Frage, ob die Archäologie die Bibel beweist oder ob sie sie widerlegt, wird in den Kapiteln 2, 4 und 5 nachgegangen.

Bedeutung der Bibel für das Fach

Betrachtet man die thematischen Inhalte in der biblischen Landes- und Altertumskunde, wird schnell deutlich, dass es sich hierbei um ein Fach handelt, das von seinem methodischen Ansatz her mit den sonstigen Fächern der Theologie nicht zu vergleichen ist. Als 1865 in London mit dem Palestine Exploration Fund die erste nationale Vereinigung zur Förderung der Archäologie Palästinas gegründet wurde, legte man sich auf eine Vielzahl von interdisziplinär ausgerichteten Themenkreisen fest, die untersucht und gefördert werden sollten: die Archäologie, die Sitten und Gebräuche in Palästina, die Topographie des Landes, aber auch die Geologie, die Botanik, die Zoologie und die Metereologie. Interdisziplinarität nicht nur zwischen Theologie und Archäologie, sondern auch Kontakte zu all diesen

Interdisziplinarität

Fächern, die eher naturwissenschaftlich als geisteswissenschaftlich ausgerichtet sind, sind für die biblische Landes- und Altertumskunde eine Grundvoraussetzung. All diese Disziplinen sind nötig, um die Rahmenbedingungen für das Leben im Altertum aufzuzeigen.

Diese Lebensverhältnisse lassen sich auf vielfältige Art und Weise erfassen. Zu Beginn der modernen Forschungen standen die Versuche, jenseits der bereits bekannten Pilgerpfade das Land kennenzulernen, es kartographisch zu erfassen und die biblischen Orte in diesem Land zu lokalisieren (vgl. Kapitel 3 und 8). Schon in dieser ersten Forschungsphase ergänzten naturwissenschaftliche Beobachtungen die Untersuchungen. Sie dienten dazu, das bis dahin reichlich unbekannte Land näher zu erfassen und die Voraussetzungen für das Leben im Altertum, die Ackerbau, Viehwirtschaft und Handel geprägt haben, näher zu bestimmen (vgl. Kapitel 6). Parallel dazu wurden die regionalen Gebräuche und Sitten von einigen Forschern erkundet (vgl. Kapitel 9). Diese eher ethnologisch ausgerichtete Forschungsrichtung diente dazu, die spirituelle Welt, die sich oft über die Jahrhunderte und Jahrtausende nahezu unverändert erhalten hatte, verstehen zu lernen.

Im 20. Jh. wurde sehr viel stärker als in den Anfangsjahren archäologisch gearbeitet (vgl. Kapitel 3 und 7). Palästina zählt heute zu den am besten archäologisch erforschten Gebieten der Welt. Mit der Konzentration auf die archäologische Erforschung traten zunächst die übrigen Disziplinen in den Hintergrund. Die voranschreitende Spezialisierung der gesamten Forschungslandschaft führte dazu, dass man das breite Spektrum der angesprochenen Fächer nicht mehr völlig bewältigen konnte. Seit einiger Zeit erkennt man aber wieder, wie sehr die Nachbardisziplinen wichtig sind, um ein umfassendes Bild des Altertums erstellen zu können. Wer heute in Palästina ein größeres Grabungsprojekt durchführen will, wird ohne die Nachbardisziplinen dieses nicht sinnvoll gestalten können.

Ganz bewusst wurde in diesem Band keine Einführung in die Biblische Archäologie im Sinne einer Kulturgeschichte vorgelegt. Nur am Rande – und sicherlich viel zu summarisch – wird in Kapitel 10 die kulturgeschichtliche Entwicklung des Landes behandelt. Ohnehin liegt in derselben Reihe ein informatives Werk über die Entwicklung des Landes vor.[1] Vielmehr soll das Buch eine Möglichkeit für Studierende bieten, die vielfältigen Bereiche der biblischen Landes- und Altertumskunde kennenzulernen und Orientierungshilfen für eigene Forschungen zu erhalten.

[1] Fritz, Volkmar: Einführung in die Biblische Archäologie, Darmstadt 1985.

2. Das Land der Bibel

2.1 Was ist das Land der Bibel?

Spricht man von einer *biblischen* Landes- und Altertumskunde, muss man sich auch Rechenschaft darüber ablegen, was eigentlich mit dem Land der Bibel gemeint ist. Der Bereich, in dem die biblischen Geschichten spielen, ist ja höchst umfangreich. Abraham kam aus Mesopotamien, das Buch Exodus spielt in Ägypten, die Israeliten lebten zur Zeit des babylonischen Exils wieder z. T. in Mesopotamien oder Ägypten, und das Neue Testament überschreitet mit den Reisen des Paulus die Grenzen des Nahen Ostens ohnehin. Dieses ganze Territorium kann nicht gemeint sein.

Wenig geeignet ist aber auch eine Begrenzung des Landes der Bibel auf das Gebiet, das zu dem antiken „Staat" Israel gehörte. Welche Zeit soll man zugrunde legen? Die Zeit der beiden vereinigten Königtümer Israel und Juda, in denen es sich wirklich um ein Großreich handelte, dauerte allenfalls 80 Jahre an. Ein eigenständiges Israel hatte nach dem Tode Salomos nur rund 200 Jahre Bestand, und auch das Südreich Juda existierte nur noch rund 350 Jahre. Die Grenzen änderten sich in dieser Zeit zudem mehrfach, große Gebiete wurden verloren oder aber auch wieder hinzugewonnen. Auch kann man für eine biblische Landes- und Altertumskunde kaum die für die Bibel ebenfalls relevanten Nachbarstaaten Philistäa, Edom, Moab und Ammon ausschließen. Historische politische Grenzen sind somit ebenfalls als Grundlage ungeeignet.

Schlecht eignet sich aber auch das Gebiet, dass z. B. in den biblischen Landverheißungen für das Volk der Bibel beansprucht wurde. Die biblischen Texte unterlagen im Verlaufe des literarischen Werdens des Alten Testaments erheblichen Wandlungen hinsichtlich ihrer inhaltlichen Aussagen. In der m. E. ältesten Landverheißung Gen 13,14–18, die möglicherweise noch ins ausgehende 10. Jh., nach dem Zerfall des geeinten Königtums zu datieren ist, wird Abraham das ganze Land, das er von einem Punkt in der Nähe von Bet-El und Ai, also einer zentralen Stelle im Bergland, aus sehen konnte, als Besitz verheißen. Genaue Gebietsgrenzen fehlen hier, die Angaben sind auffällig unkonkret. Da der Ort zwischen Bet-El und Ai genau auf der Grenze zwischen Nord- und Südreich lag, dürften mit dem verheißenen Land die beiden Reiche Juda und Israel und damit real existierende Größen gemeint sein, obwohl man übrigens diese von dem genannten Punkt aus nicht vollständig überblicken kann. Ein Gebietsanspruch, der die Territorien anderer Völker wie z. B. der Philister oder der Moabiter betrifft, lässt sich aus diesem Text jedenfalls nicht ableiten. Anders sieht es bei dem in frühnachexilischer Zeit entstandenen Text Gen 17,8 aus. Hier ist nun die Rede vom *ganzen* Land Kanaan bzw. von dem Land, in dem man als Fremdling lebt; dieses Territorium soll auf ewig Besitz der Nachkommen Abrahams sein. Nun drückt sich die Hoffnung aus, dass man in Zukunft

Antiker Staat Israel?

Gebiet der Landverheißungen?

wieder in einem Land leben werde, das nicht von (persischen) Fremdherrschern kontrolliert wird. In spätnachexilischer Zeit wurden die Grenzen sogar noch weiter gezogen. In Gen 15,18 betrifft die Landverheißung das „Land vom Bach Ägyptens bis zum großen Strom, dem Eufratfluß". Jetzt ist die gesamte persische Satrapie Transeufratene gemeint, die in den Besitz Israels übergehen soll. Hinter all diesen Texten stehen die jeweiligen zeitgeschichtlichen politischen Situationen und die Hoffnungen auf einen politischen Neuanfang, der die Größe JHWHs wiedergeben soll.[1] Man muss diese Texte immer auch vor dem Hintergrund der jeweiligen Zeitgeschichte lesen und darf darin keinen für die heutige Zeit relevanten, möglicherweise sogar mit kriegerischen Mitteln umzusetzenden Gebietsanspruch ableiten. Daher sind auch die Landverheißungen keine Grundlage für eine Bestimmung des Landes der Bibel.

Geographische Grenzen des Landes der Bibel

Viel sinnvoller ist es, von den geographischen und damit von über die Zeiten hinweg gleichbleibenden Größen auszugehen. Sowohl das heutige als auch das biblische Israel hatten eine durch geographische Gegebenheiten einigermaßen klar umschriebene Nordgrenze. Die Abhänge des Libanongebirges und des Antilibanons (mit dem Hermon) stellen eine natürliche Grenzblockade dar, die den Lebensraum nach Norden hin begrenzt. Im Westen bildet das Mittelmeer eine natürliche Grenze. Im Süden und Osten geht die Landschaft auf Grund der geringer werdenden Niederschläge zunächst vom Kulturland in Steppe und dann in Wüste über. Je nach Siedlungsdichte im Land wurden hier die besiedelten Gebiete weiter ausgedehnt oder aber eingeschränkt. Ohne zusätzliche Bewässerung kann man im Süden bis in die Gegend von Beerscheba noch ausreichend Landwirtschaft betreiben. Damit ist in etwa der Rahmen gesteckt, der zum Kulturland der südlichen Levante gehört.

Aber auch jenseits des Kulturlandes gab es Lebensräume. Dort siedelten Nomaden und Beduinen, die für das auf Symbiose ausgerichtete Wirtschaftssystem der Region unverzichtbar sind. Wir haben daher „weiche" Grenzen für das „Land der Bibel". Im Süden gehört auf jeden Fall auch der Negev, in abnehmendem Maße auch der Sinai dazu. Im Osten erstreckt sich das Land noch bis in die jordanische Wüste, im Nordwesten gibt es schon wegen der Handelsbeziehungen einen notwendigen fließenden Übergang zu den ehemaligen phönizischen Stadtstaaten bzw. der Küstenregion des heutigen Libanon, und auch im Nordosten sind die Übergänge in Richtung Damaskus hin fließend.

„Von Dan bis Beerscheba"

Die biblische Bezeichnung „von Dan bis Beerscheba" (Ri 20,1; 1Sam 3,20; 2Sam 3,10 u.ö.) umschreibt das zentrale Kulturland recht genau. Während der Geschichte des Landes bildete das so umschriebene Gebiet immer wieder eine eigenständige politische Einheit. So entsprach das Terri-

---

[1] Vgl. zu diesen Texten Zwickel, Wolfgang: Der Altarbau Abrahams zwischen Bethel und Ai (Gen 12 f.). Ein Beitrag zur Datierung des Jahwisten, in: BZ NF 36. 1992, 207–219; ders., Alttestamentliche Landverheißung, Landnahme und ihre Umsetzung in der Archäologie des Staates Israel, in: ders./Pifko, Raphael: ‚Biblische Landverheißung und politische Realität'. Die Entstehung des Staates Israel aus theologischer und talmudischer Sicht, Hofgeismarer Vorträge Bd. 12. 1998, 3–24.

torium Judas und Israels der Königszeit weitgehend dem Herrschaftsbereich der Hasmonäer in seiner maximalen Ausdehnung und dann dem Reichsgebiet Herodes d.Gr. und seiner Söhne, aber auch der römischen Provinz Syria-Palaestina, dem Königreich Jerusalem der Kreuzfahrer und nach dem 1. Weltkrieg dem britischen Mandatsgebiet Palästina. Heute decken die Staaten Israel, Jordanien und die Autonomen Gebiete Palästinas bzw. die Westbank das Territorium ab.

Dieses Land war aber immer ein Durchgangsland (vgl. Kapitel 6.8). Aus diesem Grund ist es eine unbedingte Voraussetzung für alle, die sich mit der Altertumskunde des West- und Ostjordanlandes, also mit dem „Land der Bibel", beschäftigen, gleichfalls die Altertumskunde der Nachbarregionen zu kennen. Hier sind vor allem die Großmächte in Ägypten und Mesopotamien (Assyrer und Babylonier) zu nennen, später die Perser, auf die die Griechen und die Römer folgten. Zu erwähnen sind daneben auch die Hetiter (Bewohner Kleinasiens), die Bewohner Zyperns und des übrigen Mittelmeers sowie diejenigen der arabischen Halbinsel. Zu unterschiedlichen Zeiten hatte entweder eines dieser Völker die Oberherrschaft über Palästina inne, oder aber es stand in engen und für die kulturelle Entwicklung wichtigen Handelsbeziehungen zur südlichen Levante. Die Altertumskunde der Region ist deshalb immer auch abhängig von der Altertumskunde der für die einzelnen Zeitepochen wichtigen Nachbarländer.

> Die südliche Levante als Durchgangsland

2.2 Das „Land der Bibel" – ein Land in Abhängigkeit von den Machtblöcken der Großregion

Die südliche Levante bzw. das West- und Ostjordanland war während eines Großteils der geschichtlichen Entwicklung nicht unter eigener Verwaltung oder politischer Kontrolle. Schon die ägyptischen Ächtungstexte aus dem 18./17. Jh. v. Chr. haben den Wunsch nach ägyptischer Oberherrschaft über die Region zum Thema. Diese lässt sich dann in den folgenden Jahrhunderten auch archäologisch nachweisen. Auf die Ansiedlung der Seevölker um 1200 v. Chr. in der Küstenregion folgten Expansionsbestrebungen dieser neuen Völkergruppe ins Bergland hinein. Damit geriet das sich soeben erst ausbildende Volk Israel wieder unter Bedrängnis. Gerade einmal gut 150 Jahre konnte man dann die Selbstständigkeit von David an mit großen Mühen bewahren. Schon 841 musste aber Jehu dem Assyrerkönig Salmanassar III. Tribut leisten; damit war das Nordreich Israel zumindest teilweise abhängig von den Assyrern. Das Südreich Juda begab sich unter Ahas (744 Mitregent, alleiniger König 736–725 v. Chr.) freiwillig in die politische Abhängigkeit von den Assyrern. Auf diese folgten als Oberherrn des Landes noch einmal kurzfristig von 609–605 v. Chr. die Ägypter, dann die Babylonier, schließlich die Perser und die Griechen. Lediglich unter den Hasmonäern gelang noch einmal eine zeitweilige politische Loslösung, bis schließlich die Römer die Oberherrschaft über weite Teile des Orients übernahmen. Nach dem Untergang des byzantinischen Reichs wurden das West- und Ostjordanland Teil des arabischen Weltreiches. Das von den Kreuzrittern ausgerufene „Königreich Jerusalem" (1099–1197) stellte eine neuerliche Fremdherrschaft für die Bewohner der Region dar. 1517 gliederten dann die Türken Palästina, das sie von den Mamlucken übernahmen, in das osmanische Reich ein. Auf eine ausbeuterische Fremdherrschaft folgte damit eine neuerliche, die gleichfalls bei den Einheimischen auf wenig Gegenliebe stieß. Die 1897 auf dem ersten Zionistenkongress in Basel verkündeten Pläne Theodor Herzls, die Juden aus aller Welt wieder in einem eigenen und selbstverwalteten Staat zu sammeln, bedurften noch einiger Geduld. Zunächst wurde 1920 nach dem 1. Weltkrieg den Briten das Mandat über Palästina übertragen mit der Auflage, den Juden in dem von ihnen kontrollierten Gebiet eine „nationale Heimstätte" zu schaffen, ohne dass dies jedoch nachteilig sein dürfe für die „bürgerlichen und religiösen Rechte der in Palästina bestehenden nichtjüdischen Gemeinschaften" (Balfour-Erklärung). Im Ostjordanland wurde daraufhin 1922/23 das haschemitische Emirat (seit 1946 Königreich) von (Trans-)Jordanien gegründet. Es dauerte noch bis zum 14. 5. 1948, bis ein eigenständiger Staat Israel ausgerufen werden konnte. Trotz aller Kriege, die nun folgten und das Leben in dem Land sowohl für Israelis wie auch für Palästinenser erschwerten, war mit der Gründung der Staaten Israel und Jordanien erstmals wieder eine Fremdherrschaft abgelegt.[2]

2.3   Das Land und seine Namen

Die Geschichte des Landes war in den vergangenen vier Jahrtausenden wechselvoll. Unter den vielen Fremdherrschern in der südlichen Levante erhielt die Region jeweils unterschiedliche Namen. Die wichtigsten sollen zumindest kurz vorgestellt werden, wobei weitgehend eine chronologische Ordnung angewandt wurde:

2.3.1 Kanaan

Im Verlauf der Geschichte hat der Name Kanaan mehrere inhaltliche Bestimmungen durchlaufen (vgl. hierzu ausführlich OLB I, 239–253). In einem Maribrief aus dem 18. Jh. findet sich der bislang älteste Beleg für den Volksnamen Kanaanäer.[3] Wo diese Bevölkerungsgruppe allerdings siedelte, lässt sich bislang nicht eindeutig den Texten entnehmen. In der zwischen 1500 und 1480 v. Chr. zu datierenden Inschrift des Stadtfürsten Idrimi von Alalach (vgl. TUAT I, 501–504) wird berichtet, dass Idrimi sich während seines Exils u. a. in der Stadt Ammija in Kanaan aufgehalten hat (Z. 18 f.). Diese Stadt ist wahrscheinlich im Gebiet südlich von Tripolis *(Amyūn?)* und somit im Bereich der heutigen libanesischen Küste zu

Mesopotamische Texte

---

[2] Dies gilt jedoch derzeit noch nicht für die Palästinenser, die sich als die Ureinwohner des Landes verstehen und gleichfalls einen eigenen Staat fordern. Für sie setzt sich die Phase der Fremdherrschaft im eigenen Land noch fort.

[3] Vgl. dazu Dossin, Georges: Une mention de cananéens dans une lettre des Mari, in: Syria 50. 1973, 277–282; Rainey, Anson F.: Toponymic Problems, in: TA 6. 1979, 158–162.

suchen. Kanaanäer bzw. das Land Kanaan werden auch in den Alalach-Texten aus derselben Zeit genannt.[4] Der nächste Beleg aus der Zeit Amenhotep II. (1426–1400 v. Chr.) erwähnt, dass Kanaanäer erbeutet wurden, sagt aber nichts Konkretes über deren Herkunft aus.[5] Seit den Amarnabriefen (14. Jh. v. Chr.) verstand man unter Kanaan zunehmend nur die südlichste der drei syrischen Provinzen Ägyptens neben Upe (Gebiet in etwa von Damaskus bis zum Orontestal) und Amurru (Gebiet von Byblos bis Simyra) und somit das west- und ostjordanische Gebiet südlich des Hermons sowie Teile der libanesischen Küstenregion.[6] Die Gebietsbezeichnung „Kanaan" hatte sich damit ausgeweitet und vor allem stark nach Süden verschoben; die in der Idrimi-Inschrift genannte Stadt Ammija lag nun in der Provinz Amurru. Hauptstadt der Provinz Kanaan war Gaza, das pars pro toto auch als Kanaan bezeichnet werden konnte. Mit dem Friedensschluss zwischen Ramses II. und dem Hetiter Hattuschili III. um 1275 v. Chr. ging Amurru an die Hetiter verloren; damit bildeten nur noch Kanaan und Upe ägyptische Provinzen. Durch die Ansiedlung der Philister 1179 v. Chr. in der Küstenebene Palästinas verloren die Ägypter innerhalb kurzer Zeit die Kontrolle über die Region. Damit verschwand der Provinzname Kanaan, auch wenn in der Formulierung Ri 5,19 „Könige von Kanaan" (vgl. auch Ri 4,2.23 f.) noch die ehemalige Vorstellung von Kanaan erkennbar ist.[7] Ansonsten werden Kanaanäer im Alten Testament zunächst recht pauschal als ein Teil der vorisraelitischen Bevölkerung des Landes bezeichnet; sie gehören nach der deuteronomistischen – historisch aber nicht verifizierbaren – Landnahmevorstellung zu der Urbevölkerung des Landes, die von den Israeliten vertrieben wurde (Gen 12,6; 50,11; Ex 3,8 u. ö.). Auch im sog. „negativen Besitzverzeichnis" Ri 1 werden die Kanaanäer als die Bewohner des Landes vor der Landnahme der Israeliten bezeichnet. In der in exilisch-nachexilischer Zeit verfassten Priesterschrift ist vom „Land Kanaan" die Rede, das mit ganz konkreten Grenzen verbunden wird. Das in Num 34,1–12 (vgl. Ez 47,15–20) festgehaltene Territorium umschreibt ein ideales und nach Norden weit ausgreifendes Gebiet, das es in dieser Art als historische Größe nie gegeben hat. Hinter der Grenzziehung können Aufnahmen von literarisch festgehaltenen Informationen und schriftgelehrte Interpretationen über das davidisch-salomonische Großreich oder gar über das ägyptische Kanaan der Vor-Amarna-Zeit stehen. Der Text ist jedoch auf jeden Fall fiktiv und gibt nicht die Größe eines realen Kanaan welcher Zeit auch immer an.

In späten Texten ändert sich die Bedeutung des Begriffs Kanaanäer noch einmal. Nun versteht man unter diesem Terminus Händler bzw. Kaufleute

Seitennote rechts: Ägyptische Texte

Seitennote rechts: Biblische Texte

Seitennote rechts: Kanaanäer als Händler

---

[4] Hess, Richard S.: Canaan and Canaanite in Alalakh, in: UF 31. 1999, 225–236.

[5] ANET 245–247; Edel, Elmar: Die Stelen Amenophis' II. aus Karnak und Memphis, in: ZDPV 69. 1953, (97–176) 167 f.

[6] Andere verbreitete ägyptische Bezeichnungen für diese Regionen sind rṯnw und ḏ3hj, die das gesamte Gebiet Syriens und Palästinas umschreiben.

[7] Späte Erinnerungen an diese Epoche finden sich im Alten Testament auch noch in Gen 10,6 (Priesterschrift, also ein Text aus der exilischen oder nachexilischen Zeit!), wenn Kanaan neben Kusch (Äthiopien), Mizrajim (Ägypten) und Put (Libyen) als Sohn Hams bezeichnet wird.

(Jes 23,8; Ez 16,29; 17,4; Zef 1,11; Sach 12,14; Hi 40,30).[8] Die Bindung an ein bestimmtes Territorium ist damit völlig verloren gegangen.

2.3.2 Syrien

Der Name Syrien ist erstmals bei Herodot (ca. 485–425 v. Chr.) belegt und von der älteren Bezeichnung Assyrien abgeleitet (Herodot 3,91 f.; vgl. Strabo 16,2). Die geographische Bezeichnung ist im Wesentlichen mit der perserzeitlichen Provinz Transeufratene deckungsgleich, ohne jedoch genaue Grenzen zu bieten. Eine gemeinsame, allgemein akzeptierte Namensgebung für das Gebiet der nördlichen Levante scheint es vorher nicht gegeben zu haben. Vielmehr tauchen in den Texten Bezeichnungen wie „das Land der Hurriter" oder „das Land der Amoriter" auf, womit aus mesopotamischer Sicht die geographisch nächstliegenden Bewohner stellvertretend für das ganze Gebiet gemeint sind.

2.3.3 Israel und Juda/Judäa

Eine besonders wandelreiche, von historischen und religiösen Veränderungen bestimmte Geschichte weist der Name Israel auf. Erstmals findet sich der Name in der sog. Israelstele aus dem 5. Regierungsjahr des Pharao Merenptah (1213–1204 v. Chr.). Dort heißt es[9]:

Israel in der
Merenptahstele

Alle Fürsten haben sich niedergeworfen und rufen Schalom [Frieden als Zeichen der Unterwerfung unter die ägyptische Oberhoheit],
kein einziger von den Neun Bogen [Bezeichnung für die unterworfenen Länder] erhebt mehr sein Haupt.
Verwüstet ist das Libyerland, und Hatti [Land der Hetiter, also Kleinasien] ist befriedet.
Geplündert ist Kanaan [entweder die ägyptische Provinz oder aber die Stadt Gaza] mit allem Übel.
Aschkelon ist fortgeholt und Geser gepackt,
Jenoam [*Tell Nāᶜam*, Koord. 198.235 ca. 6 km westlich der Südspitze des See Gennesaret] ist zu Nichtseiendem gemacht.
Israel liegt wüst und hat keinen Samen,
und *Ḫr* [Syrien/Palästina] ist zur Witwe für Ägypten geworden.

Die Bestimmung, was hier mit Israel gemeint sei, muss unklar bleiben. Deutlich ist die Bezugnahme auf einen Feldzug zu erkennen, der zunächst entlang der Küste führt und dann in den Bereich Galiläas kommt. Israel ist in dieser Inschrift mit dem Determinativ für „Volk" wiedergegeben, so dass es sich um eine Gruppe von Menschen, nicht aber um eine Ortslage oder eine Länderbezeichnung handeln muss. Ein wenig zur Klärung der Bestimmung, was hier mit Israel gemeint sein könne, trug eine Neuuntersuchung

---

[8] Vgl. Tilly, Michael: Kanaanäer, Händler und der Tempel in Jerusalem, in: BN 57. 1991, 30–36.
[9] Vgl. zu dieser Inschrift Görg, Manfred: Art. Israelstele, NBL II, 247–249.

der Bilder und Inschriften im sog. 'Cour de la cachette' in Karnak bei. Dabei stellte man fest, dass die mit den Kartuschen des Pharaos Sethos II. (1204–1198 v. Chr.) versehenen Reliefs nicht ursprünglich sind. Vielmehr usurpierte er Reliefs, die vorher Kartuschen mit dem Namen des Pharaos Amenmesse (1203–1200 v. Chr.) versehen waren, der wiederum seinerseits die Kartuschen Merenptahs usurpierte. Die auf den Reliefs dargestellten Bilder mit der Eroberung Aschkelons, Gesers und Jenoams sind somit mit dem Feldzug zu verbinden, der inschriftlich in der Israelstele dieses Pharaos festgehalten ist. Eine vierte Bildszene, die leider nur fragmentarisch erhalten ist, zeigt den ägyptischen Sieg über eine Gruppe von Menschen. Diese Schlacht fand auf offenem Felde statt, während für alle anderen Bilder die Einnahme einer Stadt charakteristisch ist. Vielleicht haben wir hier die älteste Abbildung von Israeliten vor uns.[10] Wo diese jedoch wohnten, bleibt nach wie vor offen. Man neigt heute dazu, diese „Proto-Israeliten" mit den Siedlern zu verbinden, die im efraimitischen und manassitischen Bergland, das während der Spätbronzezeit weitgehend unbesiedelt war und nun in der Eisenzeit I (1250–1000 v. Chr.) mit zahlreichen kleinen und kleinsten Dörfern besiedelt wurde, zu verbinden. Dann hätte der Feldzug Merenptahs vom See Gennesaret aus nach Süden ins Bergland geführt.

Mit dem Namen Israel wurde dann das Nordreich, das sich von Jerusalem bis nach Dan erstreckte, bezeichnet (z. B. Ri 4,6), während das Gebiet zwischen Jerusalem und Hebron ein eigenständiges Reich namens Juda bildete (z. B. Ri 17,7). Als es unter David und Salomo zu einer Reichseinheit von Nord- und Südreich kam, umfasste Israel auch das Gebiet Judas (z. B. 2Sam 11,1). Das wesentlich größere und wirtschaftlich bedeutendere Nordreich integrierte gewissermaßen das kleinere und schwächere Südreich. Mit der Reichsteilung 926 v. Chr. kam es jedoch wieder zur Aufteilung wie vor David: Der Begriff Israel beschränkte sich auf das Nordreich, während Juda nun das Südreich umfasste, zu dem jetzt auch der Stamm Benjamin (Jerusalem und das Gebiet wenige Kilometer nördlich davon) gehörte. Als 722 v. Chr. dieses Nordreich endgültig von den Assyrern erobert und als nationale Einheit aufgelöst wurde, flohen viele Nordreichsbewohner in das Südreich. Dort wurden die alten religiösen Traditionen weitergepflegt. Daher konnte nun das Südreich auch als Israel bezeichnet werden (z. B. Jer 17,13). Der Name Israel wurde als Volksbezeichnung weitergepflegt, obwohl es einen gleichnamigen Staat längst nicht mehr gab (vgl. z. B. Mt 8,10: „Bei niemandem in Israel habe ich einen solchen Glauben gefunden"). 587 wurde auch Juda als nationale Größe von den Babyloniern ausgelöscht. Die persische Provinz Jehud (statt Jehuda in vorexilischer Zeit) ging dann in hellenistischer Zeit unter dem gräzisierten Namen Judäa in die Kontrolle der Diadochen über. Den Makkabäern gelang es, das Gebiet Judäas erheblich auszudehnen; es umfasste nun sogar ostjordanische Gebiete. Selbst nach einer Gebietsreduzierung durch die Römer gehörten unter Herodes d. Gr. noch immer das samarische Bergland, die

Israel und Juda

Judäa

---

[10] Zu den Bildern vgl. Yurco, Frank J.: Merenptah's Canaanite Campaign, JARCE 23. 1986, 189–215; ders.: 3200-Year-Old Picture of Israelites Found in Egypt, BAR 16:5. 1990, 20–38.

Küstenregion und das klassische Juda zum Territorium Judäas. Mit der Umbenennung der römischen Provinz Judäa in „Syria-Palaestina" (s. u.) verlor der Name Juda seinen territorialen Fixpunkt. In der Bezeichnung Judentum bzw. Jude als Zugehörigkeit zu einem Volk blieb der Name jedoch über fast zwei Jahrtausende erhalten, während der Name Israel bei der Neugründung des Staates 1948 wiederverwendet wurde.

2.3.4 Hetiterland/Land Hatti

Das Kerngebiet der historischen Hetiter lag im Halysbogen in der heutigen Türkei. Von der Hauptstadt *Hattuša* (heute *Boğazköy*) aus bauten sie ein Großreich auf, das in der Spätbronzezeit weite Teile Anatoliens und sogar Nordsyriens umfasste. Innere Unruhen, außenpolitische Gefahren (Seevölker) und Hungersnöte führten um 1200 v. Chr. zu einem abrupten Ende des Reiches. Im Bereich des Grenzgebietes der heutigen Staaten Syrien und Türkei entwickelten sich dann einige neuhetitische Stadtstaaten, die im 8. Jh. im assyrischen Reich aufgingen. Obwohl es nun keine hetitischen Reiche mehr gab, blieb der Name „Land Hatti" in assyrischen Quellen des 1. Jt. v. Chr. als Bezeichnung für das nordsyrische Gebiet zwischen Mittelmeer und Eufrat erhalten. Aus einem Herrschaftsbereich einer Volksgruppe wurde so im Laufe der Zeit eine Gebietsbezeichnung für ein Territorium, das mit dem ursprünglichen Kernland der Hetiter nichts mehr zu tun hatte.

2.3.5 Transeufratene

In vorexilischen und exilischen Texten[11] ist dieser Begriff (hebr. ᶜēber hannāhār; Lutherübersetzung: „Gebiet jenseits des Stromes/Eufrats") Bezeichnung für das von Palästina aus gesehen *nördlich* des Eufrats gelegene Territorium. In nachexilischen Texten bezeichnet der Name die *südlich* des Eufrats gelegene fünfte persische Satrapie (Esr 4,10; Neh 2,7 u. ö.), zu der Zölesyrien, Phönizien und Palästina gehörten (vgl. Strabo 16,2,1; Herodot 3,91 f.).

2.3.6 Zölesyrien

Der griechische Name *koilē syria* („hohles, tiefgelegenes Syrien", verderbt aus *kᵒl syria* „ganz Syrien") dürfte von der Senke zwischen Antilibanon und Libanon herrühren (vgl. z. B. Strabo, 16,2,21). Das so bezeichnete Territorium schwankt, wie fast alle derartigen Bezeichnungen, im Verlauf der Geschichte erheblich. In der 2. Hälfte des 4. Jh. v. Chr. (vgl. Pseudo-Skylax § 104) war Zölesyrien die Bezeichnung für die persische Provinz Transeufratene. Nach den Diadochenkriegen umfasste es die ptolemäischen Gebiete an der syrischen Küste sowie ganz Palästina. Dieses Gebiet wurde

---

[11] Jos 24,2 f.; Jes 7,20; 2Sam 10,16.

nach dem Tod Antiochus III. 187 v. Chr. „Zölesyrien und Phönizien" genannt und von einem Statthalter verwaltet (2 Makk 3,5; 4,4; 8,8; 10,11).
Unter Septimius Severus schließlich wurde eine römische Provinz Zölesyrien im Norden Syriens mit Laodicea als Zentrum geschaffen.

2.3.7 Palästina

Die sprachliche Verbindung zwischen dem Begriff Palästina und den Philistern ist offensichtlich, wenn man die Konsonanten beider Namen miteinander vergleicht. Im Alten Testament findet sich zunächst keine Eigenbe-
zeichnung des von den Philistern bewohnten Landes; es ist immer vom
„Lande der Philister" die Rede (Gen 21,32.34; 2 Kön 8,2 u. ö.). Gemeint ist
damit die südliche Küstenebene, in der die Philister siedelten. In assyri- *Assyrische Texte*
schen Texten taucht ab dem 8. Jh. v. Chr. erstmals eine Gebietsbezeichnung
Pilaštu (oder ähnlich) auf, mit der das von den Philistern bewohnte Gebiet
bezeichnet wird.[12] Erst in Texten, die allesamt jünger als das 8. Jh. sind und
die damit die assyrische Praxis aufnehmen, findet sich auch im Alten Testament nun die Gebietsbezeichnung *pᵉlæšæt* für die südliche Küstenebene.[13]
Bei Herodot ist dann erstmals die Bezeichnung „palästinisches Syrien" be- *Herodot*
legt;[14] er meint damit den Küstenstreifen zwischen Phönizien und Ägypten,
was einer Ausweitung gegenüber dem Siedlungsgebiet der Philister gleich-
kommt. Bis in das 1. Jh. n. Chr. hinein findet sich dann der Name Palästina
bei unterschiedlichen Schriftstellern, wobei aber die Abgrenzung des Gebietes sehr schwankt. In der Regel wird darunter die Küstenebene verstanden; die genauen Grenzpunkte sind allerdings variabel, auch das Kulturland im Landesinneren kann schon mit diesem Begriff umschrieben
werden. Im Jahre 135 n. Chr. benannte Hadrian im Zusammenhang mit *Hadrian*
der Niederschlagung des 2. jüdischen Aufstandes unter Bar Kochba den
Namen der Provinz Judaea in „provincia syria-palaestina" in Abgrenzung
zur nördlich gelegenen „provincia syria-phoenica" um. Hadrian wollte mit
diesem neuen Namen, der nicht mehr an Judäa erinnerte, nichtjüdische
Elemente der Bevölkerung stärken und alle traditionellen jüdischen Vor-
rechte beschneiden. Auch Jerusalem erhielt nun als neuen Namen Aelia
Capitolina. Das Gebiet der Provinz war jetzt weitaus größer als das Siedlungsgebiet der ehemaligen Philister und umfasste das gesamte Territorium
von Dan im Norden bis zum Negev. Ab dem 4. Jh. n. Chr. lautete der
Name der Provinz nur noch „Palaestina". Auch nach dem Niedergang des
römischen Reiches blieb dieser Name als Bezeichnung für das Gebiet südlich von Libanon und Antilibanon zu beiden Seiten des Jordans erhalten.
Von 1920 bis 1948 erhielten dann die Briten nach dem Sieg über das osmanische Reich das Mandatsgebiet „Palästina", in dem 1948 der Staat
Israel gegründet wurde, aber auch die Palästinenser Siedlungsgebiete
erhielten.

[12] ANET 274 (Adadnirari II.; 912–891 v. Chr.); TUAT I,367.381.
[13] Ex 15,14; Jes 14,29.31; Joel 4,4; Ps 60,10; 83,8; 87,4; 108,10.
[14] Herodot I, 105; III, 91; vgl. auch II, 104; III, 5; IV, 39; VII, 89.

Heutige
Verwendung   Die Verwendung des Begriffes Palästina ist heute höchst vielfältig. In der Archäologie versteht man das Wort meist als Bezeichnung für das West- und Ostjordanland und nimmt somit traditionelle Vorstellungen auf. Im Staat Israel versteht man darunter die Westbank, die Palästinenser setzen den Begriff jedoch mit dem britischen Mandatsgebiet gleich und bezeichnen so ihr ursprüngliches Land vor der Vertreibung und der Zerstörung zahlreicher Ortschaften. Daneben gibt es aber auch noch die Bezeichnung Palästina als eigenen Staat innerhalb der Westbank bzw. des Gazastreifens. Gerade weil der Begriff in der Vergangenheit und vor allem in der Gegenwart so vielfältig ist, muss man sich die jeweilige Verwendung immer klar machen.

Innerhalb der archäologischen Disziplinen hat sich der Gebietsterminus Palästina eingebürgert. Statt von „Biblischer Archäologie" spricht man auch gerne, um die problematische Beziehung zur Bibel als Grundlage archäologischer Forschung zu vermeiden, von „Palästina-Archäologie". Angesichts des vielfältigen Gebrauchs des Namens wäre die allgemeinere und rein topographische Benennung „West- und Ostjordanland" sicherlich geeigneter, aber auch umständlicher. Welche Bezeichnung sich in Zukunft durchsetzen wird, bleibt abzuwarten.

3. Geschichte der biblischen Landes- und Altertumskunde

3.1 Das erste Interesse am Heiligen Land

Das wissenschaftliche Interesse an der biblischen Landes- und Altertumskunde reicht zurück bis in die Alte Kirche. Die alt- und neutestamentlichen Schriften erwähnen zwar zahlreiche Orte, doch hatten die Autoren dabei in der Regel kein Interesse an der Geschichte einer Ortslage. Orte werden in den biblischen Texten meist eher beiläufig genannt. Die Nennung der Ortsnamen war Biographenpflicht, doch könnte das Ereignis meist auch ohne Verlust an Aussagekraft irgendwo anders stattgefunden haben. Ob z. B. die Jünger wirklich nach Betsaida mit dem Schiff fahren sollten oder an irgendeinen anderen Ort am See Gennesaret (Mk 6,45 par.), interessiert die neutestamentlichen Autoren nur am Rande. Für das 1. Jh. lässt sich noch nicht einmal ein besonderes Interesse an „heiligen" Stätten wie etwa Golgota, dem Grab Jesu oder aber dem Grab des Petrus nachweisen. Zwar waren sicherlich wichtige Orte noch lange Zeit bekannt und man hat sie Besuchern aus anderen Städten und Ländern gezeigt, doch lässt sich keine eigentliche „Verehrung" dieser Orte beobachten.

Eine solche Verehrung und damit auch verbunden eine Pflege eines „heiligen" Ortes lässt sich erst ab der Mitte des 2. Jh. nachweisen. Der erste Beleg dafür ist das Polykarpmartyrium. Polykarp, der Bischof von Smyrna war, erlitt wahrscheinlich 167/168 n. Chr. in hohem Alter sein Martyrium. Ein Bericht darüber wurde anschließend an mehrere Gemeinden versandt. Dort heißt es:

Märtyrerverehrung

> „Als der das Hinrichtungskommando befehligende Hauptmann die Streitsucht der Juden bemerkte, ließ der den Leichnam in die Mitte des Scheiterhaufens rücken und nach ihrer Gewohnheit verbrennen. Auf diese Weise konnten wir später seine Überreste, die kostbarer sind als Edelsteine und wertvoller als Gold, sammeln und an passender Stätte beisetzen. Dort wird uns der Herr vergönnen, wenn möglich, uns in Jubel und Freude zu versammeln, um den Tag seines Martyriums als Geburtstag festlich zu begehen, zum Gedächtnis derer, die ausgekämpft haben, und zur Übung und Zurüstung der künftigen Märtyrer."[1]

Hier wird nun erstmals berichtet, dass die christliche Gemeinde die Gebeine eines Märtyrers einsammelte und an einer besonderen Stätte beerdigte. Der Todestag des Märtyrers wurde zu einem Festtag, zu dem man sich an der Grabstätte versammelte. Grabstätten wurden nun zu wichtigen Versammlungsorten der Christen und deshalb auch besonders gepflegt.

In der zweiten Hälfte des 2. Jh. beginnt mit der Märtyrerverehrung wohl auch eine besondere Pflege der Traditionen, die mit den Gräbern und Wir-

---

[1] Zit. nach Ritter, Adolf M.: Alte Kirche, Kirchen- und Theologiegeschichte in Quellen, Neukirchen-Vluyn 1977, 40.

kungsstätten der Hauptpersonen des Neuen Testaments verbunden sind. In dieser Zeit liegen die ersten Wurzeln für ein ausgeprägtes Interesse an Ortslagen der biblischen Geschichte. Augenzeugen für die historischen Ereignisse gab es nun nicht mehr. Damit ging sicherlich auch in manchen Fällen die zuverlässige Überlieferung von historischen Haftpunkten zurück, so dass der Boden geebnet war für eine Mischung aus glaubwürdiger historischer Erinnerung und frommer Phantasie, die sich heute nicht immer leicht entwirren lässt.

3.2 Erste wissenschaftliche Interessen und Pilgerreisen

Onomastikon des Euseb

Das erste uns erhaltene Werk, das ein besonderes wissenschaftliches Interesse an der Palästinakunde erkennen lässt, ist das Onomastikon von Euseb von Cäsarea. Euseb lebte von 260/65 bis 339 und stammte aus Palästina. Ab 313 residierte er als Bischof in Cäsarea, wo ihm für seine Arbeiten in der dortigen Bibliothek zahlreiche amtliche Dokumente zur Verfügung standen. Sein für die Kirchengeschichte wichtigstes Werk ist die Vita Constantini, eine zehnbändige Kirchengeschichte von der Gründung der christlichen Kirche bis zum Sieg Konstantins. Das Onomastikon (= Namenverzeichnis) der biblischen Ortsnamen ist eine Sammlung fast aller biblischer Ortsnamen, die inhaltlich und alphabetisch geordnet sind. Darin führt Euseb zu jeder einzelnen Ortslage wichtige biblische Fakten sowie Angaben zur Identifikation mit einem Ort seiner Zeit und manchmal sogar zu dessen damaliger Bedeutung an. So lautet z. B. der Eintrag zu $A\gamma\alpha\lambda\lambda\epsilon\mu$ (36,19–21), einer in Jes 15,8 erwähnten Ortschaft (hebr. ’æglayim):

Erwähnt bei Jesaja in seiner Vision gegen die Moabiter. Heute ist $A\iota\gamma\alpha\lambda\lambda\epsilon\mu$ ein Dorf südlich von $A\rho\epsilon o\pi o\lambda\epsilon\omega\varsigma$ [= Kerak], 8 Doppelmeilen von diesem entfernt.

An dieser kurzen Notiz ist bemerkenswert, dass die Ortslage nach den Angaben Eusebs zu seiner Zeit ein zusätzliches ι gegenüber dem griechischen Namen der Septuaginta enthält. Letztendlich arbeitete Euseb wie jeder andere historische Topograph heute auch und suchte nach möglichen Anhaltspunkten für eine Lokalisierung. Ob er dabei immer richtig lag, muss jeweils kritisch geprüft werden. Immerhin hatte er aber den Vorteil, dass er wesentlich näher an den berichteten Ereignissen des Alten und Neuen Testaments war, u.U. auf noch existierende Lokaltraditionen zurückgreifen konnte und über Quellen verfügte, die wir heute nicht mehr zur Verfügung haben. Hier ist in erster Linie davon auszugehen, dass er Einsicht in amtliche Akten (Straßenberichte, Entfernungsangaben für militärische Einsätze etc.) hatte, die in Cäsarea zur Verfügung standen.

Hieronymus

Schon kurze Zeit später wurde das Onomastikon Eusebs von einem weiteren Kenner des Heiligen Landes überarbeitet. Der lateinisch schreibende Kirchenvater Hieronymus lebte von ca. 347–419/20 und verbrachte seine letzten 34 Jahre in einem Kloster in Betlehem. Er übersetzte das Onomastikon des Euseb nicht nur ins Lateinische, sondern ergänzte es gelegentlich auch um Informationen, die ihm zusätzlich bekannt waren. Teilweise lassen sich durch die Unterschiede zwischen beiden Ausgaben auch Traditionsverschiebungen im Laufe des 4. Jh. nachweisen. Da sowohl Euseb als auch Hieronymus über sehr gute Informationen über das Land verfügten, ist das Onomastikon heute mit die wichtigste Informationsquelle für die Lage biblischer Orte (vgl. Kapitel 8). Allerdings lassen sich einige Fälle nachweisen, bei denen sie sich irrten und eine biblische Ortslage falsch lokalisierten. Zudem gibt es (leider) eine Vielzahl von Ortsnamen, zu denen auch diesen frühen Kennern Palästinas keine Lokalisation bekannt war. Wenn ein Ort schon lange Zeit verlassen war, so gingen auch alle Ortstraditionen im Laufe der Zeit verloren.

Etwa zur gleichen Zeit, in der das Onomastikon geschrieben wurde, entstanden auch die ersten Pilgerberichte. Der älteste stammt von einem anonymen Pilger aus Bordeaux, der im Frühjahr 333 den 10 000 km langen Fußweg nach Jerusalem und zurück auf sich nahm. Seine Aufzeichnungen, eine Art Tagebuch, in denen besonders Jerusalem behandelt wird, sind eine sehr wichtige Quelle, da zu seiner Zeit ein ausgeprägtes Pilgerwesen noch ebensowenig existierte wie eine christliche Bautätigkeit im Heiligen Land.

Frühe Pilgerberichte

Den nächsten Pilgerbericht verfasste eine vornehme Dame namens Etheria oder Egeria, die sich drei Jahre lang (von 381 bis 384) in Ägypten, Mesopotamien und Kleinasien aufhielt und ihre – häufig sehr frommen – Eindrücke in einer Art Tagebuch festhielt. Seit dieser Zeit häufen sich christliche, aber auch jüdische Pilgerfahrten, auch wenn wir nur in wenigen Fällen literarische Aufzeichnungen davon besitzen.

Mit der wachsenden Zahl der Pilger schwindet aber auch die Qualität der Pilgerberichte. Offenbar waren die Bewohner Palästinas recht erfinderisch, um den Wünschen der Pilger nach möglichst vielen heiligen Orten entgegenzukommen. So findet sich beispielsweise im 7. Jh. die Angabe, dass an dem Ort, an dem David Goliat erschlagen hat, auch Saul und Jonatan gestorben sind.[2] Aus Gründen der Bequemlichkeit wollte man den Pilgern offenbar möglichst viele Gegebenheiten an ihrer Pilgerroute zeigen, ohne weite Umwege zu abgelegenen Orten machen zu müssen. Im selben Pilgerbericht findet man auch die Angabe, dass bei Betlehem das Grabmal der Kinder zu sehen sei, die Herodes bei seinem Kindermord umbringen ließ.[3] Man könne sogar noch die Gebeine der Kinder sehen. Aus einer Zusammenstellung verschiedener Berichte weiß man, dass diese Gebeine erstmals im 5. Jh. verehrt wurden. Damals wurden sie in der Geburtskirche gezeigt, im 6. Jh. dann in der Davidsbasilika, seit dem 7. Jh. in der sogenannten Milchgrotte, dann in der Folgezeit an verschiedenen Orten in der Umgebung Betlehems, und seit dem Mittelalter wieder in der Geburtskirche. Die gezeigten Knochen sind natürlich ebenso wenig historisch glaubwürdig, wie von der modernen Forschung die Geschichte vom Kindermord als historisch angesehen wird. Der Glaube verlangte jedoch nach Nachweisen, und diese wollten die Einheimischen den frommen Pilgern nicht vorenthalten. Mit Pilgerberichten muss man daher sehr kritisch umgehen, denn nicht jede Angabe entspricht auch wirklich dem historischen Sachverhalt.

---

[2] Donner, Herbert: Pilgerfahrt ins Heilige Land. Die ältesten Berichte christlicher Palästinapilger (4.–7. Jahrhundert), Stuttgart 1979, 292 f.

[3] Ebd., 291.

Madebakarte
Der byzantinischen Zeit verdanken wir auch die erste christliche Landkarte des Landes, die besonderes Interesse an den biblischen Ortslagen hat. Diese sog. Madebakarte wurde 1896 in der ostjordanischen Ortschaft Madeba beim Neubau einer Kirche entdeckt und stammt aus dem 6. Jh. Das teilweise sehr zerstörte Fußbodenmosaik zeigte ursprünglich ganz Palästina von Byblos und Damaskus im Norden bis zum Sinai sowie dem Nildelta im Süden. Ursprünglich war das Mosaik etwa 7 × 21 m groß. Die Karte ist nach Osten ausgerichtet und die Mittelmeerküste gerade eingetragen. Besonders gut erhalten ist der Bereich um Jerusalem und das Tote Meer. Während die übrigen Ortslagen jeweils mit einer Vignette, bestehend aus einigen Häusern, und einem kurzen Beitext versehen sind, ist Jerusalem übergroß dargestellt. Auf dem Stadtbild sind nahezu alle wichtigen Bauten der damaligen Zeit zu erkennen und zu bestimmen.

Kreuzfahrerzeit
Die Kreuzfahrerzeit stellt einen gewissen Höhepunkt der christlichen Pilgerreisen dar. Es entstehen nun auch die ersten Pilgerführer, in denen die Sehenswürdigkeiten entlang der Pilgerrouten aufgezählt werden. Dabei griff man auf die Aufzeichnungen älterer Berichte zurück. Als Begleitmaterial für diese Pilgerführer erstellte man nun auch erstmals Pilgerkarten, auf denen wichtige Orte eingetragen waren. Die Anwesenheit von Kreuzfahrern in Palästina und deren Interesse für die biblische Geschichte führte zu einem nochmals verstärkten Interesse für biblische Ortslagen. Häufig wurden ohne irgendeinen historischen Anhalt damals existierende Ortslagen mit biblischen Orten identifiziert.

Lokalisierung von Emmaus
Ein schönes Beispiel für die Vorgehensweise ist die Lokalisierung des lukanischen Emmaus in *Ḫirbet el-Qubēbe* (Koord. 1628.1385). Lk 24,13 erwähnt eine Ortschaft Emmaus, die 60 Stadien (ca. 11 km) von Jerusalem entfernt sei. Eine Angabe der Himmelsrichtung erfolgt in dem biblischen Text nicht. Emmaus war ein verbreiteter Ortsname in der damaligen Zeit und bezieht sich auf eine warme Quelle. Der bekannteste Ort dieses Namens lag in der Schefela ('*Amwās*, Koord. 149.138). Dessen Entfernung von Jerusalem beträgt jedoch – je nach gewählter Wegstrecke – 153 bzw. 161 Stadien. Da schon bald die genaue Lage des biblischen Emmaus verloren gegangen war, änderte man die Entfernung in den biblischen Texten zum Teil auf 160 Stadien (ca. 30 km) ab. Diese Lesung kann aber nicht ursprünglich sein, denn eine Wegstrecke von 2 × 30 km (Jerusalem – Emmaus und zurück) war für die Erzählung von Lk 24,13–35 zweifelsohne zu weit. Nach 1244 durften christliche Pilger, die ins Heilige Land reisen wollten, nur noch eine Straße von der Küstenebene nach Jerusalem benützen. Auf dieser Straße maßen sie eine Entfernung von 60 Stadien von Jerusalem aus ab und gelangten nach ca. 11 km nach *Ḫirbet el-Qubēbe*, wo sie offensichtlich einige antike Reste vorfanden. Damit war für sie die Lokalisation des biblischen Emmaus gesichert. Sie findet sich erstmals 1280 in einem Pilgerbericht. Wäre ein anderer Straßenverlauf gewählt worden, hätte man Emmaus jedoch an einer anderen Stelle lokalisiert! Die schon während der byzantinischen Epoche beliebte Praxis des Errichtens von Kirchen und Klöstern über biblischen oder biblisch geglaubten Ortslagen erlebte in der Kreuzfahrerzeit erneut eine Blüte.

Angebliche Pilgerreisen
Nicht jeder, der von sich behauptet, ein Palästinapilger gewesen zu sein, war wirklich im Heiligen Land. So hielt Ritter Jörg von Ehingen, später Obervogt und Kammerherr des Grafen Eberhard im Bart, des Gründers der Universität Tübingen, in einem Bericht seine Pilgerreise im Jahre 1454 fest. Darin schreibt er z. B., dass er von Jerusalem aufbrach, um zum Sinai zu gehen und als nächstes nach Damaskus

kam. Hierin zeigt sich deutlich, dass er keinerlei geographische Kenntnisse des Landes besaß und seine Pilgerreise reine literarische Fiktion ist.[4]

Während der mamlukischen (1291–1561) und der frühen ottomanischen Zeit (1516–1918) gab es zwar noch weiterhin Pilgerreisen, doch nahm deren Zahl und Bedeutung ab. Die politischen Verhältnisse erschwerten die Fahrten in das Heilige Land und machten sie sehr gefährlich.

3.3 Wissenschaftliche Reisen nach Palästina: Die Wiederentdeckung des Landes

Der Schwerpunkt der Pilgerreisen seit der Zeit der Alten Kirche lag natürlich bei den Orten der Heilsgeschichte, die vornehmlich aufgesucht wurden. Andere biblische Orte ohne heilsgeschichtliche Relevanz wurden dagegen selten oder nie besucht. Auch das Interesse am Land, die Beschreibung der Landschaft und die Beobachtung des täglichen Lebens der Bewohner des Landes trat völlig in den Hintergrund. Im 18. Jh. gab es daher eine Vielzahl von literarischen Berichten über die heiligen Stätten in Palästina. Im 19. Jh. wertete man die vorhandenen Pilgerberichte wissenschaftlich aus (Tobler, Moliniet/Kohler, Röhricht), um so die Geschichte der Orte in christlicher Zeit erstellen zu können. Trotz einer Vielzahl von Pilgerberichten war das Land selbst aber ein nahezu unbekanntes Land. Die Pilgerrouten, an denen die wichtigsten Stätten lagen, kannte man relativ gut. Es gab aber weite Landstriche, die zumindest seit der Kreuzfahrerzeit von keinem Europäer mehr besucht worden waren. Und viele biblische Orte wurden letztmalig im Onomastikon Eusebs erwähnt, ohne dass sich seitdem jemand um diese Ortslagen bemüht hätte. In gewisser Weise kann man daher das 19. Jh. als die Zeit der Wiederentdeckung des Heiligen Landes bezeichnen.

Auswertung älterer Pilgerreisen

Die ersten Reisenden waren der Deutsche Ulrich Jasper Seetzen (1767–1810) und der Schweizer Johann Ludwig Burckhardt (1784–1817). Beide verließen sich nicht mehr auf die Identifikationen, die die Klosterbrüder ihnen vermittelten, sondern erkannten, dass sich im arabischen Namensgut noch oft alte biblische Namen erhalten haben (vgl. Kapitel 8). Sie waren des Arabischen mächtig und inzwischen zum Islam übergetreten. Als Muslime besuchten sie Orte, die seit Jahrhunderten kein Europäer mehr gesehen hatte. Burckhardt kann beispielsweise als Entdecker der Nabatäerhauptstadt Petra gelten, einer Stadt im heutigen Jordanien, die ihre Blüte in neutestamentlicher Zeit erlebte und deren zahlreiche charakteristische Gräber aus dem Felsen des Talkessels, in dem Petra liegt, herausgehauen waren. Da beide auf ihren Reisen starben (Seetzen im Jemen, Burckhardt in Kairo), hinterließen sie zwar ausführliche Reisetagebücher, aber kein systematisches Werk, in dem sie ihre gesammelten Beobachtungen zur historischen Topographie auswerteten.

Erste wissenschaftliche Reisen

[4] Vgl. Welten, Peter: Reisen nach der Ritterschaft: Jerusalempilger in der 2. Hälfte des 15. Jahrhunderts, in: ZDPV 93. 1977, 283–293.

Systematischer als diese beiden ging der Amerikaner Edward Robinson (1794–1863) vor, der Palästina 1838 und 1852 besuchte. Seine Ausbildung hatte er in Halle und Berlin u. a. bei dem Alttestamentler W. Gesenius und dem Geographen C. Ritter erhalten. Seine Reisen plante er zu Hause am Schreibtisch und versuchte auf den Reisen, möglichst sorgfältig arabische Ortsnamen festzuhalten, die Hinweise für die richtige Identifikation biblischer Orte geben können. Viele der Ortslokalisationen, die wir heute noch in unseren Bibelatlanten finden, gehen auf das grundlegende Werk von Robinson zurück.

Erste Dokumentation von Altertümern

Mehr als seine Vorgänger schenkte der Franzose Victor Honoré Guérin (1821–1890), der 1863, 1870 und 1875 Palästina bereiste, den archäologischen Überresten Beachtung. Diesen Forschungsreisen folgten die ersten kartographischen Aufnahmen des Landes, die für das Westjordanland in den Jahren 1880–1884 im Rahmen des Survey of Western Palestine unter der Leitung von H. H. Kitchener (1850–1916) und C. R. Conder (1848–1910) durchgeführt wurden. Auf insgesamt 26 Kartenblättern wurde das gesamte Gebiet östlich des Jordans festgehalten; diese kartographische Aufnahme ist noch heute eine überaus wichtige Information, da sie den Siedlungsbestand in der Zeit vor der im 20. Jh. einsetzenden starken Besiedlungswelle in Israel dokumentiert. Neben der kartographischen Aufnahme wurden auch alle Ortslagen genau aufgelistet und die Fauna und Flora des Landes genauestens beschrieben und untersucht. Eine vergleichbare kartographische Aufnahme und Beschreibung der Orts- und Flurnamen führte 1891 bis 1902 der deutsche Ingenieur Gottlieb Schumacher (1857–1925) im nördlichen Ostjordanland durch, während sich Alois Musil (1868–1944) dem Gebiet des biblischen Moab und Edom widmete.

Aufkommen des Tourismus

Ab der zweiten Hälfte des 19. Jh. reisten nun aber auch Nichtwissenschaftler vermehrt in das Land der Bibel, häufig verbunden mit einer Rundreise auf dem Mittelmeer, so dass die bedeutenden Stätten der Antike besucht werden konnten. Insbesondere in England und in Amerika gab es nun Reisebüros, die sich auf solche Reisen spezialisierten und die den Touristen in der für sie fremden Wirklichkeit des Orients das Leben möglichst angenehm gestalten wollten. Liest man die vielfältigen Reiseberichte dieser Zeit, von denen vor allem derjenige von Mark Twain von 1867 bis 1868 („The Innocents Abroad" [1869], deutsch „Die Arglosen im Ausland") wegen seiner sprachlichen Eleganz und ironischen Beschreibung seiner Mitreisenden hervorzuheben ist, erhält man aber schnell den Eindruck, dass es wieder eine festgelegte Route gab, die man zu bereisen hatte: Von Jaffa aus über Ramle nach Jerusalem, von dort nach Mar Saba und dem Toten Meer, und dann zum See Gennesaret. Die Vielfalt und Breite des Landes blieb, z. T. auch zur Sicherheit der Reisenden, diesen größtenteils verborgen. Bemerkenswert ist, dass sich schon früh Frauen – oft auch ohne eine Reisegruppe und gegen den Widerstand einer Männergesellschaft – aufmachten, um das Land der Bibel zu bereisen.

Erste photographische Aufnahmen

Als 1839 die Photographie erfunden wurde, dauerte es nicht lange, bis dieses neue Dokumentationsmedium auch im Vorderen Orient Verbreitung fand. Die Reisenden konnten nun Bilder von ihrer Reise erwerben und nach der Rückkehr in die Heimat anschaulicher erzählen. Die Photographien wurden von Photostudios erstellt und zeigten wegen der langen Belichtungszeit meist Bauwerke, später dann auch Portraits von Einheimischen, aber zunächst noch keine Aufnahmen, auf denen die Reisenden selbst abgebildet sind. Spätestens seit 1853 sind Aufnahmen aus Jerusalem und seiner Umgebung bekannt. Da sich die Landschaft durch die intensive Besiedlung der letzten Jahrzehnte und durch veränderte landwirtschaftliche Methoden seitdem völlig geändert hat, während die Veränderungen in den vorangehenden Jahrtausenden vergleichsweise marginal waren, stellen diese Bilder eine wichtige Dokumentationsquelle dar. Leider ist dieser Forschungszweig bislang noch wenig in der Forschung aufgegriffen.

3.4 Die ersten wissenschaftlichen Vereine

Im 19. Jh. wurden auch die ersten wissenschaftlichen Vereine gegründet, die sich mit der Erforschung des Heiligen Landes beschäftigen sollten. Der älteste ist der heute noch existierende Palestine Exploration Fund, der 1865 in London gegründet wurde. Die Vielfalt der Interessen der damaligen Zeit ist bemerkenswert. So sollten Untersuchungen auf den Gebieten der Archäologie, der Sitten und Gebräuche in Palästina, der Topographie, der Geologie, der Botanik, der Zoologie und der Meteorologie gefördert werden. 5 Jahre später, 1870, wurde die (heute nicht mehr existente) American Palestine Exploration Society gegründet, die nun zusätzlich noch die Aufgabe hatte, die Richtigkeit der Bibel aufzuweisen („to defend the bible"). Damit ist schon beim zweiten Verein dieser Art eine Problematik angesprochen, die noch heute die Biblische Archäologie ein wenig belastet: Inwieweit kann die Archäologie die Bibel beweisen? (Vgl. dazu Kapitel 4.) 1877 wurde auf deutscher Seite auf Anregung von C. F. Zimmermann (Basel), A. Socin (Tübingen) und E. Kautzsch (Basel) der Deutsche Verein zur Erforschung Palästinas gegründet. 1890 wurde von dem Dominikaner Père M.-J. Lagrange (1855–1938) die erste Forschungs- und Lehrinstitution in Palästina eröffnet. Die École Biblique et archéologique française in Jerusalem hat sich zum Ziel gesetzt, durch die Verbindung von Anschauung vor Ort und wissenschaftlich exakter Bibelauslegung Archäologie und Exegese zu verbinden und gegenseitig fruchtbar zu machen. Es folgten an wichtigen Einrichtungen im Lande 1900 der Jerusalemer Zweig der American Schools of Oriental Research, 1902 das Deutsche Evangelische Institut für Altertumswissenschaft des Heiligen Landes, 1919 die British School of Archaeology und 1923 das Studium Biblicum Franciscanum.

3.5 Die deutsche archäologische Tätigkeit in Palästina

Der Deutsche Verein zur Erforschung Palästinas gibt jährlich eine Zeitschrift (ZDPV) sowie eine Monographienreihe (ADPV) heraus. Die im Abstand von zwei Jahren veranstalteten Tagungen widmen sich jeweils mehrere Tage lang zentralen Themen der Landes- bzw. Kulturgeschichte und Archäologie Palästinas. Das Deutsche Evangelische Institut für Altertumswissenschaft des Heiligen Landes hat seinen Sitz in Jerusalem und ist damit „vor Ort"; das Institut hat stets in enger Kooperation mit dem Deutschen Palästina-Verein zusammengearbeitet. Sein Schwerpunkt liegt einerseits mehr auf der Vermittlung archäologischer und landeskundlicher Ergebnisse an die kirchliche Öffentlichkeit. Andererseits hatte das Institut stets eine Funktion, die in anderen Ländern des Mittelmeerraumes von den jeweiligen deutschen archäologischen Instituten wahrgenommen werden. In den Jahren 1905–1941 gab das Institut das Palästinajahrbuch heraus, seit 1989 erscheint (in unregelmäßigen Abständen) als Nachfolger das Jahrbuch des Deutschen Evangelischen Instituts für Altertumswissenschaft des Heiligen Landes.

Gustaf Dalman

Der erste Institutsdirektor Gustaf Dalman (1855–1941) hatte sich auf die Realien und Naturalien spezialisiert und legte hierfür z. B. Sammlungen zur Botanik (u. a. Querschnitte aller Baumarten Palästinas oder Pressungen alle Blattarten und Pflanzen des Landes), Geologie und Ethnologie (Gerätschaften des täglichen Lebens), aber auch Gipsmodelle von Gräbern, Brunnen etc. an. Ein Teil seiner Sammlungen findet sich heute im Gustaf-Dalman-Institut in der Universität Greifswald, der Rest im Deutschen Evangelischen Institut in Jerusalem (im Bereich des Auguste-Victoria-Komplexes auf dem Ölberg). Des weiteren interessierte sich Dalman für all jene Bereiche, die wir heute unter Ethnoarchäologie zusammenfassen (vgl. Kapitel 9.). Seine Forschungen sind in den Bänden „Arbeit und Sitte in Palästina" zusammengefasst. Weit vorausblickend hat er auch erkannt, welche Bedeutung die Luftbilder, die das bayerische Grenzschutzkommando und andere Fliegereinheiten Deutschlands im 1. Weltkrieg aufgenommen haben, für die Archäologie haben können. Eine Auswahl dieser Bilder, die uns den Zustand des Landes und die topographischen Gegebenheiten zu jener Zeit zeigen, veröffentlichte er in einem eigenen Band. Das Interesse von Dalmans Nachfolgern Albrecht Alt (1883–1956) und Martin Noth (1902–1968) lag stärker auf dem Gebiet historischer und historisch-topographischer Fragestellungen. Noch heute ist dies ein Schwerpunkt der deutschen Forschung. Jährlich findet ein Lehrkurs für Stipendiaten statt, die so in die Fragestellungen der biblischen Landes- und Altertumskunde eingeführt werden sollen. Außerdem führt das Institut, das seit 1978 eine Zweigstelle im jordanischen Amman hat, Oberflächenuntersuchungen sowie Grabungen durch.

Grabungsaktivitäten

Bislang gibt es, verglichen etwa mit England, Frankreich oder Amerika, nur relativ wenige Grabungen, die von Deutschen (bzw. Deutschsprachigen) geleitet wurden. Der Schwerpunkt der deutschsprachigen Forschung lag jahrzehntelang auf der historischen Topographie. Das ist sicherlich auch durch die besondere Geschichte Deutschlands mit Israel begründet. In der Zeit von 1939 bis 1945 war eine Grabungstätigkeit in Palästina völlig ausgeschlossen, nach dem 2. Weltkrieg waren die Beziehungen Deutschlands zum Staat Israel zunächst nicht unproblematisch. So kann man zwei zeitliche Schwerpunkte deutscher Grabungsaktivitäten in Palästina beobachten: die Zeit unmittelbar zu Beginn des 20. Jh. und dann wieder die Periode ab 1966.

Ältere Grabungen fanden 1902–1904 unter der Leitung von E. Sellin und des Architekten G. Schumacher in *Tell Ta'annek* (Taanach), 1903 bis 1905 unter der Leitung von G. Schumacher und dem klassischen Archäologen C. Watzinger in *Tell el-Mutesellim* (Megiddo), dann von 1907–1909 unter der Leitung von E. Sellin und C. Watzinger in *Tell es-Sulṭān* (Jericho), und schließlich von 1913–1927 (mit Unterbrechungen wegen des 1. Weltkrieges) unter der Leitung von E. Sellin und dem klassischen Archäologen G. Welter in *Tell Balāṭa* (Sichem) statt. Ganz bewusst wurden damals Grabungsorte ausgesucht, die für die biblische Geschichte von großer Bedeutung sind. Die Grabungsergebnisse und die -publikationen können aus verschiedenen Gründen nicht unbedingt überzeugen. An allen vier Orten wurden später von Archäologen anderer Länder die Grabungen wieder aufgenommen.

Katholische Forscher widmeten sich stärker den römisch-byzantinischen Epochen und waren vorwiegend in der Zeit zwischen den beiden Weltkriegen tätig. A. E. Mader grub 1926–1928 in *Ramet el-Ḫalīl*, 1928 arbeitete A. M. Schneider auf dem Garizim. Hinzu kamen einige Grabungen in einem relativ kleinen Gebiet nordwestlich des See Gennesarets. Von 1909–1911 leitete P. Karge Grabungen in *Tell el-ʿOrēme* (Kinneret). Bereits 1911 von P. Karge begonnen, führten A. E. Mader und A. M. Schneider 1932 und dann noch einmal 1936 die Grabungen in *eṭ-Ṭabġa* zu Ende, 1932–1939 arbeiteten A. E. Mader, A. M. Schneider und O. Puttrich-Reignard in *Ḫirbet el-Minye*, das damals als Kandidat für Kapernaum angesehen wurde, und auch in *Tell el-ʿOrēme* wurde 1932 und 1939 noch einmal gegraben.

Die erste Grabung deutschsprachiger Forscher nach dem 2. Weltkrieg fand bezeichnenderweise in Jordanien und nicht in Israel statt. Hier leitete U. Wagner-Lux 1966–1967 Ausgrabungen in Madeba. 1970 unter ihrer Leitung und dann noch einmal 1974 unter der Leitung von K. H. J. Vriezen wurde auf einem sehr kleinen Areal unter der Erlöserkirche in Jerusalem gegraben. Großflächige Ausgrabungen wurden erst in den 70er Jahren wieder aufgenommen. V. Fritz leitete 1972–1975 zusammen mit den israelischen Archäologen Y. Aharoni und A. Kempinski eine Grabung im Negev (*Ḫirbet el-Mšāš*). Von 1982 bis 1985 und wieder seit 1994 setzte er die schon vor dem 1. Weltkrieg begonnenen Grabungen in *Tell el-ʿOrēme* (Kinneret) am See Gennesaret fort. D. Conrad leitete von 1978–1979 und von 1982–1983 zusammen mit dem israelischen Archäologen M. Dothan die Grabungen in *Tell el-Fuḫḫar* (Akko). Zunächst A. Kuschke und dann M. Metzger waren von 1963–1981 in verantwortlichen Positionen an der von R. Hachmann geleiteten Grabung in *Tell Kāmid el-Lōz* (Kumidi) im südlichen Libanon beteiligt. Seit 1976 finden unter unterschiedlicher Leitung Grabungen in *Umm Qēs* (Gadara) statt. S. Mittmann leitete von 1984–1994 eine Grabung in Nordjordanien (*Ḫirbet ez-Zeraqōn*). Eine erstes Grabungsprojekt in dem autonomen Gebiet Palästina führten 2000 M. Flender und Kh. Nashef gemeinsam in *Bīr Zeit* durch. Hinzu kommen inzwischen zahlreiche kleinere Projekte. Seit den 90er Jahren des 20. Jh. ist eine Beteiligung deutschsprachiger Archäologen in unterschiedlichen Positionen an den Ausgrabungen im West- und Ostjordanland selbstverständlich. Inzwischen gibt es deutschsprachige Forscher in Diensten der israelischen Antikenverwaltung oder als Dozenten an israelischen Universitäten.

Erste Grabungen nach dem 2. Weltkrieg

Mittlerweile ist – nach schwierigen Anfängen nach dem 2. Weltkrieg – in jeder Hinsicht eine Normalisierung eingetreten. Die Archäologie war dabei sicherlich *ein* Vorreiter für die politische Normalisierung im Verhältnis zwischen Israel und Deutschland.

3.6 Die ersten Ausgrabungen

Die ersten Ausgrabungen fanden bereits im 19. Jh. statt. 1867–1870 legte Ch. Warren Schächte in Jerusalem an, in denen er teilweise bis auf den gewachsenen Felsen durchstieß (Abb. 1). Seine Ergebnisse sind zwar für die Geschichte der Stadt recht bedeutungsvoll, doch mangelte es ihm an jeglicher methodischer Kenntnis. Die erste wissenschaftlich durchgeführte

Flinders Petrie
Grabung leitete Sir Flinders Petrie[5] 1890 in *Tell el-Ḥesī* in der Schefela. Er hatte vorher reichlich Grabungserfahrung in Ägypten gesammelt und war sich als erster Ausgräber bewusst, dass palästinische Siedlungsplätze aus einer Vielzahl von übereinanderliegenden Orten bestehen (sog. *Tell*). Außerdem hatte er erkannt, dass sich die Gestalt und Zusammensetzung der Keramik im Verlauf von Jahrhunderten stark ändert und somit eine wichtige Hilfe bei der Datierung der einzelnen Schichten eines Tell ist. Seine Keramiktypologie steckte jedoch erst in den Anfängen und wies noch zahlreiche Fehler auf.

Der eigentliche methodische Fehler Petries war jedoch ein anderer. Er ging davon aus, dass ein Tell immer ganz kontinuierlich gewachsen sein muss. Demnach musste alles, was sich auf gleicher Höhe (z. B. 153 cm unter der Oberfläche des Siedlungshügels) befand, dem selben Jahr (z. B. 2200 v. Chr.) zugehören. Siedlungshügel wuchsen aber nie mit der Gleichmäßigkeit, die Petrie voraussetzte. Daher ist sein „mechanisches" Vorgehen methodisch unzulänglich und wissenschaftlich überholt.

Die Grabungsmethodik wurde im Laufe der Jahre stets verbessert. Heute kann man sie als weitgehend ausgereift ansehen. Voraussetzung für zuverlässige Grabungsergebnisse ist aber immer die zeitaufwendige und genaue Beobachtung der Befunde und deren möglichst umfangreiche Dokumentation. An den Ausgrabungen sind seit etwa 30 Jahren nicht nur Archäologen beteiligt, sondern zunehmend auch Naturwissenschaftler. Metallurgische Analysen der aufgefundenen Metalle, anthropologische und archäozoologische Untersuchungen der Knochen, archäobotanische Analysen von Holz- oder Getreideresten sowie spezielle naturwissenschaftliche Forschungen an der Keramik, um die Herkunft des Tons aufzuzeigen, sind längst eine Selbstverständlichkeit bei Grabungen geworden. Ausgrabungen können so eine Vielzahl von Fragen beantworten, allerdings zum Preis eines hohen Geld- und Zeitaufwandes.

---

[5] Vgl. Drower, Margaret S.: Flinders Petrie: A Life in Archaeology, London 1885.

3.7 Ausgrabungstätigkeit seit dem 2. Weltkrieg

Heute kann vor allem das Staatsgebiet Israels, wo jährlich über 300 Grabungen durchgeführt werden, als eines der archäologisch besterforschten Gebiete der Welt gelten. Ein Großteil der Grabungen stellt Rettungsgrabungen dar, die sich kurzfristig z. B. beim Bau eines Hauses, das auf antiken Resten steht, ergeben. Aber immerhin ca. 30–40 Grabungen werden als geplante, oft über mehrere Jahre oder sogar Jahrzehnte angelegte Kampagnen, zum Teil mit ausländischer Beteiligung, durchgeführt. Bei weitem nicht so intensiv sind die Territorien Palästinas/Westbank und Jordaniens bisher durch Ausgrabungen erfasst. Gerade in Israel lässt sich eine interessante Entwicklung hinsichtlich der Auswahl von Grabungsorten beobachten, die etwas über das jeweilige Selbstverständnis der Archäologie, aber auch über ihre Anerkennung in der Gesellschaft aussagt.

Vor 1948 leiteten Juden in Palästina Ausgrabungen, die deutlich nicht unter nationalen oder heilsgeschichtlichen Gesichtspunkten ausgesucht wurden, sondern sich mehr oder weniger zufällig ergaben. Zu nennen sind hier die Grabungen in *ez-Zīb* (Achsib) in der nördlichen Küstenregion (Leitung: I. Ben-Dov, 1941–1944) und im benachbarten *Naharīyyā* (I. Ben-Dov, 1947), in Hammat-Tiberias (N. Schlouschz, 1921), in Bet-Schearim (B. Mazar, 1936–

Jüdische Ausgrabungen in Palästina vor 1948

Abb. 1: „Archäologische" Tätigkeit von Ch. Warren, der durch das Anlegen von Schächten Jerusalem erforschte.

1940), in Afula in der Jesreel-Ebene (E. L. Sukenik, 1926 und 1931) und in *Tell Ǧerīše* nördlich des späteren Tel Aviv (E. L. Sukenik, 1927–1950).

1948–1959 Die in den Jahren 1948–1959 durchgeführten Grabungen stellen im wesentlichen eine Überprüfung der bereits gewonnenen Ergebnisse mit inzwischen verbesserten archäologischen Methoden dar. So wurden die Grabungen in Achsib (M. W. Prausnitz, 1957–1984), Bet-Schearim (N. Avigad, 1953–1955, 1958) und Afula (I. Ben-Dov/M. Dothan, 1950/51) wieder aufgenommen. Daneben wurden Grabungen in *Qal'at el-Ḥuṣn* (Hippos) am Ostufer des See Gennesaret (C. Epstein, 1950–1955) sowie in der Küstenregion in *Tell Fāliq/Tel Poleg* (N. Avigad, 1958, 1960), *Tell Qasīle* (B. Mazar, 1948–1950; erste Grabung nach der Staatsgründung!, bezeichnenderweise eine philistäische und keine jüdische Siedlung!), Jaffa (P.L.O. Guy, 1948–1950, 1952) und *Tell eš-Šēḫ Aḥmed el-'Arēni/Tel 'Ērānī* (S. Yeivin, 1956–1961) durchgeführt – allesamt Grabungen, die an keine besonderen nationalen Erinnerungen anknüpfen wollten. Von hoher nationaler Bedeutung erwies sich dagegen die Grabung in *Rāmat Rāḥēl* südlich von Jerusalem (Y. Aharoni, 1954, 1959–1962), denn dort wurde ein jüdischer Königspalast aus der Eisenzeit entdeckt. Dieses Grabungsergebnis war jedoch zufällig, da niemand bei Grabungsbeginn daran denken konnte, an dieser Stelle einen derartigen Fund zu machen.

Hazor Anders verhielt es sich dagegen mit den Ausgrabungen in Hazor, die dort von 1955–1958 und schließlich noch einmal 1968 durchgeführt wurden. Y. Yadin hatte diesen Hügel nicht zufällig ausgewählt. Vielmehr wollte er den bedeutendsten Ort der kanaanäischen Periode freilegen (vgl. Jos 11,10: „Hazor war einst das Haupt aller Königreiche gewesen") und gleichzeitig die kriegerische Landnahme der Israeliten dokumentieren. Die Grabungsergebnisse wurden in den großen Tages- und Wochenzeitungen weltweit referiert und erzielten so beträchtliche Breitenwirkung. In einem 1975 auf englisch und 1976 auf deutsch erschienenen populärwissenschaftlichen Grabungsbericht begründete Yadin die Wahl dieses Grabungsortes im ersten Kapitel ganz bewusst mit der Bibel und dem Versuch, die kriegerische Landnahme der Israeliten archäologisch zu untermauern. Archäologie sollte somit, wie schon bei Yadins Vater Sukenik, den Anspruch des immer selbstbewusster werdenden modernen Staates Israel auf das in der Bibel verheißene Land belegen. In der kriegerischen Landnahme, der Yadins Gegenspieler Aharoni ganz bewusst den Entwurf einer friedlichen Landnahme (parallel zur Kibbuzbewegung im modernen Staat Israel) gegenüberstellte, wurde so auch eine Begründung für das aktuelle politische Handeln Israels gesehen. Diese Tendenzen wurden auf politischer Seite von David Ben Gurion stark gefördert.

1960–1969 Im folgenden Jahrzehnt von 1960–1969 zeigten diese Ansätze ihre Folgen. Bewusst wurden nun Orte mit nationaler Bedeutung für die Ausgrabungen ausgewählt: *Tell el-Qāḍī*/Dan (A. Biran, 1966–1967, 1974–1999), *Tell el-Mutesellim*/Megiddo (Y. Yadin, 1960–1961, 1966–1967, 1971), die Altstadt von Jerusalem (B. Mazar, 1968–1978; N. Avigad, 1969–1983), *es-Sebbe*/Masada (Y. Yadin, 1963–1965) sowie im Süden *Tell es-Seba'* (Y. Aharoni, 1969–1975) und *Tell 'Arad*/Arad (Y. Aharoni/R. Amiran, 1962–1966, 1971–1978, 1980–1984). Hinzu kam 1967–1968 ein groß angelegter Sur-

vey in den Gebieten Judäa, Samaria und Golan, der die bestehenden Anti-
kenreste der 1967 eroberten Gebiete des Landes erfassen und dokumentieren sollte. Vor allem Y. Yadin und A. Biran förderten weiterhin die politische
Verwertung der Archäologie. Dabei wurden zweifelsohne archäologische
Aussagen für aktuelle politische Ziele missbraucht. Gerade der versuchte
archäologische Nachweis einer kriegerischen Landnahme Israels unter
Josua spielt hierbei eine zentrale Rolle. Wer 1967 als Bürger des jungen
Staates Israel gegen die Araber kämpfte, konnte sich so mit jenen Israeliten
identifizieren, die unter Josua in das Land eindrangen. Die späteren, inzwischen allerdings nicht mehr praktizierten Vereidigungen israelischer
Soldatinnen und Soldaten im wieder ausgegrabenen Gelände von Masada
sollten in ähnlicher Weise zu einer Identifikation mit den Vorfahren führen,
die 73 und 74 n.Chr. gegen die Römer kämpften. Die Oberflächenuntersuchungen aus den Jahren 1967 und 1968 in den eroberten Gebieten waren
unter archäologischen Gesichtspunkten richtig und notwendig, denn sie
haben unser Wissen über die materielle Kultur in dieser Region erheblich
bereichert. Gleichzeitig sollte damit auch die jüdische Vergangenheit in
diesen Gebieten verdeutlicht werden. Archäologie und Politik hatten in
dieser Zeit eine große Nähe zueinander. Sie führte einerseits zu einer Förderung archäologischer Aktivitäten im Lande, andererseits müssen diese
Aktivitäten aber auch auf ihre Ideologie hin befragt werden.

Doch nicht nur für die Politik war Archäologie nun wichtig. Die Generation der sich neu in dem Land niederlassenden Israelis hatte einen neuen
„Nationalsport" gefunden, nämlich die Archäologie. Man interessierte sich
für die materielle Hinterlassenschaft in dem Land, in dem man eine neue
Heimat gefunden hatte. Die Regale in den Buchhandlungen waren gefüllt
mit Berichten über die neuesten Grabungen. Das Volk fand so ein neues
Selbstverständnis, das nun nicht nur an die biblischen Überlieferungen anknüpfen konnte, sondern auch an die „handfesten" Funde, die man gemacht hatte. Das Land, in dem man neu siedelte, konnte nun im wahrsten
Sinne des Wortes *be-griffen* werden.

Dies mag ein wesentlicher Grund dafür sein, warum in den arabischen
Gebieten (Jordanien, autonome Gebiete) Archäologie immer eine wesentlich geringere Bedeutung als in Israel gespielt hat. Man lebte seit Jahrhunderten in diesem Land; es war das eigene Land, in dem man groß geworden war. Man musste es nicht erst neu kennenlernen, man kannte es seit
Generationen. Ausgrabungen waren im Gegenteil eher hinderlich, weil sie
Platz beanspruchten – einen Platz, der viel eher für Landwirtschaft genutzt
werden konnte. Das Interesse an der materiellen Hinterlassenschaft hat
daher in den arabischen Gebieten nie die Bedeutung in der breiten Öffentlichkeit erlangt, die es in Israel hatte.

In den Jahren von 1970–1979 begann eine neue Generation von Ar- 1970–1979
chäologInnen ihre Ausgrabungstätigkeit, und damit änderte sich auch die
Ausrichtung der Projekte. Zwar wurde erneut eine Grabung in Jerusalem
(Y. Shiloh, 1978–1985) aufgenommen, und auch die Grabungen in Gamla
(S. Gutman, 1976 ff.) und in *Ğebel Furēdīs*/Herodium (E. Netzer, 1970–
1987) stehen in einer engen Verbindung zur jüdischen Geschichte. Zunehmend wurden nun aber Projekte durchgeführt, mit deren Hilfe man die

Entwicklung von ganzen Regionen verstehen wollte. Typisch hierfür sind die in diesen Jahren erstmals veröffentlichten Bände des Survey of Israel, einem groß angelegten und wohl noch Jahre andauernden Projekt, bei dem das ganze Land in 10 × 10 km-Quadranten eingeteilt wurde und *alle* archäologischen Relikte *aller* Perioden systematisch erfasst werden sollen. Das Land in seiner Gesamtheit trat nun in den Vordergrund. Die vielfältigen Grabungen in der Küstenregion und dem zugehörigen Hinterland (*Tell el-Fuḫḫār*/Akko, *Tell Qirī*, *Tell Qēmūn*/Jokneam, *Tel Mevoraḥ*, *Makmiš/Tel Mīkal*, *ʿIzbet Ṣarṭā*, *Tell el-Baṭāš*/Timna, *Dēr el-Balaḥ*) sowie im Negev (*Ḫirbet el-Mšāš*, *ʿArāʿir*/Aroer, *Ḥorvat Qitmit*, *Ḫirbet el-Ġarra/Tel ʿĪrāʾ*) wollten gleichfalls Regionen archäologisch erfassen. Einzig in *Tell ed-Duwēr*/Lachisch (D. Ussishkin, 1973–1987) wurden Grabungen an einem für die Geschichte des Landes zentralen Ort wieder aufgenommen; dieser wurde u.a. ausgewählt, um die Keramiktypologie genauer in eine absolute Chronologie einordnen zu können. Alle anderen Orte sind biblisch gesehen weitgehend unbedeutend. Die Grabungsergebnisse selbst ergaben jedoch wichtige Aufschlüsse für die geschichtliche Entwicklung des Landes und ermöglichten neue Einblicke. Gerade weil man nur kurzzeitig besiedelte Orte wie *Tel Mevoraḥ*, *ʿIzbet Ṣarṭā* oder das in unmittelbarer Nähe von Jerusalem gelegene Gilo untersuchte, konnten nun größere Komplexe freigelegt und so sozial- und siedlungsgeschichtlich ausgewertet werden. Trotz der fehlenden historischen und/oder biblischen Erwähnungen dieser Orte ergaben gerade diese Ausgrabungen völlig neue Verständnismöglichkeiten für die Geschichte und Kulturgeschichte des Landes. Dies aber hatte zur Folge, dass Archäologie nun immer stärker um ihrer selbst willen betrieben wurde und historische Entwicklungen vermehrt auf der Basis archäologischer Befunde nachgezeichnet wurden. Die politische Verwertbarkeit der Archäologie trat in den Hintergrund, und dies führte schließlich in Israel zu einem allmählichen Nachlassen des Interesses an der Archäologie seitens der Politik.

Heutige Forschung   Heutzutage lässt sich beobachten, dass die Archäologie in Israel ihre dominierende Bedeutung für das Selbstverständnis der Menschen und des Staates verloren hat. Man wohnt lange genug im Land, um es nun als das eigene Land zu betrachten. Eine neue Generation, die bereits im Lande geboren wurde, ist im Staat Israel herangewachsen. Betrachtet man die derzeit von israelischen Archäologen durchgeführten Großprojekte, spielt auch die Eisenzeit, also die für die Bibel relevante Epoche, nicht mehr die dominierende Rolle. Vielmehr wurden in den letzten Jahren zunehmend Zeiträume untersucht, die in der früheren Zeit vernachlässigt wurden, wie z.B. die römische (z.B. Grabungen in Bet-Schean, *Bānyās*/Cäsarea Philippi), byzantinische und arabische Zeit. Für den Staat Israel hat sich der Zweck der Archäologie geändert. Groß angelegte Ausgrabungen werden heute vornehmlich an Orten durchgeführt, die touristisch verwertbar sind. Hierzu zählen z.B. die neuerlichen Grabungen in Bet-Schean, Megiddo, Hazor oder *et-Tell*/Betsaida, die allesamt biblisch belegt sind und inzwischen zu den zentralen Anlaufpunkten für Touristenscharen zählen. Zunehmend lässt sich aber auch beobachten, dass man unter den derzeit führenden israelischen Archäologen von einer vorschnellen Vermengung von

Grabungsergebnissen und biblischen Texten absieht und textunabhängige Datierungen und Interpretationen versucht.

Der Sachverhalt, dass die „biblische Archäologie" nun in Israel zunehmend eine „profane" und keine religiös oder politisch legitimierende Disziplin mehr ist, macht die Forschung in vielen Fällen unkomplizierter. Der Zwang, ideologisch „wichtige" Funde zu finden, ist einem neuen Verständnis für das Land und seine Geschichte gewichen. In vielen Fällen ist es dank der intensiven Forschung der letzten Jahrzehnte heute möglich, ein recht zuverlässiges Bild von der materiellen Kultur der Vergangenheit zu zeichnen. Ein immer größer werdendes Problem ist jedoch, dass ein Großteil der Grabungen nur unzureichend publiziert wird. Viele große Grabungen brauchen oft Jahrzehnte, bis sie endgültig veröffentlicht werden. Und die Ergebnisse nicht weniger Grabungen wurden, abgesehen von kurzen Vorberichten, überhaupt nicht veröffentlicht. Das Material befindet sich in Archiven, ohne wirklich für die Forschung zugänglich zu sein.

Ein weiteres Problem ist, dass die Menge an Grabungen und damit auch an Grabungspublikationen die finanziellen Möglichkeiten vieler Bibliotheken übersteigt. K. Galling erzählte immer gern, dass er alle Bücher, die er für die erste Auflage seines Biblischen Reallexikons (1937 erschienen) benötigte, bequem auf seinem Schreibtisch aufstellen konnte. Heute können nur noch einige wenige Spezialbibliotheken die Vielzahl an Publikationen erwerben, die für eine sinnvolle und zuverlässige Forschung notwendig sind. Weltweit führend dürften die Bibliotheken des Oriental Institute in Chicago, des Päpstlichen Bibelinstituts in Rom, der Ecole Biblique in Jerusalem, des Institute Biblique in Freiburg/Schweiz und des Biblisch-Archäologischen Instituts in Tübingen sein. Im deutschsprachigen Raum gibt es daneben noch recht gut ausgestattete Bibliotheken in Mainz und Kiel, in eingeschränktem Maße wird man auch in Wien, Berlin, München, Münster, Hamburg, Göttingen, Wuppertal, Greifswald und Erlangen fündig. Da man für typologische Untersuchungen immer auch die *gesamte* Palette der Parallelstücke zur Verfügung haben muss, ist ein wirklich erfolgreiches wissenschaftliches Arbeiten daher nur an wenigen Orten sinnvoll möglich.

Für die Zukunft sind erhebliche Veränderungen im Bereich der Archäologie durch die neuen Medien zu erwarten. Mittels Digitalphotographie, demnächst wahrscheinlich auch mittels 3-D-Photographie, können alle Fundstücke, die bei einer Grabung entdeckt werden, unmittelbar nach der Säuberung photographiert und fachwissenschaftlichen Kreisen im Internet zugänglich gemacht werden. Es ist zu hoffen, dass die technischen Möglichkeiten in Zukunft noch viel mehr genutzt werden, um so den kompletten Bestand der materiellen Hinterlassenschaft auf bequeme und zeitsparende Weise erfassen zu können. Dadurch könnte sich der hohe Aufwand an Zeit und Geld für das Auswerten einer Grabung verringern lassen. Die Zukunft wird zeigen, ob diese Möglichkeiten auch wirklich genutzt werden und welche neuen Entwicklungen sich daraus ergeben.

Probleme moderner Forschung

Ausblick in die Zukunft

4. Hermeneutik der Biblischen Archäologie

4.1 Einführung

Was will, was soll, was kann die Biblische Archäologie leisten? Im Laufe der Geschichte dieses Forschungszweiges gab es auf diese Fragen unterschiedliche Antworten. Als 1865 der englische Palestine Exploration Fund gegründet wurde, wollte man sich mit der Institution der gesamten Breite der Landes- und Altertumskunde widmen: Untersuchungen auf den Gebieten der Archäologie, der Sitten und Gebräuche, der Topographie, der Geologie, der Botanik, der Zoologie und der Meteorologie sollten von der neugegründeten Gesellschaft in Angriff genommen werden. Alles Wissen, das für das Verständnis der Bibel und ihrer Welt notwendig ist, sollte im Rahmen der anvisierten Untersuchungen erfasst und gesammelt werden. Schon etwas anders klingt die Aufgabenbeschreibung, die sich die gleichnamige amerikanische Schwesterorganisation zum Ziel gesetzt hat: „Was immer die biblische Geschichte in Bezug auf Zeit, Ort und Umstände als tatsächlich erweist, ist eine Zurückweisung des Unglaubens."[1] Hier wird die Landes- und Altertumskunde benutzt, um missionarisch zu wirken und alle Zweifel an der Historizität und Autorität der Bibel zu widerlegen. Man hatte die Hoffnung und Erwartung, dass die umfassende Kenntnis des Landes und seine Erforschung die Wahrheit der Bibel beweisen werde. In diesem Umfeld ist auch die Entstehung des Begriffes „Biblische Archäologie" bzw. „Biblical Archaeology" anstatt der Bezeichnung „Palästinaarchäologie" zu suchen.

W. F. Albright   Diese amerikanische Tradition war bis in die jüngere Vergangenheit jenseits des Ozeans noch immer stark prägend. Für das letzte Jahrhundert kann sie insbesondere mit dem Namen W. F. Albright verbunden werden (1891–1971)[2], der als führender amerikanischer Orientalist und Archäologe mehrere Generationen von Bibelwissenschaftlern, Orientalisten und Archäologen nachhaltig prägte. Sein Lebensziel war es, die biblischen Texte im Rahmen der altorientalischen Kulturen zu erklären. Dabei war er davon überzeugt, dass die geschichtliche Wirklichkeit sich mit Hilfe der außerbiblischen Quellen (Inschriften, archäologische Befunde) erheben lässt und in Einklang mit der biblischen Überlieferung steht. Im Nachwort eines seiner Bücher finden sich beispielsweise folgende Sätze:

„Keine andere große Religion der Vergangenheit kann sich mit der jüdisch-christlichen als Phänomen von geschichtlichem Range messen. ... Da das Alte Testament

---

[1] Palestine Exploration Society, First Statement, New York 1871, 34f.; zit. bei de Vaux, Roland: On Right and Wrong Uses of Archaeology, in: Sanders, James A. (Ed.): Near Eastern Archaeology in the Twentieth Century. FS N. Glueck, New York 1970 (64–80) 67.

[2] Vgl. Running, Leona G./Freedman, David N.: William Foxwell Albright: A Twentieth-Century Genius, New York 1975.

seinem Inhalt und seiner kanonischen Absicht nach geschichtlich ist, kann die Archäologie ein unerlässliches Hilfsmittel zu seinem Verständnis werden. Nur durch die archäologische Forschung wird die biblische Geschichte zu einem wissenschaftlichen Fach, denn Geschichte wird überhaupt nur zur Wissenschaft durch die Anwendung der archäologischen oder einer anderen ebenso strengen Methode. ... Nun kann kein Zweifel bestehen, dass die Archäologie die Geschichtlichkeit der alttestamentlichen Überlieferungen im Wesentlichen bestätigt hat. Grundlegende Abweichungen in geschichtlichen Tatsachen lassen sich fast immer erklären, entweder als bedingt durch die Natur mündlicher Überlieferung, durch die Wechselfälle schriftlicher Weitergabe oder durch gutgemeinte, aber irrige Kombinationen seitens israelitischer und jüdischer Gelehrter. Es kommt selten vor, dass diese Abweichungen ernstliche Veränderungen im geschichtlichen Bilde bedingen. ... Alle umstürzenden Ansichten hinsichtlich der Bedeutung und des Inhalts der biblischen Überlieferungen lassen sich archäologisch widerlegen. Im Ganzen bestätigt die Archäologie das überlieferte Bild der Entwicklung des religiösen Lebens und Denkens im hebräischen, israelitischen und jüdischen Geschichtsabschnitt."[3]

Albrights Werke wurden auch ins Deutsche übersetzt und fanden hier auch jenseits von fachwissenschaftlichen Kreisen große Aufmerksamkeit. Den großen Durchbruch dieses Ansatzes gab es jedoch erst mit dem schon als „Klassiker" zu bezeichnenden Werk von Werner Keller „Und die Bibel hat doch recht". In seinem Vorwort schreibt er:

Werner Keller

„Über dem Zusammentragen und der Erarbeitung des Materials ... kam mir daher der Gedanke, dass es hoch an der Zeit sei, Bibelleser und Bibelgegner, Gläubige wie Zweifler teilhaben zu lassen an den erregenden Entdeckungen der nüchternen Wissenschaft vielfältiger Disziplinen. Angesichts der überwältigenden Fülle der authentischen und gesicherten Forschungsresultate drängte sich mir im Hinblick auf die zweifelnde Kritik, die vom Jahrhundert der Aufklärung an bis heute der Bibel Abbruch tun möchte, immer wieder der eine Satz auf: Und die Bibel hat doch recht!"[4]

Seit der Erstausgabe dieses Buches im Jahre 1955, das den bezeichnenden Untertitel „Forscher beweisen die Wahrheit des Alten Testaments" trägt, erlebte es viele Auflagen und prägte die Menschen jener Zeit. Keller hatte mit diesem Bestseller den Zeitgeschmack getroffen. Nach den ersten Ansätzen des deutschen Wirtschaftswunders in der Nachkriegszeit richtete man sein Augenmerk wieder auf die Kultur, und dabei auch und besonders auf die Kultur des Altertums. Fernreisen war den meisten Menschen der Zeit noch nicht möglich, großangelegte Ausstellungen, in denen die materielle Hinterlassenschaft ferner Länder dargeboten wird, kamen erst in den 70er Jahren auf und fanden dann breites öffentliches Interesse. Aber mit Hilfe von Büchern wie dem von Keller oder aber W. W. Cerams Bestseller 'Götter, Gräber und Gelehrte' (1. Auflage 1949) war man an den kulturellen Entwicklungen beteiligt. Im Gegensatz zur breiten Öffentlichkeit fand dieser Trend in der deutschsprachigen Bibelwissenschaft keinen Zuspruch. Vor allem M. Noth, aber auch einige andere wandten sich vehement gegen

Kritik an diesen Ansätzen

---

[3] Albright, William F.: Die Religion Israels im Lichte der archäologischen Ausgrabungen, München/Basel 1956, 193 f.
[4] Keller, Werner: Und die Bibel hat doch recht. Forscher beweisen die Wahrheit des Alten Testaments, Düsseldorf 1989, 6.

eine zu unkritische und unreflektierte Heranziehung der Altertumskunde Palästinas, ohne von der breiten Öffentlichkeit wirklich wahrgenommen zu werden. [5]

Dieses Vorverständnis von Archäologie prägt noch immer die Diskussion, auch wenn die Frontlinien in der derzeitigen Generation von Archäologen nicht mehr so klar zu beschreiben sind wie in früheren Zeiten. Um die Frage beantworten zu können, wie das Verhältnis von biblischer Überlieferung und archäologischen Funden zu bestimmen ist, muss zunächst einmal geklärt werden, welche Aussagemöglichkeiten biblische Texte einerseits und archäologische Relikte andererseits ermöglichen.

4.2 Der historische Wert biblischer Texte

Das Alte Testament als Primärquelle

In der Fachdiskussion wurde in den letzten Jahren der Begriff der Primär-, Sekundär-, Tertiärquelle etc. in den Mittelpunkt gerückt.[6] Uehlinger definiert Primärquellen folgendermaßen:

„Primärquellen sind Dokumente, die sich materialiter aufgrund *archäologischer* Kriterien (Fundkontext, typische Objektgattung, Stil, Paläographie o. ä.) relativ genau datieren lassen (Kriterium der *Datierbarkeit*).
Primärquellen sind während oder nur kurz nach den berichteten Ereignissen entstanden (Kriterium der *zeitlichen Nähe*)."[7]

Mit diesen beiden Kriterien ist aber, wie Uehlinger selbst zugesteht, noch nichts über die historische Verlässlichkeit von Primärquellen ausgesagt. Selbst in zeitlicher Nähe zu einem Ereignis verfasste Texte können ganz bewusst historische Sachverhalte verstellen. Der Golfkrieg hat eindrücklich gezeigt, dass Zuschauer am Bildschirm noch am selben Tag eines Ereignisses offenbar völlig authentische und zuverlässige Informationen sehen und trotzdem durch die Auswahl der Berichterstattung ein völlig falsches Bild vom historischen Verlauf erhalten können. Schon im Altertum gaben Bilder einen Idealzustand und kein reelles Abbild der Wirklichkeit wieder. Da biblische Texte zumindest in der uns heute erhaltenen Form in der Regel einen großen zeitlichen Abstand zu den berichteten Ereignissen haben und in der Regel nicht mit archäologischen Methoden datiert werden können, scheiden sie nach Uehlingers Kriterien fast durchweg als Primärquellen aus. Damit hat sich in den letzten Jahren das Verhältnis zwischen Bibeltext auf der einen Seite und Archäologie auf der anderen Seite in der Forschung erheblich gewandelt. Gingen Albright, Yadin und andere

---

[5] Vgl. vor allem die ersten drei Aufsätze in Noth, Martin: Aufsätze zur biblischen Landes- und Altertumskunde. Band I: Archäologische, exegetische und topographische Untersuchungen zur Geschichte Israels, Neukirchen-Vluyn 1971, 3–51.

[6] Z.B. Knauf, Ernst Axel: From History to Interpretation, in: Edelman, Diana V. (Ed.): The Fabric of History. Text, Artifact and Israel's Past (JSOT.SS 127), Sheffield 1991, 26–64; Uehlinger, Christoph: Gab es eine joschijanische Kultreform? Plädoyer für ein begründetes Minimum, in: Groß, Walter (Hrsg.): Jeremia und die „deuteronomistische Bewegung", Weinheim 1995, 57–89.

[7] Uehlinger, Kultreform, 60.

vor einigen Jahrzehnten noch wie selbstverständlich davon aus, dass der Bibeltext historisch zuverlässig sei und dies durch die Archäologie aufgedeckt und verdeutlicht werden könne, so wird nun die historische Verlässlichkeit der Bibel grundlegend in Frage gestellt und die Archäologie der Exegese vorgeordnet. Am schärfsten, wenn auch teilweise nicht mit überzeugenden und haltbaren Argumenten, wurde dies in der jüngeren Vergangenheit von der sog. Kopenhagener Schule, die von N. P. Lemche und Th. L. Thompson repräsentiert wird, vertreten.[8] Im Gegensatz zu den früheren „Maximalisten", die der Bibel eine große Zuverlässigkeit zuschrieben, spricht man nun von „Minimalisten", die nur diejenigen Textaussagen als historisch zuverlässig anerkennen, die auch durch außerbiblische Primärtexte und sonstige Zeugnisse abgesichert sind.

Die Verwendung der Begriffe Primär- oder Sekundärquelle scheinen mir allerdings unzureichend zu sein und eine fruchtbare Diskussion zu erschweren. Die Begriffe gehen einerseits von einer zu positivistischen Sicht einer exakten Datierbarkeit von Funden der materiellen Kultur aus. Die genaue zeitliche Verortung von Funden, die nicht eine Inschrift mit exakten Zeitangaben darstellen, ist in weiten Teilen noch immer nicht möglich. Hier wird die Leistungsfähigkeit archäologischer Forschung von Textwissenschaftlern stark überschätzt (vgl. Kapitel 5). Der Begriff Primärquelle sagt aber auch nichts über den Charakter einer Quelle aus. Ein amtlicher Annalentext hat sicherlich einen anderen, aber nicht unbedingt einen besseren historischen Wert als etwa eine Erzählung über die Taten eines Propheten. Ein zeitnaher Text kann Sachverhalte ganz bewusst falsch darstellen, um so eine bestimmte Sichtweise zu fördern. Völlig objektive Geschichtstexte gibt es nicht.

Grenzen der Aussagemöglichkeit von Texten

Daher ordne ich die biblischen Erzähltexte (Propheten, Psalmen und Weisheitsliteratur sollen hier unberücksichtigt bleiben, da sie ganz eigene Problemfelder aufweisen) und außerbiblischen schriftlichen Überlieferungen in drei Gruppen ein:

a) historische Texte, die (zumindest in einer literarkritisch erschließbaren Grundschicht) zeitnah zu Ereignissen verfasst wurden bzw. Quellenmaterial benutzen, das zeitnah zu den berichteten Ereignissen verfasst wurde,

b) Texte, die mit einem großen Abstand zu den berichteten Ereignissen verfasst wurden und in denen daher allenfalls geringe historische Informationen zu erwarten sind (z. B. Erzvätergeschichten, Landnahmezeit), oder in denen bewusst auf die Heranziehung zeitnaher Quellen verzichtet wird (z. B. chronistische Bearbeitung der Geschichte Israels) und die daher rein fiktiv und ohne historische Brauchbarkeit sind, und

c) Texte, die einen bewusst paränetischen und lehrenden Charakter haben und bei denen historische Zuverlässigkeit allenfalls mittelbar vorliegen dürfte.

---

[8] Vgl. z. B. Lemche, Nils P.: The Old Testament – a Hellenistic Book?, in: SJOT 7. 1993, 163–193; Thompson, Thomas L.: The Bible in History. How Writers Create a Past, London 1999. Einen guten Einblick in die Diskussion bietet der Beitrag Biblical Minimalists Meet their Challengers, in: BAR 23:4. 1997, 26–42.66.

Von diesen drei Gruppen kann allein a) für eine reflektierte Darstellung der Geschichte herangezogen werden. Aber auch dabei muss man sich klarmachen, dass die uns vorliegenden Texte, sieht man von Wirtschaftstexten und Briefen einmal ab, in erster Linie Propagandatexte sind. Dies gilt gleichermaßen für biblisches wie für außerbiblisches Material. Die deuteronomistische, d. h. aus der (frühnach-)exilischen Zeit stammende Geschichtsdarstellung der Königebücher will in der Auswahl des Annalenmaterials, das sie uns bietet, den jeweiligen König in einem bestimmten Licht erscheinen lassen. Die Mehrheit der Könige wird negativ beurteilt, einige wenige dagegen positiv. In den Königebüchern haben wir demnach keine objektive Darstellung der Geschichte Israels, sondern eine sehr tendenziöse. Aber auch die Annalen, deren Inhalt uns in Auswahl erhalten geblieben ist, sind tendenziös. Die Schreiber am Königspalast waren sicherlich nicht königskritisch, sondern dem jeweiligen Herrscher gegenüber loyal eingestellt. Das hatte auch Folgen für die Abfassung der Annalen, die ja eigentlich nur historische Ereignisse beschreiben sollen und wollen.[9] Der Blickwinkel aus königsloyaler Sicht lässt manche Ereignisse in einem anderen Licht erscheinen, als dies bei einem königskritischen Schreiber (z. B. einem Propheten) der Fall wäre. Dies gilt in gleicher Weise auch für die außerbiblischen Texte. Die Mescha-Inschrift (KAI 181) beispielsweise will die Taten des Königs Mescha darstellen und beschreibt die Ereignisse jener Zeit aus der Sicht des erfolgreichen Moabiterkönigs. Es liegt im Textcharakter sowohl der Annalen als auch der Königsinschriften der Umwelt, dass sie tendenziös sind und daher hinsichtlich ihrer historischen Zuverlässigkeit kritisch betrachtet werden müssen. Die Methodendiskussion im Bereich der Geschichtsdarstellung hat in der Vergangenheit hier jedoch wichtige Kriterien für die Erhellung des historischen Werts von Quellen erbracht.

Texte haben jedoch einen Vorteil, den archäologische Hinterlassenschaften in der Regel nicht bieten können: Sie können uns Gedanken, Stimmungen und Gefühle vermitteln. Nur über Texte erfahren wir etwas von der *Denkweise* der Menschen im Altertum. Aber auch hier muss berücksichtigt werden, dass wir nur eine geringe Auswahl an Denkweisen überliefert haben. Die biblischen Texte wurden nicht tradiert, um irgendwelchen später Geborenen einen Einblick in die geschichtliche Situation z. B. am Hofe Hiskijas oder aber in die Denkweise der Menschen im 8. Jh. v. Chr. zu vermitteln. Biblische Texte sind zunächst einmal (vorwiegend) religiöse Texte, die überliefert wurden, weil sie in irgendeiner Art für den Glauben Israels von Relevanz und damit überliefernswert waren. Sie geben einen Einblick in die Denkweisen einer Oberschicht, die größtenteils im Umfeld des Jerusalemer Königspalastes bzw. des dortigen Tempels gesucht werden muss. Dass man außerhalb der Hauptstadt ganz anders gedacht und gefühlt hat, lässt sich erkennen, wenn man beispielsweise die nahezu zeitgleichen Propheten Micha und Jesaja und die von ihnen verarbeiteten theologischen Traditionen miteinander vergleicht. Die Texte stammen zudem, wie die

---

[9] Klassisch wurden die damit entstehenden Konflikte in einem Roman dargestellt von Heym, Stefan: Der König David Bericht, München 1992.

feministische Forschung in den letzten Jahren immer wieder betont hat, nahezu ausschließlich von Männern und sind auch von daher einseitig angelegt. Texte können somit einen Einblick in die Geschichte und Gedankenwelt des Altertums geben, aber dieser Einblick ist – auch bei gründlicher Anwendung kritischer Methodik – ein höchst unvollkommener. Oder, um es mit einem Bild auszudrücken: Das Altertum ist ein großes Puzzle mit 1000 Teilen, von denen wir selbst bei günstigsten Voraussetzungen vielleicht 50 Stücke besitzen. Ob das Gesamtbild eine Landschaft oder aber ein Gemälde darstellt, lässt sich bereits erahnen. In welcher Gegend die abgebildete Landschaft jedoch lokalisiert werden kann, ist noch völlig offen.

4.3 Archäologische Relikte als Quelle zur Interpretation der Vergangenheit

Die Biblische Archäologie oder Palästina-Archäologie ist von ihrem Selbstverständnis her eine archäologische Disziplin wie andere archäologische Disziplinen auch. Hinsichtlich ihrer Möglichkeit, die Kultur der Vergangenheit aufzuarbeiten und sie darzustellen, unterscheidet sie sich in nichts von vergleichbaren anderen archäologischen Disziplinen. Ihre Fehlerquellen sind dabei beträchtlich. Fast alle archäologischen Funde verraten auf den ersten Blick nicht ihr exaktes Alter. Erst durch den Vergleich mit anderen Stücken, durch eine Einordnung in eine relative Chronologie (was ist älter?, was ist jünger?) und dann in eine absolute Chronologie (wie alt ist das Stück genau?) lassen sich Aussagen machen (vgl. Kapitel 5). Je größer die Zahl der Grabungsfunde und –befunde ist, umso genauer wird die Datierung der einzelnen Stücke, und umso deutlicher ist die Rekonstruktion einer Epoche.

Jegliche archäologische Disziplin ist immer von Vorläufigkeit ihrer Aussagen bei noch so gründlicher Anwendung der Methodik geprägt. Archäologie kann sich immer nur mit den Dingen beschäftigen, die bisher gefunden wurden. Daher kann jederzeit eine neue Grabung oder ein neuer Fund das bisherige Bild völlig verändern und auf den Kopf stellen.

Archäologische Ausgrabungen können – von langdauernden Projekten und kleinen Siedlungsflächen einmal abgesehen – in der Regel nur einen Teil einer Ortschaft erfassen. Nur in seltenen Fällen wird eine Ausgrabung deswegen ein wirklich repräsentatives Bild einer gesamten Ortschaft bieten können. In Palästina wurden beispielsweise bei der wohl am aufwendigsten durchgeführten Grabung in Hazor unter Y. Yadin nur einige wenige Bereiche der riesigen Unterstadt (72 ha) erfasst. In nur wenigen Fällen (Mizpa/*Tell en-Naṣbe, Tell es-Sebaʿ* sowie Megiddo/*Tell el-Mutesellim*) wurden größere Ortschaften der Eisenzeit nahezu vollständig ausgegraben; allerdings ist die Dokumentation bzw. der Stand der bisherigen Veröffentlichungen bei diesen Ortslagen verhältnismäßig schlecht. Damit bleibt das Bild, das Ausgrabungen von der Siedlungsarchitektur bieten können, immer nur ein vorläufiges Bild.

Schließlich gibt es Dinge, die nie bei archäologischen Ausgrabungen ge-

Grenzen der Aussagemöglichkeit von archäologischen Relikten

funden werden können. Die materielle Hinterlassenschaft beschränkt sich auf Gegenstände, die sich im Laufe von Jahrtausenden erhalten haben. Vieles wie Holz, Stoff, Leder, Papyrus etc. wurde in dieser Zeit unwiederbringlich vernichtet. Erhalten geblieben sind Baugrundrisse, Keramik, Kleinfunde, Metallgegenstände, manchmal auch Samen und Knochen, aus denen das Leben im Altertum rekonstruiert werden muss. Der gesamte nichtmaterielle Bereich ist dagegen verloren gegangen und kann allenfalls über Texte rekonstruiert werden. Die Archäologie kann dazu nichts beitragen. Eine aufgefundene Scherbe hilft zu bestimmen, wann ein Ort bewohnt war. Zeigt sie eine auffällige Tonmagerung oder eine für die Region untypische Form, lassen sich u.U. Handelsbeziehungen im Altertum rekonstruieren. Sie erzählt aber nichts über die Gedanken und Gefühle des Töpfers oder aber der Menschen, die den Krug damals in Besitz hatten.

Die Biblische Archäologie ist somit eine rein archäologische Disziplin, deren Ergebnisse sich ständig vermehren und so neue Einblicke in die Kultur einer längst verschollenen Zeit erlauben. Das Bild, das Archäologen heute vom Leben vor mehreren Jahrtausenden zeichnen können, ist jedoch nur eine Rekonstruktion. Wie Menschen damals genau gelebt haben, können wir nur erschließen, nicht jedoch mit Sicherheit beweisen. Die Archäologie ist damit keine exakte Wissenschaft, sondern ist – ebenso wie die Exegese – eine Wissenschaft, deren Ergebnisse immer vorläufig und ungenau bleiben werden.

4.4 Verhältnisbestimmung von Exegese und Archäologie

Exegese biblischer Texte

Ziel der exegetischen Untersuchung eines Textes ist es, mit Hilfe der verschiedenen Schritte der historisch-kritischen Methode diesen Text in seiner historischen und theologischen Relevanz zu erschließen und ihn so zu verstehen. Dass es dabei je nach Schwerpunktsetzung innerhalb der verschiedenen Methoden kein allseits akzeptiertes Ergebnis geben wird und geben kann, hat die Forschung der vergangenen hundert Jahre hinlänglich bewiesen. Die exegetische Untersuchung eines Textes ist somit nicht als endgültig anzusehen, sondern nur als momentane Erkenntnis eines Individuums bzw. einer Gruppe von Individuen. Trotzdem kann eine reflektierte und umsichtige Untersuchung zu einer Vielzahl von Informationen führen, die auf weite Zustimmung stoßen. Kommentare und Einleitungen sind bewährte Hilfsmittel, um sich mit der Aussage und Aussagemöglichkeit eines Textes auseinanderzusetzen. Vergegenwärtigen muss man sich dabei immer, dass es nie das Ziel der biblischen Schriftsteller war, ein reines Geschichtsbuch zu schreiben oder die Lebenswelt etwa eines Amos zu beschreiben. Biblische Texte sind in gewisser Weise immer einseitige Texte. Sie wollen Gottes Wort für die Menschen ihrer Zeit beschreiben, sie wollen Verkündigung sein. Die Exegese kann nun mit ihren Methoden feststellen, wie ein Text im Verlauf von Jahrhunderten entstanden ist, welche redaktionellen Überarbeitungen es gab, wann der Text zu datieren ist und welche Verkündigungsabsicht der Autor hatte. Durch das Zusammenstellen mehrerer vergleichbarer Texte kann man ansatzweise die Lebenswelt der Menschen in biblischer Zeit rekonstruieren, man kann Auskünfte über ihre soziale Situation und ihre Lebens- und Arbeitsbedingungen erhalten. Diese Texte sind jedoch immer nur ein Ausschnitt der damaligen Welt.

Genau umgekehrt ist es im Bereich der Archäologie. Hier fällt die gedankliche Umwelt völlig aus. Wenn beispielsweise eine Zisterne ausgegraben wird, so kann kein Archäologe auf Grund des Ausgrabungsbefundes sagen, welche Geschichten mit dieser Zisterne verbunden sind. Es könnte eine Zisterne sein, in der Jahrhunderte lang nur Wasser aufbewahrt wurde. Es könnte aber auch eben die Zisterne sein, in die Joseph von seinen Brüdern geworfen wurde (Gen 37,22). Selbst wenn man in der Zisterne noch einen Stofffetzen (oder, wegen der besseren Erhaltung, ein Ostrakon) finden würde mit der Namensaufschrift „Joseph", wüßte man noch immer nicht, welchem Joseph das Hemd gehörte und warum der Fetzen in die Zisterne kam. Eine ausgegrabene Zisterne und einen aufgefundenen Stofffetzen mit einem Personennamen zu einer Geschichte auszubauen, wonach in eben dieser Zisterne eine entsprechende Person gefangengehalten wurde, wäre reine Fiktion. Solche Geschichten kann nur eine schriftliche Überlieferung erzählen, wobei natürlich auch die Erzählung nicht historische Wirklichkeit beschreiben muss, sondern (wie z. B. bei einem Roman) Fiktion sein kann. Die Form und Gestalt einer Zisterne in der damaligen Zeit kann die Archäologie besser als eine schriftliche Überlieferung aufzeigen, zumal jene überhaupt nicht an einer Beschreibung der Form einer Zisterne interessiert war. Wie eine Zisterne aussah, musste man den Menschen des Altertums nicht erklären. Einem Menschen des 21. Jh., der mehrere tausend Kilometer und mehrere tausend Jahre von den biblischen Erzählungen entfernt lebt, kann eine Schnittzeichnung dagegen verdeutlichen, was man sich konkret unter einer Zisterne in der Eisenzeit vorzustellen hat. Die Archäologie kann den Lebenshintergrund der biblischen Texte verdeutlichen. Sie kann Bilder zur Verfügung stellen, die uns heute das Leben in damaliger Zeit zugänglich machen.

Biblische Archäologie ist so gesehen eine Hilfsdisziplin der Exegese. Sie stellt der Exegese Material zur Verfügung, um biblische Texte anschaulicher zu machen. Andererseits ist aber auch die Exegese eine Hilfsdisziplin der Biblischen Archäologie. Erst Texte machen die Bedeutung von Gegenständen verständlich. Ohne Texte wären wir häufig auf freie Spekulation angewiesen. Die Vergangenheit hat oft genug gezeigt, dass diese Spekulationen nicht auf Dauer haltbar waren und abgeändert werden mussten. Texte sind zudem oft unverzichtbar, um die absolute Chronologie einer Ortslage bzw. einer Region zu erstellen. C[14]-Untersuchungen und andere naturwissenschaftliche Methoden sind noch immer zu ungenau, um allein auf ihren Ergebnissen eine detaillierte historische Entwicklung zu stützen. Texte können demnach in einigen Fällen Anhaltspunkte für die Bestimmung von archäologischen Relikten geben.

Biblische Archäologie und Exegese sind zwei in ihrer Methodik voneinander unabhängige Disziplinen. Die *Verbindung* dieser beiden Methoden ermöglicht jedoch ein wesentlich klareres Bild von der Geschichte und Kultur in Israel.

Archäologische Funde zur Verdeutlichung biblischer Lebenswelt

Verbindung von
Archäologie und
Exegese

Die Verbindung beider Methoden darf aber nicht zu früh vorgenommen werden. Wer exegetische und archäologische Ergebnisse miteinander kombinieren will, muss zunächst die Textuntersuchung mit allen zur Verfügung stehenden Mitteln durchführen und daneben auch die archäologischen Reste mit der Methodik der Archäologie möglichst vollständig bearbeiten. Erst wenn beide Bereiche zu einem vorläufigen Abschlussergebnis geführt wurden, kann man fragen, ob eine Beziehung untereinander besteht und wie diese aussieht. Verbindet man vorschnell Archäologie und biblische Texte, kann es leicht zu schweren Fehlinterpretationen kommen.

Beispiele von Fehl-
interpretationen bei
der Verbindung von
Archäologie und
Exegese

Beispiele für vorschnelle Identifikationen von biblischem und archäologischem Befund sind höchst zahlreich. Als man 1894 auf dem *Tell es-Sulṭān*, dem alttestamentlichen Jericho, eine Lehmziegelmauer entdeckte, war für die Ausgräber sofort klar, dass es sich um die durch Josua eingestürzte Mauer von Jericho aus der Landnahmezeit handle, obwohl sie, wie spätere Grabungen zeigten, wesentlich älter war. Aber nicht nur die Archäologie wurde hier vorschnell mit dem biblischen Befund konfrontiert. Auch die biblischen Texte wurden anfangs nicht kritisch untersucht, sondern der überlieferte Endtext von Jos 6 als zuverlässiger Bericht über die berichteten Ereignisse verstanden. Neuere Untersuchungen zu Jos 6 zeigten dann auf, dass der Text erst mit einem sehr großen Abstand zu den Geschehnissen geschrieben wurde und nicht historische Darstellung, sondern theologische Erzählung sein will.[10]

Vor solchen vorschnellen Verbindungen von Archäologie und Exegese sind auch heutige Forscher nicht gefeit. Seit 1982 wurde von A. Zertal auf dem nördlichen Abhang des Berges Ebal bei Sichem/Nablus eine Anlage ausgegraben, die er schon bald als Altar Josuas aus Jos 8,30–32 gedeutet hat, wobei er diesen Text als zuverlässige Überlieferung aus der Zeit um 1200 v.Chr. ansah. Nun hat die exegetische Wissenschaft jedoch schon seit langem zeigen können, dass Jos 8,30–32 in Sprache und Form nicht aus der Frühzeit Israels stammt, sondern dass es sich allenfalls um eine vor- oder frühdeuteronomische Überlieferung handelt. Die Grundform des Textes dürfte etwa im 7. Jh. v.Chr. verfasst worden sein und weist somit einen derart erheblichen Abstand zur berichteten Zeit auf, dass man diesem Text keine historische Zuverlässigkeit zuschreiben sollte. Der Text hat in seinem heutigen Kontext vielmehr eine theologische Absicht und kann deshalb nicht als zuverlässige Quelle für ein historisches Ereignis verwertet werden. Betrachtet man die Ausgrabungsergebnisse Zertals genauer, so zeigt auch die archäologische Untersuchung, dass es sich nicht um einen Altar handelt. Vielmehr hat Zertal ein Wohnhaus des 12. Jh. v.Chr. ausgegraben, über dem im 11. Jh. ein Turm errichtet wurde. Die vorschnelle Verbindung von Exegese und Archäologie hat hier zu einer schweren Fehlinterpretation des Grabungsergebnisses geführt.[11]

---

[10] Zu Jos 6 und dem Verhältnis von Archäologie zu (kritischer) Exegese vgl. aus neuer Zeit vor allem Schwienhorst, Ludger: Die Eroberung Jerichos. Exegetische Untersuchung zu Josua 6 (SBS 122), Stuttgart 1986; Bieberstein, Klaus: Josua – Jordan – Jericho. Archäologie, Geschichte und Theologie der Landnahmeerzählungen Josua 1–6 (OBO 143), Fribourg/Göttingen1995.

[11] Zum Altar auf dem Ebal vgl. insbesondere Zertal, Adam: Has Joshua's Altar

Hinzu kommt, dass schon vom Selbstverständnis der Texte her die Archäologie die Bibel nicht beweisen kann. Die wesentlichen Aussagen der Bibel, von historischen Fakten wie Kriegen, Erdbeben etc. einmal abgesehen, sind meist in Worte gefasste Glaubensaussagen, persönliche Erfahrungen und Eindrücke. Diese Erfahrungen sind jedoch nicht zu beweisen. Zwar sind diese Erfahrungen oft mit historischen Ereignissen oder Ortslagen verbunden, doch bilden diese in der Regel nicht das Zentrum der Aussage. Die Eroberung Jerichos durch Josua (Jos 6) lässt sich beispielsweise nicht dadurch beweisen, dass man die Existenz einer Ortschaft Jericho auf dem *Tell es-Sulṭān* nachweisen kann. Dass Jesus in Kapernaum den Knecht eines Hauptmanns heilte (Mt 8,5–13), lässt sich nicht durch die Existenz des Ortes und durch die dortige Anwesenheit römischer Soldaten beweisen. Biblische Archäologie kann nur eine Verstehenshilfe für biblische Texte sein und diese verdeutlichen. Sie kann zeigen, wo Jericho lag, dass es eine strategische Bedeutung und eine gute Wasserversorgung hatte. Sie kann zeigen, wann und wie intensiv die Ortslage besiedelt war, und welche Bedeutung der Ort in den einzelnen Epochen hatte. Sie kann biblische Texte verdeutlichen und damit verständlicher machen, aber sie kann die eigentliche Aussage der meisten Texte nicht beweisen.

Grenzen eines archäologischen Beweises biblischer Texte

Die archäologische Forschung in Palästina ist inzwischen aber so weit vorangeschritten, dass sich auf Grund der bisher bekannten Fakten ein völlig eigenständiges Bild von der antiken Kultur erheben lässt, das auf Texte zumindest weitgehend verzichten kann. So entsteht ein eigenständiges Bild der Lebensverhältnisse in biblischer Zeit, das sich teilweise mit den biblischen Aussagen deckt, teilweise aber auch zu völlig neuen Sichtweisen biblischer Texte führt. An einigen Beispielen möchte ich dies verdeutlichen.

Erhebung der antiken Lebenswelt allein mit Hilfe der Archäologie

4.5 Beispiele

4.5.1 Der salomonische Tempel in Jerusalem

Von der Architektur des salomonischen Tempels in Jerusalem ist nichts archäologisch greifbar. Durch die heutige Überbauung besteht keine Möglichkeit, noch etwaig vorhandene Reste des Tempels auszugraben. Für die Rekonstruktion des Tempels sind wir somit einzig auf die biblischen Texte 1 Kön 6f. angewiesen. Untersucht man diese Texte mit den exegetischen Methoden, lässt sich eine Grundschicht erheben, die die grundlegenden Angaben zum Aussehen des Tempels und der dort aufgestellten Gerätschaften enthält.[12] Diese Grundschrift stammt auf jeden Fall aus der Zeit vor

Been Found on Mt. Ebal?, in: BAR 11:1. 1985, 26–43; ders.: How Can Kempinski Be So Wrong!, in: BAR 12:1. 1986, 26–43; Kempinski, Aaron: Joshua's Altar – An Iron Age Watchtower, in: BAR 12:1. 1985, 42.44–49; Zwickel, Wolfgang: Der Tempelkult in Kanaan und Israel. Studien zur Kultgeschichte Palästinas von der Mittelbronzezeit bis zum Untergang Judas (FAT 10), Tübingen 1994, 204–207.
[12] Vgl. hierzu Zwickel, Wolfgang: Der salomonische Tempel, Mainz 1999.

dem judäischen König Ahas (736–725 v. Chr.), da unter ihm einige Gerätschaften abgeändert wurden (2 Kön 16,17). Sucht man nach archäologischen Parallelen für die in der Grundschicht beschriebene Architektur und die Gerätschaften, dann stammen die Parallelen nahezu durchgehend aus der Zeit des 9. und 8. Jh. v. Chr. Parallelen aus der zweiten Hälfte des 10. Jh. v. Chr., also aus der Zeit Salomos, sind relativ selten, doch darf dies nicht verwundern, da die materielle Hinterlassenschaft aus dieser Zeit in Palästina und den Nachbarregionen ohnehin nicht allzu reichhaltig ist. Die Archäologie bestätigt somit in diesem Falle weitgehend den historisch-kritisch überprüften biblischen Bericht.

4.5.2 Die Landnahme

In der Diskussion um die Landnahme der israelitischen Stämme standen jahrzehntelang drei verschiedene Modelle konträr nebeneinander. Einerseits wurde, z. T. mit angeblich archäologisch abgesicherten Argumenten, eine kriegerische Landnahme vertreten, wie sie auch im Buch Josua beschrieben wird. Auf der anderen Seite wurde die Landnahme als eine friedliche Landnahme im Verlauf der Transhumanz nomadisierender Gruppen dargestellt. Seit den 60er Jahren wurde dann auch noch eine „Revolutionshypothese" vertreten, die von einer innerpalästinischen sozialen Umschichtung ausging.[13] Die Archäologie erbrachte nun in den vergangenen Jahren unabhängig von den biblischen Texten völlig neue Aspekte des Landnahmevorgangs, die teilweise in Widerspruch zu den biblischen Texten stehen. Einerseits mussten um 1200 v. Chr. die meisten palästinischen Stadtstaaten einen völligen Niedergang oder sogar die Zerstörung der Städte erleben. Dieser Niedergang lässt sich mit verschiedenen etwa zeitgleich verlaufenden Ursachen verbinden. Um diese Zeit wurden die Seevölker von den Ägyptern in der Küstenregion, vielleicht auch in Bet-Schean und sogar im Jordangraben angesiedelt. Dies hatte neben der Zerstörung der dortigen Orte eine erhebliche Verdrängung der dort ansässigen Menschen zur Folge. Die Ansiedlung der Seevölker stellte gleichzeitig auch eine Schwächung Ägyptens dar, das nun nicht mehr die unmittelbare Kontrolle über Palästina ausüben konnte. Nahezu gleichzeitig brach auch das Hetiterreich im Bereich der heutigen Türkei in sich zusammen, das bis dahin über das heutige Syrien eine Kontrollfunktion ausgeübt hatte. Etwa zur selben Zeit bildeten sich auf Grund dieses Machtvakuums im heutigen Libanon und Syrien kleinere Aramäerstaaten, die bis in den Bereich südlich des See Gennesarets vordrangen. Hungersnöte, aber auch die Erfindung des Reitersattels für Kamele und damit die Möglichkeit von Wüstenbewohnern, in das Kulturland einzufallen, stellten weitere einschneidende Veränderungen in dieser Zeit dar. All diese umwälzenden Veränderungen hatten ihren Einfluss auf den Handel und damit auf die Überlebensmöglichkeiten in Pa-

---

[13] Vgl. zur Charakterisierung der einzelnen Ansätze noch immer Weippert, Manfred: Die Landnahme der israelitischen Stämme in der neueren wissenschaftlichen Diskussion (FRLANT 92), Göttingen 1967.

lästina. Partizipierten viele Stadtstaaten bis dahin am überregionalen Handel, so war dies nun nicht mehr möglich. Die Bewohner mussten sich neue Arten der Lebenssicherung suchen. Die Archäologie hat mit Hilfe von Oberflächenuntersuchungen und Ausgrabungen festgestellt, dass in dem bis dahin nahezu unbesiedelten Bergland zwischen Jerusalem und der Jesreel-Ebene etwa 300 neue Siedlungen entstanden, die allesamt relativ klein waren. Die Siedlungsstruktur der neuen Ortschaften legt es nahe, dass hier Viehzüchter lebten.[14] Wir haben demnach auf Grund des archäologischen Befundes von einem sehr starken Umwälzungsprozess in der Zeit zwischen etwa 1250 und 1000 v. Chr. auszugehen. Das spätere Israel wird zu großen Teilen aus den Nachfahren der Bewohner des Landes gebildet worden sein, die schon immer dort wohnten. Dass einige neue Gruppen hinzukamen (z. B. Nomaden, die nun sesshaft wurden), kann nicht ausgeschlossen werden. Die ohnehin recht junge Darstellung der Landnahme in den biblischen Texten (vgl. zur Datierung der Landnahme in eine relativ späte Zeit nahezu alle neueren Kommentare) erweist sich somit als theologische Bildung, die deutlich machen will, dass Jahwe der Gott ist, der seinem Volk Israel das Land zur Verfügung gestellt hat.

4.5.3 Hatte Jahwe eine Göttin an seiner Seite?

Nicht nur in historischen Zusammenhängen, auch in theologisch höchst brisanten Themen gelingt es der Biblischen Archäologie, das oft einseitige, weil Jahwe-zentrierte Bild des Alten Testaments zu korrigieren. Das Alte Testament vermittelt teilweise den Eindruck, als wären die Menschen im alten Israel nahezu durchweg Jahwe-Verehrer gewesen. Zwar wird immer wieder von Propheten der Abfall von Jahwe eingeklagt, aber die Grundtendenz scheint doch die Jahwe-Verehrung gewesen zu sein. Ausgrabungen haben nun ein völlig anderes Bild der Religiosität in dieser Zeit ergeben. In Juda fand man im 8.–6. Jh. v. Chr. eine große Anzahl von tönernen Göttinnenfigurinen, deren Kopf meist in einem Model vorgefertigt und auf einen auf der Scheibe gedrehten zylindrischen Körper aufgesetzt war. Die Brüste dieser Figurinen sind oft sehr betont. Inzwischen kennt man über 1000 solche Figurinen.[15] Das kann nur den Schluss zulassen, dass die alleinige Jahwe-Verehrung doch nicht in diesem Maße verbreitet war, wie man auf Grund der biblischen Texte glauben mag. Offensichtlich spielte eine weibliche Gottheit, wahrscheinlich die Göttin Aschera, in der privaten Frömmigkeit im Altertum eine herausragende Rolle. Als man dann auch noch in

---

[14] Vgl. für unterschiedliche Regionen des Landes vor allem Finkelstein, Israel: The Archaeology of the Israelite Settlement, Jerusalem 1988; ders./Na'aman, Nahman: From Nomadism to Monarchy. Archaeological and Historical Aspects of Early Israel, Jerusalem 1994; Zwickel, Wolfgang: Die Landnahme in Juda, in: UF 25. 1993, 473–491; Jericke, Detlef: Die Landnahme im Negev. Protoisraelitische Gruppen im Süden Palästinas. Eine archäologische und exegetische Studie (ADPV 20), Wiesbaden 1997.

[15] Kletter, Raz: The Judean Pillar-Figurines and the Archaeology of Asherah (BAR S 636), Oxford 1996.

Kuntilet Ağrūd und in *Ḥirbet el-Kōm* Inschriften fand, die von Jahwe und seiner Aschera sprachen, war das bisherige Bild der Religionsgeschichte Israels völlig in Frage gestellt. Die Diskussion, was man konkret unter der Aschera zu verstehen habe, ob es sich dabei wirklich um eine Göttin handelt, die sogar als Partnerin verehrt wurde, oder aber eher um einen Kultpfahl, der dann im Jahwe-Kult eine Rolle spielte, ist noch immer nicht beendet.[16] Deutlich wird damit jedoch, dass die Biblische Archäologie auch das bisherige religionsgeschichtliche Bild erheblich in Frage stellen kann und zu neuen Antworten herausfordert.

4.5.4 Goliat

Mit einem letzten Beispiel möchte ich deutlich machen, wie erst eine Kenntnis der materiellen Kultur des Altertums dazu verhilft, manche biblischen Texte in ihrer eigentlichen Aussageabsicht zu verstehen. Der Kampf Davids gegen Goliat wurde im Verlauf der Kirchengeschichte immer wieder auf Malereien dargestellt. Das Bild des siegreichen David hat schon früh ein Eigenleben erhalten und wurde als Vorbild des Sieges Christi über den Satan verstanden. Die Geschichte eignet sich ideal dafür, die Stärke des vermeintlich Schwachen aufzuzeigen. Dabei wurde die Gestalt des Goliat häufig als historisch einigermaßen zuverlässig, wenn auch etwas übertrieben aufgefasst. K. Galling hat nachgewiesen, dass die Beschreibung Goliats mit der Darstellung der Philister, wie wir sie von bildlichen Dokumenten des Altertums her kennen, nichts gemein hat. Vielmehr ist seine Rüstung eine Kombination ganz unterschiedlicher Elemente, die wir aus verschiedenen Regionen des Vorderen Orients kennen. Der eherne Helm ist typisch für Mesopotamien, Schuppenpanzer und Krummschwert sind typisch für Ägypten und die Levante, die Beinschienen sind dagegen in der Ägäis verbreitet. Zudem ähnelt die Beschreibung Goliats in 1 Sam 17,4–7 in nichts derjenigen, die wir von philistäischen Kämpfern in Medinet Habu kennen.[17]

Goliat ist demnach so, wie er im Alten Testament dargestellt wird, eine völlig unrealistische Gestalt. Nur wer die Waffensysteme des Altertums kennt, kann den eigentlichen Sinn dieser Person in Gänze erfassen: Es ist eine Übergestalt, die alles Bedrohliche an sich gezogen hat und somit stellvertretend für alle außenpolitischen Feinde Israels steht. Der Schrecken, den die gesammelte Waffenausstattung vermitteln sollte, ist in etwa den Power-Rangern unserer heutigen Zeit vergleichbar, die ja auch nicht als reale Wesen verstanden werden. So gesehen verliert der Text seine Verwertbarkeit als historisches Dokument, gewinnt aber als theologischer Text, der

---

[16] Vgl. zu den Funden vor allem Frevel, Christian: Aschera und der Ausschließlichkeitsanspruch YHWHs, Weinheim 1995; Keel, Othmar/Uehlinger, Christoph: Göttinnen, Götter und Gottessymbole. Neue Erkenntnisse zur Religionsgeschichte Kanaans und Israels aufgrund bislang unerschlossener ikonographischer Quellen, Freiburg u. a. ⁴1998, 237–282.

[17] Galling, Kurt: Goliath und seine Rüstung, in: VT.S 15, Leiden 1966, 150–169.

die Größe des biblischen Gottes im Vergleich zu übermächtig erscheinenden Gefahren beschreiben will, an Bedeutung.

4.6 Zusammenfassung und abschließende Überlegungen

Die Archäologie ermöglicht es, einen völlig anderen Blick auf die Verhältnisse in der biblischen Zeit zu werfen, als es durch die Exegese möglich ist. Die Autoren hatten mit ihren Texten eine bestimmte Aussageabsicht: Sie wollten verändernd auf ihre Zeitgenossen einwirken, sie wollten ihren Glauben mitteilen und diesem Glauben zum Durchbruch verhelfen. Biblische Texte sind somit von vornherein einseitig und alles andere als neutral. Die Archäologie dagegen verhilft dazu, ein Bild vom täglichen Leben im Altertum zu gewinnen. Sie kann das reale Leben deutlich machen, soweit die erhaltenen Funde solche Rekonstruktionen zulassen. Archäologie und Exegese überschneiden sich somit in manchen Bereichen und können sich gegenseitig beeinflussen. Sie sind aber zwei ganz eigenständige wissenschaftliche Disziplinen mit je verschiedenen Aussageabsichten und -möglichkeiten. Daher kann die Archäologie die Bibel nicht beweisen, sondern allenfalls die Welt der Bibel verdeutlichen. Umgekehrt ist auch die Bibel ein unangemessener Ausgangspunkt, um allein archäologische Funde zu interpretieren. Betrachtet man jedoch beide Disziplinen gemeinsam jeweils mit einem kritischen Auge, erhält man ein umfassenderes und vielschichtigeres Bild, als es allein durch Exegese oder allein durch Archäologie gewonnen werden könnte.

5. Überlegungen zur Chronologie

Zeitraum mensch-
lichen Lebens in
Palästina

Wenn in diesem Abschnitt von Chronologie gesprochen wird, muss man sich zunächst einmal klar machen, mit welch einem kleinen Rahmen der gesamten Menschheitsgeschichte sich die biblische Archäologie beschäftigt. Die ersten menschlichen Spuren in Palästina lassen sich etwa um etwa 1,5 Millionen v. Chr. in ʿUbedīye südlich des See Gennesarets bzw. um 800 000 v. Chr. in Ǧisr Benat Yaʿaqūb im südlichen Hulebecken beobachten. Setzt man für die biblisch-archäologische Forschung mit dem Neolithikum ein, das etwa um 8500 v. Chr. beginnt, und lässt sie sogar bis in die Gegenwart reichen, so umfasst der zu untersuchende Zeitraum gerade einmal gut 10 000 Jahre. Das sind noch nicht einmal 7% der gesamten menschlichen Entwicklung in Palästina. Innerhalb dieses Zeitraums dürften sich die Lebensbedingungen von der Frühbronzezeit bis etwa 1900 n. Chr., also in einem Zeitraum von etwa 5000 Jahren, nur geringfügig verändert haben. Mit der Frühbronzezeit war der seit dem Beginn des Neolithikums andauernde Übergang von einer Gesellschaft, die als Jäger und Sammler lebte, zu einer städtisch orientierten und auf Arbeitsteilung beruhenden Gesellschaft endgültig beendet; nun gab es Rahmenbedingungen wie ertragreichen Getreideanbau, Erfindung des Pfluges, Oliven- und Weinveredelung sowie Kleinviehzucht. Um 1900 n. Chr. gab es dann mit der zunehmenden Industrialisierung und Motorisierung nochmals einen tiefgreifenden Einschnitt in der Entwicklung des Landes. Traditionelle Lebensweisen wurden nun zunehmend aufgegeben, das Leben veränderte sich im Orient (ebenso wie in Europa) mit einer Geschwindigkeit, die es bislang in der Geschichte so noch nicht gegeben hat.

Auch alle Fragen der Chronologie spiegeln noch einmal deutlich die Probleme einer Hermeneutik der Biblischen Archäologie. Wir besitzen einerseits eine Chronologie, die aus historischen Quellen, u. a. auch der Bibel, gewonnen wurde, und die mit absoluten Zahlen (*absolute Chronologie*) – bei z. T. erheblichen Meinungsverschiedenheiten hinsichtlich der exakten Ansetzung dieser Zahlen – versehen werden können. Andererseits besitzen wir für Ausgrabungen eine *relative Chronologie*, weil meist ein Ort auf einer zerstörten Vorgängersiedlung errichtet wurde und sich somit eindeutig aussagen lässt, ob eine ausgegrabene Schicht jünger oder älter als eine andere Schicht ist. Will man aber die archäologischen Befunde nicht nur hinsichtlich ihrer relativen Chronologie einordnen, sondern ihnen auch absolute Zahlen geben, muss man in der Regel Textbefunde und archäologische Befunde aufeinander beziehen – und muss sich der damit verbundenen Probleme bewusst sein.

5.1 Die chronologischen Probleme der Texte

5.1.1 Probleme mit der internen Chronologie biblischer Texte

Vergleicht man unterschiedliche Lehrbücher zur Geschichte Israels, so stellt man – wenn auch nur geringe – Unterschiede bei den Angaben zu den jeweiligen Regierungszeiten der einzelnen Herrscher fest. Damit wird deutlich, dass die absolute Chronologie innerhalb des Alten Testaments nicht völlig gesichert ist. Hierfür gibt es mehrere Gründe:

1. Die Israeliten rechneten jedes angebrochene Jahr voll, so dass es leicht Verzerrungen und Überschneidungen geben konnte.

2. Die Angaben in den Königebüchern zu den Regierungszeiten der einzelnen Könige beruhen auf einer synchronistischen Chronologie, d. h. der Regierungsantritt des Nordreichskönigs wird nach den Regierungsjahren des Südreichskönigs (und umgekehrt) datiert (vgl. z. B. 1Kön 15,9). So können leicht zusätzliche Unsicherheiten bei der Umrechnung in absolute Zahlen auftreten.

3. Es gab Mitregentschaften der Söhne des Königs, die als Regierungszeit mitgerechnet wurden. Oft ist es aber nicht eindeutig klar, wie lange diese Mitregentschaft dauerte.

4. Ob die Angaben im Alten Testament wirklich zuverlässig berichtet sind, lässt sich nicht eindeutig beweisen; teilweise unterscheiden sich die Angaben im masoretischen (= hebräischen) Text von denen in der Septuaginta (griech. Übersetzung des Alten Testament).

5. Es gibt reichlich Schwierigkeiten, die synchronistische Chronologie des Alten Testament mit abgesicherten Daten der Umwelt zu verbinden. Zwar werden in assyrischen Inschriften einige gesicherte Datierungen (beginnend mit der Teilnahme Ahabs bei einer Schlacht bei Qarqar 853 v. Chr. und einem Tribut Jehus 841 v. Chr.) erwähnt, aber leider verfügen wir über keinerlei biblische Informationen, in welchem Regierungsjahr des israelitischen bzw. judäischen Königs dieser Sachverhalt sich abspielte. Trotzdem zeigen diese Parallelen zur assyrischen Chronologie an, dass die biblische Chronologie bis ins 9. Jh. v. Chr. mit relativ geringen Schwankungen gesichert ist.

6. Problematisch sind die absoluten Zahlen für die Zeit der Richter, Sauls, Davids und Salomos. Sowohl David als auch Salomo regierte angeblich 40 Jahre (2Sam 5,4; 1Kön 11,42). Diese Zahl ist sicherlich nicht als historisch zuverlässige Zahl zu verstehen, wie die auffälligen Häufungen der Zahl im Alten Testament hinlänglich belegen.[1] Die Zahl 40 steht offenbar für die durchschnittliche Lebenserwartung eines Menschen. Wird sie bei David und Salomo eingesetzt, von denen man offenbar keine amtlichen Aufzeichnungen über deren Regierungszeit hatte, so soll damit die besonders lange und von Gott gesegnete Regierung der beiden Könige betont werden. Über Sauls Regierungszeit sind wir nicht unterrichtet; die An-

---

[1] Gen 25,20; 26,34; Ex 16,35; Num 32,13; Dtn 2,7; 8,2.4; Jos 14,7; Ri 3,11; 5,31; 8,28; 13,1; 1Sam 4,18; 2Sam 2,10; 2Kön 12,2.

gabe in 1Sam 13,1 ist leider verderbt. Die Richter wurden erst nachträglich in das chronologische System der Bibel eingefügt und wirkten nicht über ganz Israel, sondern u.U. sogar gleichzeitig über ihre jeweiligen Stämme. Die Zeit vor den Richtern bis hin zur Schöpfung ist ohnehin ein fiktives theologisches Konstrukt ohne historischen Wert.

7. Für die Zeit vor dem 1. Jt. v.Chr. liegen nur relativ wenige historische Texte aus Ägypten vor (z.B. Israelstele des Pharaos Merenptah, Ächtungstexte, Amarnabriefe, Feldzugslisten); hierfür ist man völlig auf die von der Forschung nicht einheitlich beurteilte ägyptische Chronologie angewiesen. Für Ägypten wirkt sich vor allem die zeitlich umstrittene Ansetzung der Zwischenzeiten (8.–11., 13.–17. und 21.–24. Dynastie) aus, so dass je nach Länge dieser Zeiten eine lange, mittlere und kurze Chronologie im Umlauf ist. Nur für die 11., 12. und 26. Dynastie verfügt man über exakte Daten, da diese durch astronomische Mittel bestimmbar sind. Trotzdem bleibt festzuhalten, dass mit einer Schwankung von einigen Jahren im 1. Jt., etwa 15 Jahren für das 2. Jt. und maximal 90 Jahren für das 3. Jt. v.Chr. die absolute Chronologie doch weitgehend abgesichert ist.

5.1.2 Probleme mit der Datierung der Abfassungszeit biblischer Texte

Bei der Verwendung biblischer Texte als historische Quellen muss man sich darüber im Klaren sein, dass die Abfassungszeit zahlreicher Texte nicht mit der Zeit identisch ist, über die berichtet wird. Oft wurde Jahrhunderte später ein Sachverhalt beschrieben – nicht um damit ein historisches Ereignis möglichst genau und zuverlässig zu beschreiben, sondern um mit Hilfe der Schilderung eines Ereignisses den jeweiligen Zeitgenossen eine Botschaft zu vermitteln. Besonders deutlich wird dies, wenn man die Texte des Deuteronomistischen Geschichtswerks (Dtn – 2 Könige) mit denen der Chronikbücher vergleicht. Beide Geschichtswerke wollen die Geschichte Israels beschreiben, haben aber ein völlig unterschiedliches Ziel, das für die Darstellung zugrunde gelegt wird. Das Deuteronomistische Geschichtswerk wurde unter dem Eindruck des Untergangs Judas 587 v.Chr. während des babylonischen Exils verfasst, wobei den Autoren amtliche Quellen (Palast- und vielleicht auch Tempelarchiv) für ihre Geschichtsdarstellung zur Verfügung standen. Diese Quellen wurden aber ganz bewusst ausgewählt und gewertet. Die Geschichte Israels wurde in diesem Geschichtsentwurf als eine Geschichte des ständigen Ungehorsams des Volkes gegenüber Jahwe, seinem Gott, dargestellt. Dieser andauernde Ungehorsam hatte zur Folge, dass das babylonische Exil als Strafe Gottes über das Volk kommen musste. Die Chronikbücher entstanden wahrscheinlich im 4./3. Jh. v.Chr. und wurden in der Folgezeit noch mehrfach redaktionell überarbeitet. Den Autoren der Chronikbücher stand das deuteronomistische Geschichtswerk eindeutig als Quelle zur Verfügung, wie die zahlreichen wörtlichen Übernahmen deutlich belegen. Änderungen und Ergänzungen, denen von dem eher konservativ ausgerichteten Teil der Forschung gerne historische Zuverlässigkeit zugeschrieben wird, haben sich meist als reine Fiktionen und unhis-

Absicht des Deuteronomistischen Geschichtswerkes

Absicht der Chronikbücher

torische Redaktionen herausgestellt. Der große Abstand der Autoren zu dem berichteten Ereignis ermöglichte es, frei von historischen Sachverhalten die Geschichte derart neu zu schreiben, dass sie für die Zeitgenossen verständlich und ansprechend war. Ziel der Geschichtsdarstellung ist nun nicht mehr, den Untergang Judas und Jerusalems 587 v. Chr. theologisch zu verarbeiten, sondern nun soll die Bedeutung Gottes und des Tempel(kult)s herausgestrichen werden. Zudem sollen durch Berichte über angebliche Bautätigkeiten oder durch Kriegsberichte die jeweiligen Könige besonders positiv beurteilt werden. Da derartige Erfolge nicht nur vom geschickten Handeln, sondern nach chronistischem Verständnis auch von einer besonderen Gottesbeziehung abhängig sind, werden die Könige gleichzeitig als besonders fromm charakterisiert.

Ein Beispiel soll den Umgang der Verfasser der Chronikbücher mit historischen Sachverhalten verdeutlichen. In dem Abschnitt über König Usija (787 (Mitregent)/773–736 v. Chr.) heißt es (2 Chr 26,14f.):

(14) Usija beschaffte ihnen, dem ganzen Heer, Rundschilde und Stoßlanzen, Helme, Panzer, Bogen und Schleudersteine. (15) Er ließ kunstvoll erdachte Maschinen in Jerusalem errichten, auf den Türmen und Ecken, dazu bestimmt, mit Pfeilen und großen Steinen zu schießen. Sein Name breitete sich weit aus, denn ihm wurde wunderbar geholfen, bis er erstarkt war.

Beide Verse sind ohne Parallele im Deuteronomistischen Geschichtswerk und eine Neuschöpfung der chronistischen Autoren, wie sich durch eine genaue sprachliche Untersuchung zeigen lässt.[2] Besonders bemerkenswert sind nun die „kunstvoll erdachten Maschinen", die zum Abschießen von Pfeilen und Steinen dienten. Hierbei muss es sich um Katapulte handeln. Diese aber waren nach den bisher bekannten schriftlichen Überlieferungen und ikonographischen Quellen zur Zeit des historischen Usija noch völlig unbekannt. Zum ersten Mal werden sie um 400 v. Chr. für Syrakus erwähnt. Die Verfasser der Chronikbücher schildern demnach die Ausstattung des judäischen Heeres des 8. Jh. v. Chr. so, wie die reale Ausstattung einer Truppe im 4./3. Jh. v. Chr. aussah. Den Autoren ging es nicht um historische Zuverlässigkeit. Sie wollten ihre Schilderung möglichst eindrücklich machen, und dafür war in diesem Fall die neueste Technik gerade gut genug. Wenn in V. 15b dann besonders betont wird, dass sich der Name Usijas weit ausbreitete, dann geschah dies eben durch die überlegene Kriegstechnik, über die er verfügte.

Dies hat erhebliche Folgerungen für den methodischen Umgang mit biblischen Texten. Im vorangegangenen Kapitel 4 wurden bereits die Möglichkeiten und Grenzen biblischer Texte im Sinne von historischen Quellen besprochen. In diesem Zusammenhang gilt es noch hinzuzufügen, dass die Abfassungszeit biblischer Texte besonders berücksichtigt werden muss, da die biblischen Autoren nicht als verlässliche Historiker schrieben, sondern als verantwortungsbewusste theologische Schriftsteller und Botschafter für ihre jeweilige Lebenszeit. In der Regel spiegeln die Texte daher jeweils die

Abfassungszeit und beschriebene Zeit

---

[2] Welten, Peter: Geschichte und Geschichtsdarstellung in den Chronikbüchern (WMANT 42), Neukirchen-Vluyn 1973, 87–90.

Verhältnisse ihrer Abfassungszeit, aber nicht die ihrer beschriebenen Zeit. Dies gilt nicht nur für die Geschichtswerke, sondern gleichermaßen für die Pentateuchtexte oder aber die Prophetenbücher. Wer auf biblische Texte zurückgreift, muss sich demnach immer auch mit der exegetischen Forschung und der Datierung der Texte auseinandersetzen. Nun sind gerade die Datierungsfragen von Texten und Redaktionen in der jüngeren Vergangenheit wieder stark diskutiert worden. Die Exegese ist hier (genauso wie die Archäologie) keine exakte Wissenschaft im Sinne der Naturwissenschaften, sondern immer vom jeweiligen Deutungs- und Auslegungsansatz des einzelnen Exegeten abhängig. Wer auf Texte zurückgreift, kommt auf keinen Fall umhin, auch die exegetische Forschung zu diesen Texten wahrzunehmen und sich ein Bild vom gegenwärtigen Stand der Diskussion sowie den Stärken und Schwächen der einzelnen Forschungsmeinungen zu machen.

Hilfsmittel für die exegetische Arbeit

Einige bibliographische Hilfsmittel sind hierbei sehr hilfreich. Der Elenchus bibliographicus biblicus, die Old Testament Abstracts, die Internationale Zeitschriftenschau für Bibelwissenschaft und Grenzgebiete sowie die Zeitschriften- und Bücherschau der ZAW informieren jährlich über alle Neuerscheinungen und ermöglichen mittels Bibelstellen-, Sach- und Wortregister ein Auffinden der neueren Literatur. Die an der Universität Innsbruck angeschaffte exegetische Literatur ist auch als Datenbank verfügbar und so leicht abrufbar (http://bibfutheol.uibk.ac.at/bildi/index.html). Weitere Suchmöglichkeiten im Internet bietet auch www.isatex.de. Erste Informationen erhält man über die gängigen Lexika (TRE; RGG[4]; LThK[2]; NBL; BHH; ABD; ThWAT; ThWNT; EWNT; ThBLNT[2]). Gewarnt werden muss in diesem Zusammenhang vor einem zu leichtfertigen Rückgriff auf populärwissenschaftliche Lexika, die häufig nicht der gegenwärtigen wissenschaftlichen Forschung entsprechen und gerne eine „Gemeindetheologie" wiedergeben. Einblicke in die Forschungslage zu einzelnen Büchern vermitteln die sog. Einleitungen. Der jeweilige Stand der Forschungen zur Geschichte Israels aus wissenschaftlicher Sicht findet sich in den gleichnamigen Standardwerken; unter den derzeit lieferbaren deutschsprachigen Werken gibt es jedoch kein Lehrbuch, das den aktuellen Stand der Forschung zur Landnahmezeit widerspiegelt. Und schließlich bieten die unterschiedlichen wissenschaftlichen Kommentarreihen zahlreiche Informationen zur Gesamtinterpretation eines Textes und zu relevanten Einzelfragen. Wer sich mit Kommentaren beschäftigt, wird schnell feststellen, dass auch hier eine große Breite an Meinungen wiederzufinden ist. Es genügt nicht, sich einen Kommentar oder ein Werk anzuschauen; erst der Überblick über das gesamte Spektrum ermöglicht eine eigene und reflektierte Sicht. In all diesen Werken findet man weitere Literaturangaben, die dann für eine vertiefende Untersuchung herangezogen werden sollten.

5.2 Möglichkeiten einer relativen Chronologie in der Archäologie

Bei der Untersuchung einer archäologischen Ortslage ergibt sich, eine gründliche archäologische Arbeitsweise vorausgesetzt, eine relative Chronologie automatisch: Da die einzelnen Orte häufig über ihren Vorgängersiedlungen errichtet wurden, ist eine höher liegende archäologische Schicht jünger als die darunter liegende. Schwieriger wird es aber, wenn man ausgegrabene Schichten mit Schichten von anderen Ortslagen korrelieren will. Erst ab der persisch-achämenidischen Zeit gibt es Münzen in Palästina, die wegen ihrer ständig wechselnden Prägungen eine äußerst exakte Möglichkeit der zeitlichen Einordnung einer Schicht sogar in eine absolute Chronologie ermöglichen. Für die vorpersische Zeit verwendet man dagegen die einfache Gebrauchskeramik für die zeitliche Einordnung einer Schicht. Keramik als relativ zerbrechliches und damit kurzlebiges, aber auch preiswertes und zumindest in größeren Zeitabständen sich hinsichtlich seiner Form entwickelndes und veränderndes Kulturgut hat sich als der ideale Maßstab für die Erstellung einer relativen Chronologie herausgestellt. Mit Hilfe der typologischen Entwicklung der Keramik lassen sich einzelne Schichten verschiedener Ortschaften relativ genau vergleichen, so dass eine landesweite relative Chronologie erstellt werden kann; sogar regionale Unterschiede oder Einflüsse von außen lassen sich dabei u. U. nachweisen. In keinem anderen Land des Vorderen Orients ist die Keramiktypologie inzwischen so weit entwickelt wie in Palästina, so dass auf der Ebene der relativen Chronologie die Zuweisungen heute recht zuverlässig sind.

Die Schwierigkeiten entstehen, wenn man die relative in die absolute Chronologie einordnen will. Wie bereits erwähnt, helfen hierbei ab der persisch-achämenidischen Zeit Münzen; relativ häufig sind sie aber erst ab der römischen Zeit anzutreffen. Ab der hellenistisch-römischen Epoche nimmt auch die Zahl der datierten Bauinschriften zu. Für die vorhellenistische Zeit gibt es dagegen kaum gesicherte Daten, um die relative Chronologie mit einer absoluten verbinden zu können. Um 587 v. Chr. wurde das Südreich Juda von den Babyloniern erobert und zumindest die Hauptstadt Jerusalem weitgehend zerstört, was eine weitreichende Entvölkerung (Deportation der Oberschicht nach Mesopotamien, Suche nach neuen Erwerbsmöglichkeiten in anderen Gegenden seitens der Unterschicht) zur Folge hatte. Dieser herbe Einschnitt in die Siedlungsgeschichte vollzog sich aber sicherlich nicht schlagartig, sondern wahrscheinlich über mehrere Jahre. Das zweite Eckdatum ist der assyrische Feldzug gegen Ortschaften der Schefela 701 v. Chr. Hier haben die neuerlichen Grabungen in *Tell ed-Duwēr*/Lachisch unter D. Ussishkin gezeigt, dass mit sehr großer Wahrscheinlichkeit der Untergang der Schicht III mit diesem assyrischen Feldzug verbunden werden kann. Schließlich führten die Feldzüge Tiglatpilesers III. 734–732 v. Chr. und die Eroberung Samarias 722–720 v. Chr. zu einer weitgehenden Entvölkerung des Nordreichs. Mit einiger Wahrscheinlichkeit kann man auch das in Am 1,1 erwähnte Erdbeben an

Fixpunkte einer absoluten Chronologie

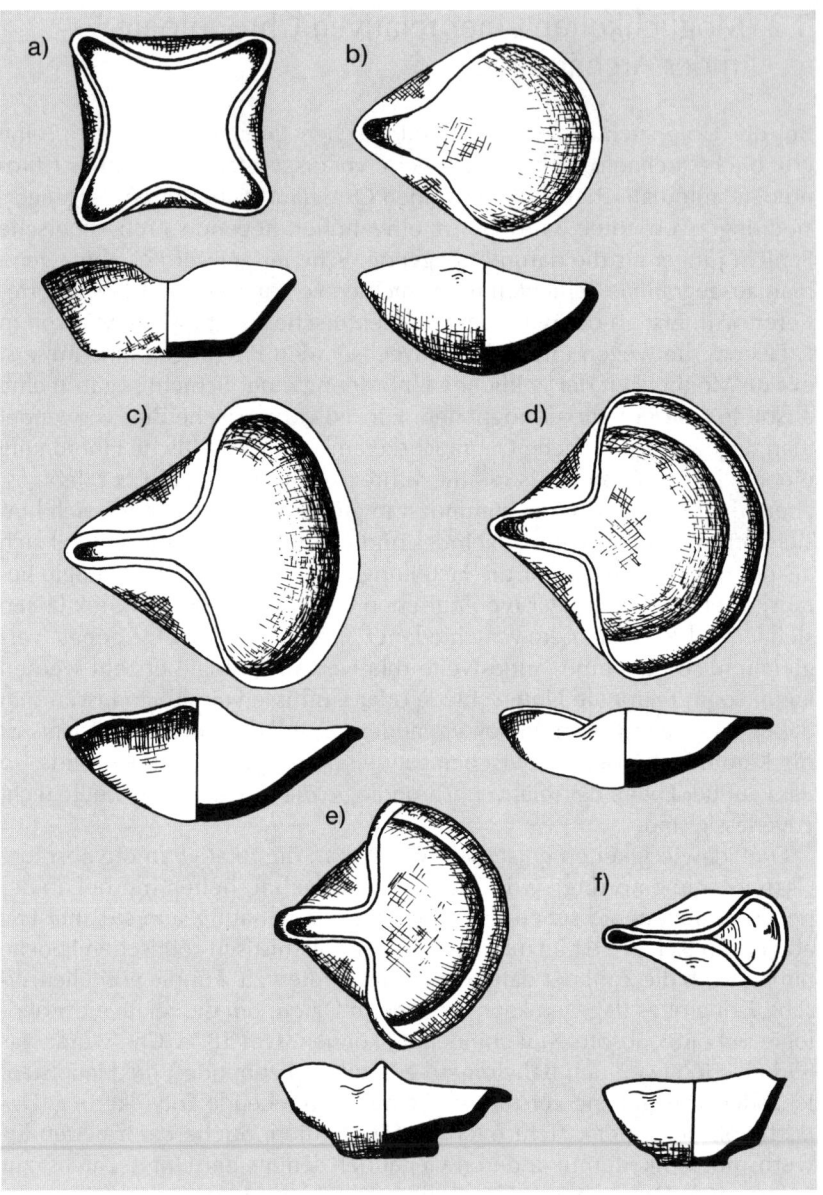

einigen Orten archäologisch nachweisen.[3] Für die Zeit vor dem letzten Drittel des 8. Jh. v. Chr. fehlen jedoch gesicherte oder weitgehend gesicherte Anhaltspunkte für eine absolute Chronologie, was immer wieder zu hitzigen Diskussionen um eine Verbindung einer Zerstörungsschicht mit einem historisch überlieferten Ereignis führt. Wie schwierig die Suche

[3] Dever, William G.: A Case-Study in Biblical Archaeology: The Earthquake of ca. 760 BCE, in: EI 23. 1992, 27*–35*.

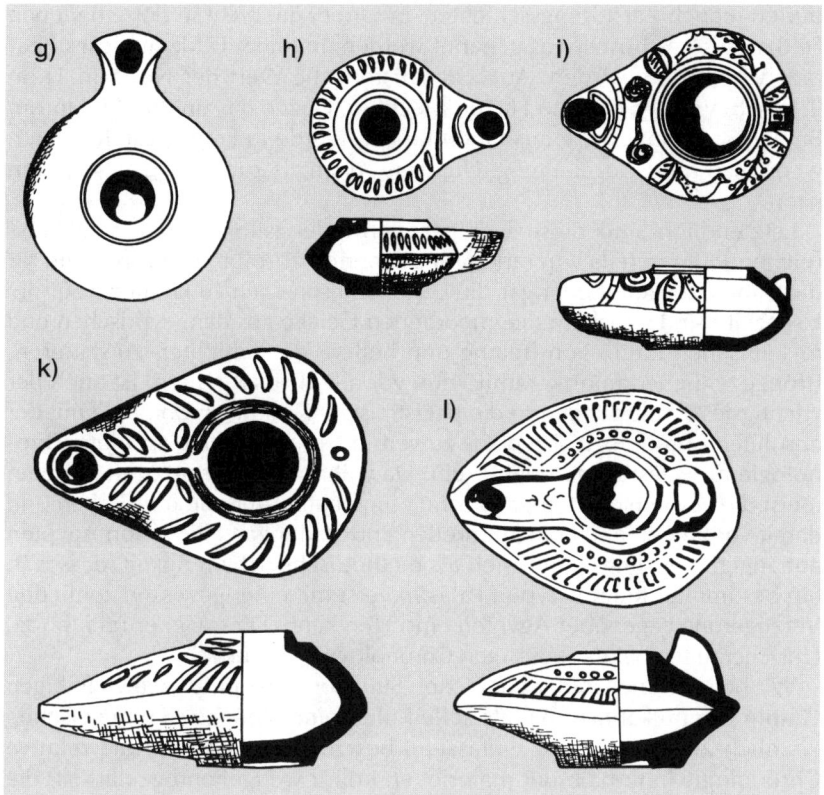

Abb. 2: Entwicklung der Formen von Öllämpchen.

a) Mittelbronzezeit I; b) Mittelbronzezeit II B/C; c) Spätbronzezeit II;
d) Eisenzeit I; e) Eisenzeit II; f) 1. Jh. v. Chr.;
g) 1. Jh. v.–1. Jh. n. Chr.; h) 1. Jh. v. Chr.; i) 3.–5. Jh.; k) 6.–7. Jh.; l) 7.–8. Jh.

nach einem Fixpunkt der absoluten Chronologie für einen Grabungsort ist, zeigen die Ausgrabungen in Samaria/*Sebasṭiye*. Aus 1Kön 16,24 hat man geschlossen, dass diese Stadt eine Neugründung Omris (882/878–871 v.Chr.) sei. Damit hätte man einen idealen Fixpunkt für die Ansetzung der ältesten Keramik und der ältesten Architektur gehabt. Die Untersuchung der Keramik von diesem Fundplatz ergab jedoch, dass es hier bereits vor Omris Baumaßnahmen ein Dorf oder ein Gehöft gegeben haben muss. Samaria eignet sich daher nur eingeschränkt für eine wirklich gesicherte und interpretationsfreie Datierung ins 9. Jh. v.Chr.[4] Auch der Feldzug des Pharaos Schoschenq I./Schischak nach Palästina (vgl. 1Kön 14,25 f.) lässt sich nicht sicher mit archäologischen Befunden verbinden; vielleicht geht auf ihn der Untergang von Arad Stratum XII zurück. Auf keinen Fall

Problemfälle einer absoluten Chronologie

---

[4] Zur Diskussion vgl. vor allem Tappy, Ron E.: The Archaeology of Israelite Samaria. Volume I. Early Iron Age through the Ninth Century BCE (HSS 44), Atlanta 1992.

dürfen jedoch Zerstörungsschichten an Orten, die nicht in der erhaltenen Feldzugsliste Schoschenqs genannt werden, mit dem Feldzug dieses Pharaos verbunden werden. Auch der historische Wert der Notiz in 1Kön 9,15–18, wonach Salomo Hazor, Megiddo, Gezer, das untere Bet-Horon, Baalat und Tamar habe ausbauen lassen, wurde in Frage gestellt,[5] auch wenn man diese Angabe möglicherweise doch als zuverlässig einschätzen kann.

Letztendlich sind diese wenigen Verbindungslinien aber nicht ausreichend, um bereits von einer abgesicherten absoluten Chronologie für die frühe Eisenzeit II oder gar die Eisenzeit I sprechen zu können.[6] Für die Eisenzeit I sind vor allem die importierten Gefäße aus dem zyprischen und mykenischen Raum von Belang und helfen, die Schichten zu datieren.

Abhängigkeit von ägyptischer Chronologie

Bronzezeitliche Importkeramik, nun vor allem aus Ägypten, ist auch der wichtigste Anhaltspunkt, um die palästinische Keramikchronologie mit der absoluten Chronologie Ägyptens zu verbinden, um so eine absolute Chronologie für Palästina zu entwickeln. Da während der Bronzezeit Ägypten meist die Vorherrschaft über Palästina inne hatte, sind die politischen und damit verbunden auch die kulturellen Entwicklungen häufig von Ägypten abhängig. Allerdings ergibt sich als methodische Schwierigkeit, dass z.B. ein bestimmter Keramiktyp in Palästina erst mit einer gewissen zeitlichen Verzögerung gegenüber Ägypten einsetzen kann. Dies wiederum führt zu Unsicherheiten bei der absoluten Chronologie Palästinas.[7]

Wir befinden uns in der paradoxen Situation, dass durch die vielfältigen Grabungen im Lande die materielle Kultur einer Epoche sich inzwischen ziemlich zuverlässig und umfassend beschreiben lässt und die relative Chronologie innerhalb der materiellen Kultur weitgehend geklärt ist, die absolute Chronologie in der vorhellenistischen Zeit jedoch noch immer heftig umstritten und für die Eisenzeit in gewisser Weise abhängig von biblischen Texten ist.

---

[5] Whightman, Gregory J.: The Myth of Salomon, in: BASOR 277/278. 1990, 5–22.

[6] In den letzten Jahren führte dies zu einer heftigen Diskussion zwischen I. Finkelstein einerseits und A. Mazar andererseits. Finkelstein schlug vor, die frühen eisenzeitlichen Schichten rund 100 Jahre später anzusetzen, als dies traditionell üblich war. Eine abschließende Klärung ist noch nicht erreicht. Einige wichtige Beiträge für diese Diskussion sind: Finkelstein, Israel: The Archaeology of United Monarchy: An Alternative View, in: Levant 28. 1996, 177–187; ders.: Philistine Chronology: High, middle or low?, in: Gitin, Say u. a. (Ed.): Mediterranean Peoples in Transition. Thirteenth to Early Tenth Centuries BCE. FS T. Dothan, Jerusalem 1998, 140–147; ders.: Notes on the Stratigraphy and Chronology of Iron Age Taanach, in: TA 25. 1998, 208–218; ders.: Bible Archaeology or Archaeology of Palestine in the Iron Age: A Rejoinder, in: Levant 30. 1998, 167–174; ders.: Hazor and the North in the Iron Age: A Low Chronology Perspective, in: BASOR 314. 1999, 55–70; Mazar, Amihai: Iron Age Chronology: A Reply to I. Finkelstein, in: Levant 29. 1997, 157–167; Zarzeki-Peleg, Anabel: Hazor, Jokneam and Megiddo in the 10th Century B.C.E., in: TA 24. 1997, 258–288.

[7] Vgl. auch die Diskussion um die absolute Chronologie in der Mittelbronzezeit; die wichtigsten Beiträge hierzu finden sich in den beiden Themenheften BASOR 281. 1991 und 288. 1992.

Es ist zu hoffen, dass in naher Zukunft durch dendrochronologische Untersuchungen mehr Klarheit für diese Epochen erreicht wird. Die Dendrochronologie bestimmt das Alter von Holzfunden auf Grund der Verteilung und Anordnung der Jahresringe im Holz, die sich je nach klimatischen Bedingungen unterschiedlich ausbilden. In Europa hat sich diese Datierungsmethode schon lange bewährt. Für Teile des Orients, insbesondere für die Türkei, sind inzwischen alle Perioden der Vor- und Frühgeschichte entsprechend erfasst. Für die Levante fehlen allerdings bislang noch ausreichende Mengen an antiken Holzfunden, doch wird dieses Problem sicherlich in absehbarer Zeit gelöst sein.[8] Die Dendrochronologie ermöglicht absolut exakte, naturwissenschaftlich gesicherte Angaben für den Zeitpunkt, an dem ein Baum gefällt wurde, aber nicht, wann ein Gebäude mit diesem Baum errichtet wurde. Häufig angewandt, aber mit einer gewissen Bandbreite und Ungenauigkeit versehen, ist die C^{14}-Methode oder Radiocarbonmethode, bei der die Halbwertszeit dieses Isotops für die Altersbestimmung kohlenstoffhaltiger Substanzen ausgewertet wird. Während sie für die älteren Epochen recht nützlich ist, sind die Ungenauigkeiten für das 1. Jt. v. Chr. doch zu groß, als dass man sich für die strittigen Fragen von dieser Datierungsmethode eine definitive Lösung erwarten dürfte.

(Randnotiz:) Naturwissenschaftliche Datierungsmethoden

5.3 Die Bezeichnung der Zeitalter nach Metallen

Auf ein ganz eigenständiges Problem sei hier noch kurz hingewiesen. Die Bezeichnungen Stein-, Kupferstein- (Chalkolithikum), Bronze- und Eisenzeit wurden nicht an Hand palästinischer Funde entwickelt, sondern entstammen der europäischen Archäologie und wurden erst 1922 als Übereinkunft führender Archäologen auch für die Palästinaarchäologie übernommen.[9] Die Bezeichnung nach Metallen ist dabei teilweise irreführend. Bronze wurde in Palästina erst ab 2000 v. Chr. und nicht, wie die entsprechende Bezeichnung Bronzezeit nahelegen würde, schon ab 3200 v. Chr. hergestellt. Eisen als vorherrschendes Metall lässt sich erst ab etwa 1000 v. Chr. und eben nicht ab etwa 1200 v. Chr. beobachten. Trotzdem haben sich die Begriffe eingebürgert und sind jedenfalls besser geeignet als ethnische Termini (Kanaanäische bzw. Israelitische Zeit), die auch mehrfach vorgeschlagen wurden.[10] Auch politische Gründe lassen die „wertfreien" Metallzeitalter für eher geeignet in dem kleinen West- und Ostjordanland erscheinen: Sowohl Palästinenser als auch Jordanier könnten sich nur

---

[8] Den aktuellen Forschungsstand erhält man über Internet: http://www.arts.cornell.edu/dendro.

[9] Vgl. Weippert, Helga: Metallzeitalter und Kulturepochen, in: ZDPV 107. 1991, 1–23.

[10] Vgl. zuletzt Dothan, Mosche: Terminology for the Archaeology of the Biblical Period, in: Aviram, Joseph u. a. (Ed.): Biblical Archaeology Today. Proceedings of the International Congress on Biblical Archaeology, Jerusalem April 1984, Jerusalem 1985, 136–141.

wenig mit einer „Israelitischen Zeit", in der es neben Israeliten ja auch noch Philister, Ammoniter, Moabiter, Edomiter u. a. m. gab, anfreunden. Letztendlich entspricht die heute vorgenommene Einteilung eher der städtebaulichen Entwicklung. Die Frühbronzezeit II und III ist der erste Aufstieg des Stadtstaatenwesens im Lande, die Frühbronzezeit I stellt die Anfänge hierfür dar, die Frühbronzezeit IV/Mittelbronzezeit I entspricht dem Untergang dieser städtischen Kultur. Dies wiederholt sich nochmals in der Folgezeit. Die Mittelbronzezeit II, aber auch die Spätbronzezeit stehen wieder für eine städtisch ausgerichtete Kultur. Die Eisenzeit I stellt den Niedergang dar, die Eisenzeit II den neuerlichen Aufschwung. Mit der Perserzeit beginnt dann die enge und gesicherte Verknüpfung mit historischen Daten, so dass nun eine „politisch-historische" Chronologie vorliegt.

5.4 Chronologische Tabellen und Übersichten

Die obigen Ausführungen machen deutlich, dass eine absolute Chronologie noch immer nicht zweifelsfrei erzielt wurde. Erschwert wird die Arbeit

	BRL[2]	NEAEHL	GGG, 17	H. Weippert/Kuhnen
Neolithikum	7.–5. Jt.			8500–4000
Chalkolithikum	4. Jt.			4000–3200
Frühbronze I	3150–2850	3300–3000		3200–3000
Frühbronze II	2850–2650	3000–2700		3000–2600
Frühbronze III	2650–2350	2700–2200		2600–2300
Frühbronze IV	2350–2200			
Mittelbronze I	2200–2000			
Frühbronze IV/ Mittelbronze I (Intermediate Period)		2200–2000	2300/2200– 2000	
Mittelbronze IIA	2000–1750	2000–1750	2000–1750	2000–1800
Mittelbronze IIB	1750–1550	1750–1550	1750–1550	1800–1550
Spätbronze I	1550–1400	1550–1400	1550–1400	1550–1400
Spätbronze IIA	1400–1300	1400–1300	1400–1300	1400–1300
Spätbronze IIB	1300–1200	1300–1200	1300–1150/30	1300–1150
Eisen I	1200–1000			1250–1000
Eisen IA		1200–1150	1250–1100	
Eisen IB		1150–1000	1100–1000	
Eisen IIA	1000–900	1000–900	1000–900	1000–900
Eisen IIB	900–800	900–700	925–720/700	925/900–850
Eisen IIC	800–586	700–586	720/700–600	850–586
Bab.-pers.	586–332	586–332		586–333
Eisen III			600/587–450	
Perserzeit			450–333	
Hellenistisch	332–37 v. Chr.			333/332–ca. 40
Frühhellenistisch		332–167		
Späthellenistisch		167–37		
Römisch	37 v.–324 n. Chr			ca. 40 v.–350 n. Chr.
Frührömisch		37 v.–132 n. Chr.		
Spätrömisch		132–324		
Byzantinisch	324–640	324–638		350–640

mit Chronologien dadurch, dass unterschiedliche Forscher denselben Terminus mit verschiedenen absoluten Daten verbinden. Dies hat zur Folge, dass man jeweils vorweg überprüfen muss, wie der jeweilige Autor eine Zeitepoche genau versteht, was die wissenschaftliche Arbeit nicht unbedingt erleichtert. In der vorstehenden Tabelle werden einige miteinander konkurrierende und gebräuchliche Zahlenangaben übersichtsartig zusammengestellt.

Die nachfolgenden Übersichten geben einen Überblick über die wichtigsten Regierungsdaten historischer Persönlichkeiten im Orient, soweit sie für die Landes- und Altertumskunde Palästinas von Relevanz sind. Es ist jeweils die kurze Chronologie zu Grunde gelegt.

Ägyptische Pharaonen (Auswahl)

Vordynastische Zeit (Dynastie 0)	ca. 3050–3000 v. Chr.
Narmer	um 3000
Frühdynastische Zeit	ca. 3000–2740
1. Dynastie	3000–2850
2. Dynastie	2850–2740
Altes Reich (Dynastie 3–11)	2740–1938 v. Chr.
3. Dynastie	2740–2670
4. Dynastie	2670–2500
5. Dynastie	2500–2350
6. Dynastie	2348–2198
7. Dynastie	(existiert nicht)
8. Dynastie	2198–2161
9. Dynastie	2161–2081
10. Dynastie	2081–1990/70
11. Dynastie (Thebaner)	2081–1938
Mittleres Reich und 2. Zwischenzeit (Dynastie 12–17)	1938–1539
12. Dynastie	1938–1759
Amenemhet I.	1938–1909
Sesostris I.	1919–1875
Amenemhet II.	1877–1843
Sesostris II.	1845–1837
Sesostris III.	1837–1818
Amenemhet III.	1818–1773
Amenemhet IV.	1773–1763
Nofrusobek	1763–1759
13. Dynastie	1759–1630
14. Dynastie	
15. Dynastie (Hyksosherrschaft)	1630–1522
16. Dynastie (lokale Kleinkönige)	
17. Dynastie	1625–1539
Neues Reich (Dynastie 18–20)	1539–1070
18. Dynastie	1539–1292
Ahmose	1539–1514
Amenhotep I.	1514–1493
Thutmosis I.	1493–1482
Thutmosis II.	1482–1479
Hatschepsut	1479–1458
Thutmosis III.	1479–1426

Amenhotep II.	1426–1400
Thutmosis IV.	1400–1390
Amenhotep III.	1390–1353
Amenhotep IV./Echnaton	1353–1336
Meretaton	1336–1335
Semenchkare	1335–1332
Tutanchamun	1332–1323
Aja	1323–1319
Haremhab	1319–1292
19. Dynastie	1292–1190
Ramses I.	1292–1290
Sethos I.	1290–1279
Ramses II.	1279–1213
Merenptah	1213–1204
Sethos II.	1204–1198
Amenmesse	1203–1200
Siptah	1198–1193
Tausret	1193–1190
20. Dynastie	1190–1076/70
Sethnacht	1190–1187
Ramses III.	1187–1156
Ramses IV.	1156–1150
Ramses V.	1150–1145
Ramses VI.	1145–1137
Ramses VII.	1137–1129
Ramses VIII.	1128
Ramses IX.	1127–1109
Ramses X.	1109–1105
Ramses XI.	1105–1076/70
3. Zwischenzeit und Spätzeit	1069–343
21. Dynastie	1069–945
Smendes	1069–1043
Amenemnesu	1043–1039
Psusennes I.	1039–991
Amenemope	993–984
Osochor	984–978
Siamun	978–959
Psusennes II.	959–945
22. Dynastie	945–713
Schoschenq I. (Schischak)	945–924
Osorkon I.	924–889
Schoschenq II.	890
Takelot I.	889–874
Osorkon II.	874–850
Harsiese	870–860
Takelot II.	850–825
Schoschenq III.	825–773
Pami	773–767
Schoschenq V.	767–730
Osorkon IV.	730–715/713
23. Dynastie	818–715/710
Padibastet I.	818–793
Iupet I.	804/3
Schoschenq IV.	793–787

Osorkon III.	787–759
Takelot III.	764–757
Rudjamun	757–754
Iupet II.	754–720/715
Schoschenq VI.	720/715–715/710
24. Dynastie	727–715
Tefnacht	727–720
Bokchoris	720–715
25. Dynastie	728/716–656
Piankhi	735–712
Schebitku	697–690
Tirhaka	690–664
26. Dynastie	664–525
Psammetich I.	664–610
Necho II.	610–595
Psammetich II.	595–589
Apries (Hofra)	589–570
Amasis	570–526
Psammetich III.	526–525
27. Dynastie (1. Perserherrschaft)	525–404
28. Dynastie	404–399
Amyrtaios (von Sais)	404–399
29. Dynastie	399–380
30. Dynastie	380–343

Assyrische Könige (Auswahl)

Schamschi-Adad I.	ca. 1750–1717 v. Chr.
Assuruballit I.	1354–1318
Adadnirari	1296–1264
Salmanassar I.	1264–1234
Tukulti-Ninurta I.	1234–1197
Tiglat-Pileser I.	1116–1077
Aššur-dan II.	935–912
Adadnirari II.	912–891
Tukulti-Ninurta II.	891–884
Assurnasirpal II.	884–858
Salmanassar III.	858–824/823
Schamschi-Adad V.	823–810
Adadnirari III.	811/810–781
Tiglat-Pileser III.	745–727
Salmanassar V.	727–722
Sargon II.	722–705
Sanherib	705–681
Asarhaddon	681–669
Assurbanipal	669–ca. 630
Assur-etel-ilani	630–627
Sin-schum-lischir	627
Sin-schar-ischkun	627–612
Assuruballit II.	612–605 (?)

Babylonische Könige (Auswahl)

Dynastie von Akkad	2371–2230
Sargon I.	2371–2316
Naram-Sin	2291–2255
3. Dynastie von Ur	2064–1955
Urnammu	2064–2047
altbabylonische Zeit	ca. 1950–1531 v. Chr.
Hammurabi	1729–1686
Kassitenzeit	1531–ca. 1152
2. Dynastie von Isin	1152–1020
Nebukadnezzar I.	ca. 1120–1098
8. und 9. Dynastie von Babylon	
Schamasch-Mudammiq	um 905
Marduk-zakir-schumi I.	851/0–819
Tiglat-Pileser III. (Pul)	728–727
Salmanassar V. (Ululaja)	726–723
Marduk-apla-iddina	723–710
(Merodach-Baladan)	
(wiedereingesetzt)	703
Muschezib-Marduk	692–689
Sanherib	688–681
Asarhaddon	681–669
Schamasch-schum-ukin	669–648
Kandalanu	647–627
Chaldäische Dynastie (Neubabylonisches Reich)	
Nabopolassar	626–605
Nebukadnezzar II.	605–562
Amel-Marduk	
(Ewil-Merodach)	562–560
Neriglissar	560–556
Labaschi-Marduk	556
Nabonid	556–539

Persisch-achämenidische Könige

Kyrus II.	559–530
Kambyses II.	530–522
Darius I. Hystaspes	522–486
Xerxes I.	486–465/4
Artaxerxes I. Longimanus	465/4–425
Darius II.	424–404
Artaxerxes II. Mnemon	404–359/8
Artaxerxes III. Ochos	359/8–338
Arses	338–336
Darius III. Kodomannos	336–331

Zeit des Königtums in Juda und Israel

Saul	ca. 1012–1004
David	ca. 1004–998
	(in Hebron)
	ca. 997–965
	(in Jerusalem)
Salomo	ca. 965–926

Juda

Rehabeam	926–910
Abija	910–908
Asa	908–868
Joschafat	868–847
Joram	852 (Mitregent)/
	847–845
Ahasja	845
Atalja	845–840
Joasch	840–801
Amazja	801–773
Asarja/Usija	787 (Mitregent)/
	773–736
Jotam	759–744 (Mitregent)
Ahas	744 (Mitregent)/
	736–725
Hiskija	725–697
Manasse	696–642
Amon	641–640
Joschija	639–609
Joahas	609
Jojakim	608–598
Jojachin	598–597
1. Eroberung Jerusalems durch die Babylonier	597
Zidkija	597–587
2. Eroberung Jerusalems durch die Babylonier	587

Israel

Jerobeam I.	926–907
Nadab	907–906
Bascha	906–883
Ela	883–882
Simri	882
Omri	882/878–871
Ahab	871–852
Ahasja	852–851
Joram	851–845
Jehu	845–818
Joahas	818–802
Joasch	802–787
Jerobeam II.	787–747
Secharja	747
Schallum	747
Menahem	747–738
Pekachja	737–736
Pekach	735–732
Hoschea	731–723
Eroberung Samarias	722

Könige der Seleukiden

Seleukos I. Nicator	323–281
Antiochos I. Soter	281–261
Antiochos II. Theos	261–246
Seleukos II. Kallinikos	246–225
Seleukos III. Soter Keraunos	225–223
Antiochos III. Megas	223–187
Seleukos IV. Philopator	187–175
Antiochos IV. Epiphanes	175–164
Antiochos V. Eupator	164/3–162
Demetrios I. Soter	162–150
Alexandros Balas	150–145
Demetrios II. Theos Nicator Philadelphos	145–139/8
Antiochos VI. Epiphanes Dionysos	145–142/1
Antiochos VII. Euergetes Sidetes	139/8–129
Demetrios II. Theos Nicator Philadelphos	129–126/5
Epiphanes Philometor Kallinokos Grypos Seleukus V.	125
Antiochos VIII. Epiphanes Philometor Kallinikos Grypos	125–96
Antiochos IX. Philopator Kyzikenos	113–95
Seleukos VI. Epiphanes Nicator	96–95
Demetrios III. Eukairos	95–88
Antiochos X. Eusebes Philopator	95–83
Antiochos XI. Philadelphos	94
Philippos I. Philadelphos	94–83
Antiochos XII. Dionysos Epiphanes Philopator Kallinikos	87–84
Antiochos XIII. Asiaticus	69–64
Philippos II.	67–65

Könige der Ptolemäer

Ptolemäus I. Soter	323/305–283
Ptolemäus II. Philadelphos	283–246
Ptolemäus III. Euergetes	246–221
Ptolemäus IV. Philopator	221–204
Ptolemäus V. Epiphanes	204–181/0
Ptolemäus VI. Philometor	180–145
Ptolemäus VII. Neos Philopator	145–144
Ptolemäus VIII. Euergetes II.	145–116
Ptolemäus IX. Philometor Soter II. Lathyros Physkon	116–107
Ptolemäus X. Alexander I.	107–88
Ptolemäus IX. Philometor Soter II. Lathyros Physkon (wiedereingesetzt)	88–81
Ptolemäus XI. Alexander II.	80
Ptolemäus XII. Theos Philopator Philadelphos Neos Dionysos Auletes	80–51
Kleopatra VII. Philopator	51–30

Die Hasmonäer

(Mattatias	167–166)
(Judas Makkabäus	166–160)
Jonatan Makkabäus	160–142
Simon Makkabäus	142–134
Johannes Hyrkanos I.	134–104

Aristobul I.	104–103
Alexander Jannäus	103–76
Salome Alexandra	76–67
Aristobul II.	67–63
(Hyrkanus II.	63–40)
(Mattias Antigonus	40–37)

Die Herodianer

Herodes I. (der Große)	37–4 v. Chr.
Archelaos	4 v. Chr.–6 n. Chr.
Herodes Antipas	4 v. Chr.–39 n. Chr.
Herodes Philippus	4 v. Chr.–34 n. Chr.
Herodes Agrippa I.	37–44 n. Chr.
Herodes Agrippa II.	53–100 (?) n. Chr.

Die Prokuratoren

Coponius	ca. 6–9 n. Chr.
M. Ambibulus	9–12
Vannius Rufus	12–15
Valerius Gratus	15–26
Pontius Pilatus	26–36
Marcellus	36–37
Cuspius Fadus	44–46
Tiberius Alexander	46–48
Ventidius Cumanus	48–52
Antonius Felix	52–60
Porcius Festus	60–62
Albinus	62–64
Gessius Florus	64–66

Sich überschneidende Zahlen zeigen Mitregentschaften an

6. Landeskunde

6.1 Der Fruchtbare Halbmond

Die südliche Levante ist Teil des „Fruchtbaren Halbmondes". Mit diesem Begriff umschreibt man das Kulturland im Vorderen Orient, das in Ägypten im Überschwemmungsgebiet des Nils beginnt und sich bis zum Persischen Golf hinzieht. In etwa entspricht dieser Bereich der Form eines Halbmondes.

Ägypten In Ägypten orientiert sich dabei alles am Verlauf des Nils. Abgesehen von einigen Oasen ist in Oberägypten nur jenes Gebiet landwirtschaftlich nutzbar, das alljährlich bei den Überschwemmungen überflutet wird. Sachlich zutreffend hat man daher Ägypten als ‚Geschenk des Nils' bezeichnet. Jenseits des Bereiches, der vom Nil überflutet wird, wird aus Kulturland unmittelbar und ohne Übergang Wüste. Unterägypten ist mit dem Territorium identisch, in dem sich der Nil in eine Vielzahl von Seitenarmen aufspaltet und in einem Delta ins Mittelmeer mündet.

Mesopotamien Auch in Mesopotamien ist die Landschaft wesentlich von Wasserläufen bestimmt. Eufrat und Tigris bilden das Grundgerüst für die geographische Struktur des Landes. Entlang dieser beiden Flüsse liegen die bedeutendsten antiken Städte des Landes (am Eufrat z. B. Mari, Babylon, Uruk und Ur, am Tigris z. B. Ninive und Assur), und entlang dieser Flüsse führten auch die wichtigsten Straßen des Landes. Die Flüsse selbst waren schiffbar und stellten damit ebenfalls wichtige Verkehrsverbindungen dar. Das Wasser dieser Flüsse wurde über Kanäle auf die Felder geleitet und sicherte so einen ertragreichen Ackerbau und damit den Wohlstand des Landes.

Syrien und Palästina sind von ihren physikalisch-geographischen Gegebenheiten in Nord-Süd-Richtung ausgebildet (vgl. Abb. 3). Parallel zur Mittelmeerküste verläuft eine Gebirgskette, die in Syrien das Amanusgebirge, den *Ǧebel Nuṣairīye* [antiker Name: Bargylos] und das Libanon- und Antilibanongebirge umfasst und die sich in Palästina dann im galiläischen, efraimitischen und judäischen Bergland fortsetzt. Nach Osten versetzt folgt wiederum parallel zum Küstenverlauf des Mittelmeeres der Jordangraben. Er ist Teil des großen syrisch-ostafrikanischen Grabenbruches, der in Nordsyrien bei Antiochia beginnt, Syrien mit der *Beqaʿ*-Ebene (Tal zwischen Antilibanon und Libanon) und dann Palästina durchläuft, sich südlich davon im Golf von Aqaba und dem Roten Meer fortsetzt und sich am Südausgang des Roten Meeres gabelt. Der Ostarm schiebt sich zwischen die arabische Halbinsel und das ostafrikanische Horn, der Westarm tritt in das afrikanische Festland ein und umfasst dort die ostafrikanischen Binnenseen (z. B. Tanganyika-, Rudolf-, Albert- und Nyassasee). Östlich des Jordangrabens folgt dann die ostjordanische Hochebene.

Auswirkungen der Landesstruktur auf tägliches Leben Diese physikalische Landesstruktur hat das Land in entscheidender Weise geprägt. Zum einen hat sie Auswirkungen auf die Verkehrswege, die – soweit sie von überregionaler Bedeutung sind – gleichfalls in Nord-Süd-

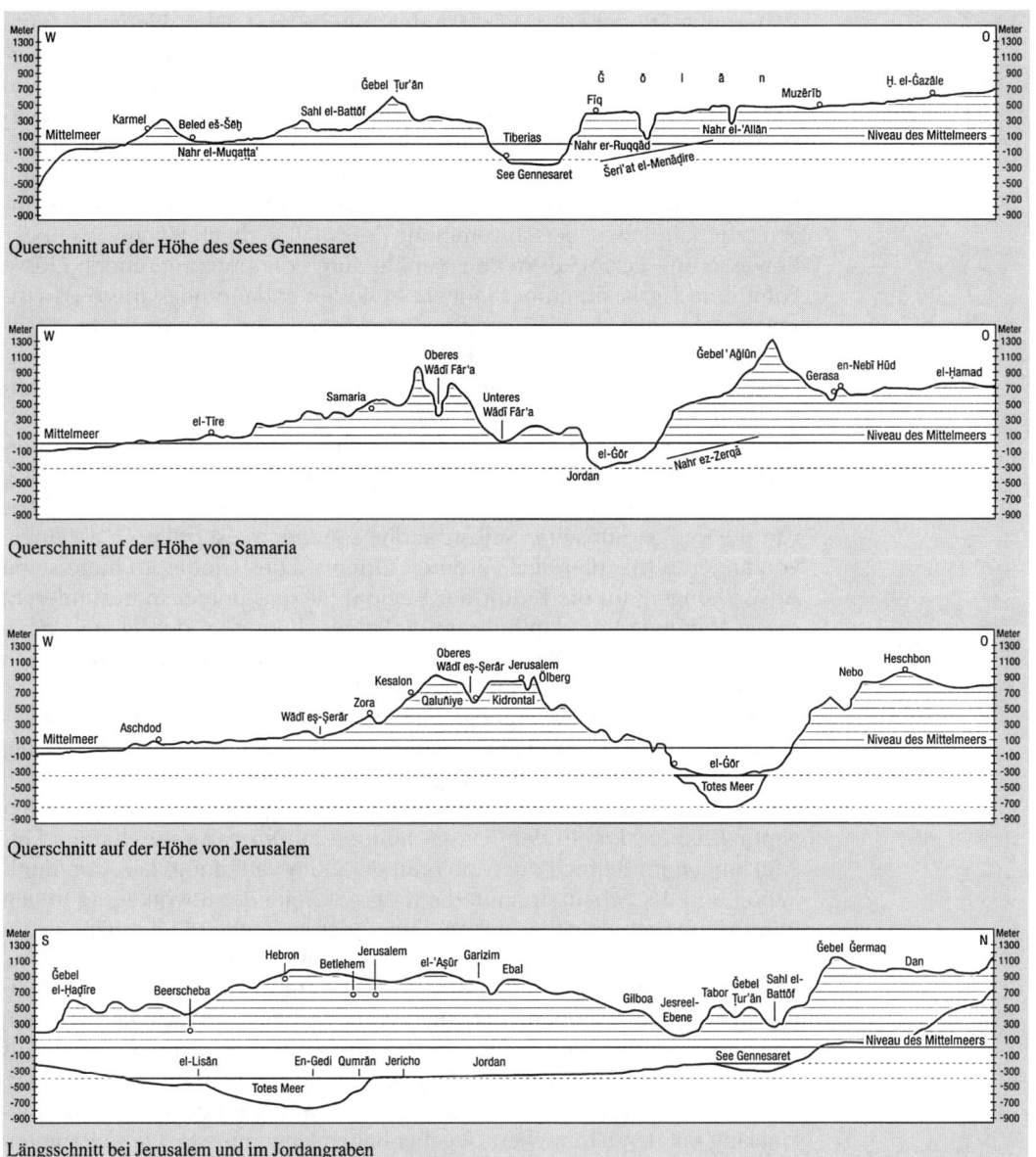

Abb. 3: Quer- und Längsschnitt durch Palästina.

Richtung ausgebildet sind (vgl. Kapitel 6.8). Zum zweiten haben die Faltenbildungen des Gebirges, aber auch die Störungen durch den syrisch-ostafrikanischen Grabenbruch, die Bodenverhältnisse in dem Land mitgeprägt (vgl. Kapitel 6.3). Zum dritten hat die Landschaftsstruktur ihren nachhaltigen Einfluss auf die Niederschläge in unterschiedlichen Regionen und damit auch Auswirkungen auf die Charakterisierung einzelner Gebiete als

Kulturland, Steppe oder Wüste (vgl. Kapitel 6.4.3). Dies wiederum hatte Einfluss auf die Lebensformen der Menschen im Altertum, sei es als Ackerbauer, sei es als Nomade. Und schließlich hat, wenn man die Großregion Vorderer Orient betrachtet, die Landesstruktur noch weitergehende Auswirkungen. Die großen Machtzentren des Altertums waren – zu unterschiedlichen Zeiten mit unterschiedlicher Intensität – in Ägypten, Kleinasien und Mesopotamien. Nur dort konnte sich durch günstigere Rahmenbedingungen (z.B. jährliche Überschwemmung der Nilauen durch Hochwasser oder Bewässerung der Äcker mittels Kanäle durch die perennierenden Flüsse Eufrat und Tigris) eine über längere Perioden andauernde Überflusswirtschaft etablieren, die die Bewohner wiederum in die Lage versetzte, intensiv Handel zu treiben und ihre Herrschaftsgebiete militärisch auszudehnen. Syrien und Palästina waren dagegen immer wirtschaftlich benachteiligt (häufige Hungersnöte!) und daher immer ein Durchgangsland. Positiv betrachtet bedeutet dies, dass sich die Region am Handel bereichern konnte. Negativ betrachtet heißt es aber auch, dass es regelmäßig von Militärtruppen durchzogen wurde. Während der letzten 5000 Jahre war die Region nur selten selbstständig, sondern meist politisch abhängig von anderen Mächten des Vorderen Orients. Dies wiederum hatte seine Auswirkungen auf die Kultur der Region. Sie war immer in besonderem Maße abhängig von den kulturellen Entwicklungen in den jeweils herrschenden Regionen. Dies lässt sich z.B. deutlich an der ikonographischen Entwicklung festmachen (vgl. hierzu Kapitel 7.3).

Politische Rahmenbedingungen, religiöse Strukturen und ethnische Herkunft der Bewohner des Landes haben sich über die Jahrtausende hinweg immer wieder geändert. Die geographischen Gegebenheiten bilden jedoch die unwandelbaren Konstanten, die das jeweilige Leben zu allen Zeiten geprägt haben. Erst in den letzten hundert Jahren gab es vielfältige Entwicklungen im Bereich der Mobilität, der Güterverteilung, der Kommunikation und der Arbeitsstruktur, die für große Teile der Bevölkerung in den Industriestaaten ein Arbeitsleben völlig oder weitgehend unabhängig von den geographischen Gegebenheiten machte. Wo heute z.B. eine Autofirma gegründet wird, hängt kaum mehr von der Landschaft oder den Verkehrsverbindungen ab, sondern vielmehr von der Arbeitsmarktlage und von den bewilligten Zuschüssen seitens des Staates. Im Nahen Osten herrschte bis weit ins 20. Jh. hinein eine überwiegend agrarisch geprägte Gesellschaft, die über die Jahrtausende hinweg sich nur wenig entwickelt hat und im Einklang mit den natürlichen Gegebenheiten leben musste. Diese Rahmenbedingungen prägten die Lebensweise der Menschen und sollen deshalb nachfolgend erschlossen werden.

6.2 Geologie in Palästina

In der geologischen Geschichte war Palästina in den meisten Zeiten von Meeren bedeckt. Die Landbildung entwickelte sich im Oligozän und Pliozän (40–1,5 Millionen Jahre), als die Bergzüge des Landes als Nebensystem des Faltungsprozesses des Taurus- und Zagrosgebirges im Norden entstanden. Ein zweites Stadium der Landbildung war eine allgemeine Hebung des Geländes. Im Miozän und vor allem im Pliozän (11–1,5 Millionen Jahre) entstand dann als Folge des Faltungsprozesses im Bergland der Grabenbruch, zu dem der Jordangraben gehört. Diese Bruchverwerfungen waren von starken Erdbeben und Vulkanauswürfen zu beiden Seiten des Grabenbruchs begleitet. Noch heute findet man am See Gennesaret und im Toten Meer heiße Mineralquellen, die aus großen Tiefen aufsteigen und sich dabei mit gelöstem Schwefel, Magnesium, Brom, Jod und diversen Salzen anreichern. Die häufigen Erdbeben der Region belegen den Fortgang tektonischer Tätigkeit.

Exkurs: Erdbeben in der Antike (bis zum Ende der byzantinischen Zeit)

Da Erdbeben oft für die Datierung von Schichten eine wichtige Hilfe sind, sollen hier die bekannten Erdbeben bis zum Ende der byzantinischen Zeit aufgelistet werden, soweit sie durch antike Literatur bekannt sind. Für die Zeit vor dem 1. Jh. v. Chr. fehlen leider weitgehend gesicherte Angaben.[1]

Datum	Bereich
Mitte 8. Jh.	Ganz Palästina, nachgewiesen u. a. in Hazor (vgl. Am 1,1; Sach 14,5)
28. 2. 92	Syrien, Israel, Ägypten
64	Jerusalem
2. 9. 31 v. Chr.	Ganz Palästina (Beschädigungen u. a. in Jerusalem, Jericho, Masada und Qumran nachgewiesen)
30 n. Chr.	Jerusalem
33	Judäa
48	Ganz Palästina
13. 12. 115	Syrien (Flutwelle in Jabne und vielleicht Cäsarea)
128 oder 130	Ganz Palästina, Beschädigungen vor allem in der nördlichen Schefela (Lod, ʿAmwās)
306	Syrien und Palästina (Zerstörungen u. a. in Tyrus, Sidon, Galiläa und Jerusalem)
19. 5. 363	Sehr starkes Erdbeben mit Zerstörungen im gesamten West- und Ostjordanland von Galiläa bis in den Negev
Sept. 415 (?)	Judäa
419	Judäa, Jerusalem (dort starke Schäden)
447	Golan (starke Schäden in Hammat Gader)
15. 8. 502	Küstenregion von Beirut bis in die Schefela
9. 6. 551	Ganz Syrien und Palästina mit sehr schweren Schäden (z. B. weitgehende Zerstörung von Petra)
580	Ganz Palästina
631 oder 632	Ganz Palästina
637	Syrien/Palästina

[1] Der Katalog orientiert sich an Amiran, David H. K. u. a.: Earthquakes in Israel and Adjacent Areas: Macroseismic Observations since 100 B.C.E., in: IEJ 44. 1994, 260–305. Vgl. auch Amiran, David H. K.: Location Index for Earthquakes in Israel since 100 B.C.E., in: IEJ 46. 1996, 120–130; Russell, Kenneth W.: The Earthquake Chronology of Palestine and Northwest Arabia from the 2nd through the Mid–8th Century A.D., in: BASOR 260. 1985, 37–59. Das in 1Sam 14,15 erwähnte Erdbeben zur Zeit Sauls dürfte wohl ein theologischer Nachtrag aus späterer Zeit sein und wurde deshalb nicht aufgenommen.

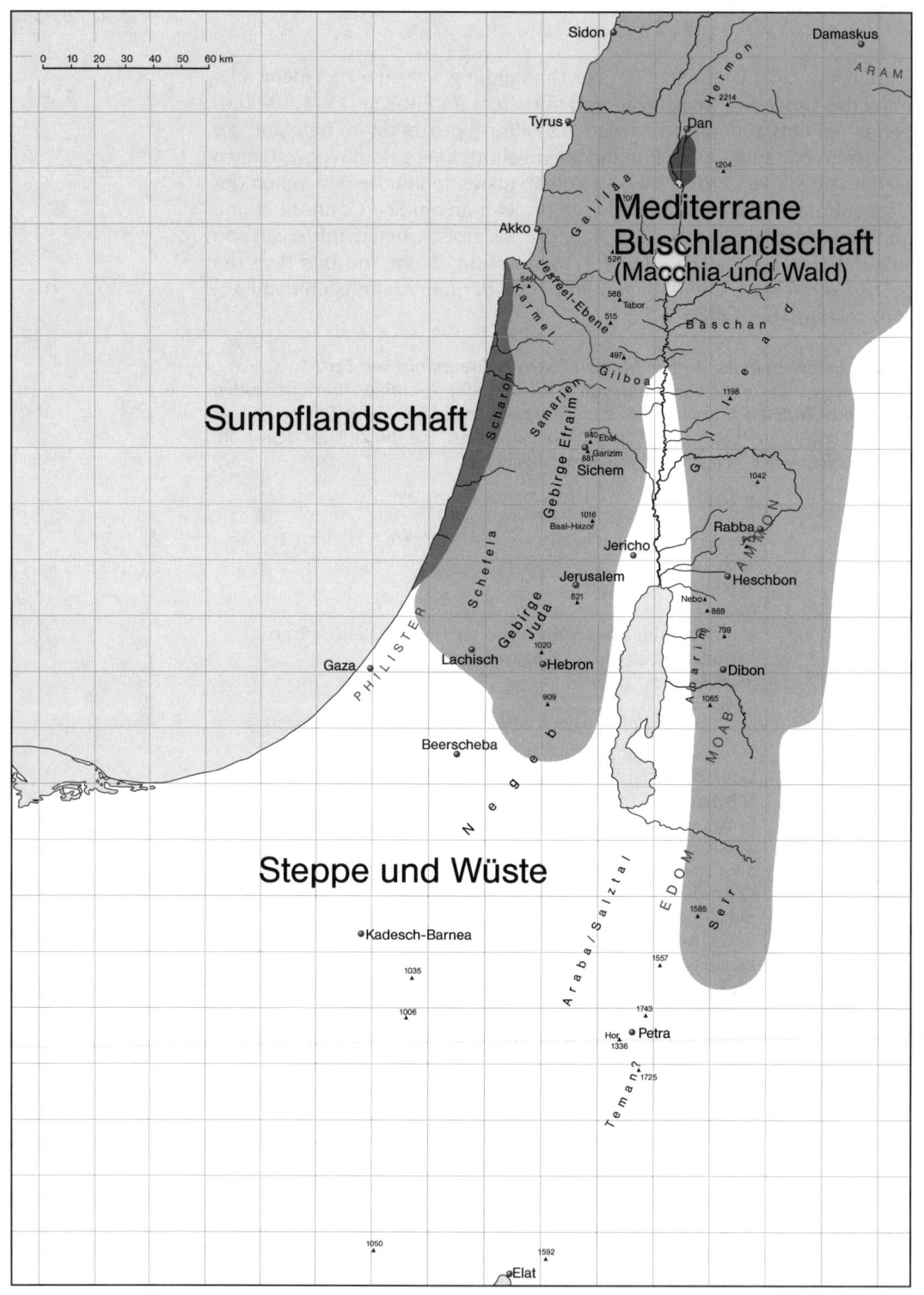

Abb. 4: Die Urlandschaften Palästinas vor den Eingriffen der Menschen.

Im Pleistozän (Beginn vor ca. 1,5 Millionen) erreichten die Gletscher des Nordens zwar nicht das palästinische Gebiet, doch wirkten sich die Kälteperioden durch verstärkte Niederschläge aus. Während dieser Zeit entzogen die Gletscher dem Mittelmeer große Wassermengen, so dass der Wasserspiegel um bis zu 200 m schwanken konnte. Tauten die Gletscher wieder, stieg entsprechend der Wasserspiegel des Mittelmeeres, zeitweilig sogar bis zu 30 m über dem heutigen Wasserspiegel. Während dieser Epoche wurden an den Küsten große Sandmengen angespült, die von den Winden ins Land hineingetragen wurden und Dünen bildeten. Die starken Regenfälle während des Pleistozäns führten zu einer Entstehung eines Eichenwaldes, dessen Reste noch bis zu Beginn des 20. Jh. bestanden (vgl. Abb. 4).[2] Unter dem Einfluss der Vegetation veränderte sich der Sand in der Schefela und wurde mit einer Schicht von Mineralien bedeckt (sog. Rotsand); diese Rotsandablagerungen waren in der zweiten Hälfte des 20. Jh. n. Chr. das wichtigste Zitrusanbaugebiet des Landes. In der unmittelbaren Küstenregion wurde durch Kalkablagerungen dagegen der Sand „zementiert": Durch Regen löst sich der Kalk, so dass das typische „Kurkar"-Gestein (eine Art Sandstein) entsteht. Heute prallt das Mittelmeer, das die ursprünglich vorgelagerten Sanddünen überwunden hat, auf dieses „Kurkar"-Gestein, so dass der heutige Küstenverlauf einer leicht geschwungenen Kurve gleicht. In weiten Teilen, vom äußersten Süden einmal abgesehen, findet sich daher entlang des Küstenstreifens eine Steilküste aus „Kurkar"-Gestein, der in den Sommermonaten ein schmaler (ca. 10–50 m breiter) und recht flacher Sandstrand vorgelagert ist. Was die Badenden an den Stränden erfreut, ist für die Schifffahrt wenig vorteilhaft. Natürliche Häfen gibt es entlang der palästinischen Mittelmeerküste nur wenige. Die besten Voraussetzungen finden sich einerseits bei Jaffa, andererseits bei Haifa und Akko, wo auch über die Jahrtausende hinweg immer wichtige Hafenanlagen existierten. In den Wintermonaten peitschen die Wellen bis an das „Kurkar"-Gestein heran und führen immer wieder einzelne Einbrüche der Steilküste herbei. Dadurch dringt das Meer durchschnittlich jedes Jahrhundert um etwa 4 m weiter ins Landesinnere ein. Dieser Sachverhalt muss bei der Lage der antiken Ortslagen im Küstenbereich mit berücksichtigt werden.

Im Jordangraben, der im Pleistozän durch die Hebungen des Berglandes schon vom Mittelmeer völlig abgegrenzt war, entstand nun ein abgeschlossenes Becken. Durch die starken Niederschläge während des Pluvial B füllte sich das Becken mit Wasser. Dieser sog. Lissansee erstreckte sich vom Nordende des See Gennesarets bis etwa 30 km südlich des Toten Meeres. Zur Zeit seiner größten Ausdehnung befand er sich etwa 215 m über dem Niveau des heutigen Toten Meeres und lag damit rund 180 m unter dem der Weltmeere. Reste dieses Sees finden sich heute noch im See Gennesaret und im Toten Meer.[3] Aber auch im Jordangraben gibt es einen eindrücklichen Hinweis für dieses Urmeer: Rechts und links des Jordans gibt

Randnotizen:
Wasserspiegel des Mittelmeeres im Pleistozän

Hafenanlagen

Jordangraben

---

[2] Vgl. Gradmann, Robert: Palästinas Urlandschaft, in: ZDPV 57. 1934, 161–185.
[3] Blanckenhorn, Max: Entstehung und Geschichte des Toten Meeres, in: ZDPV 19. 1896, 1–64.

es bis zu 50 m hohe Mergelschichten, die noch vom ursprünglichen Boden dieses Meeres herrühren. Im Laufe der Zeit hat sich der Fluss in diese Schichten eingegraben. Da der Mergel sehr salzhaltig ist, sind die Ufer des Jordans trotz des vorhandenen Wassers für die Landwirtschaft nicht zu gebrauchen.

Basaltvorkommen

Im nördlichen und mittleren Ostjordanland gibt es zahlreiche Basaltvorkommen, die auf eine frühere vulkanische Tätigkeit in diesem Gebiet hinweisen. Dies hatte auch zur Folge, dass die dortigen Wohnhäuser oft aus Basaltstein gebaut waren; die Städte haben wegen der schwarzen Färbung des Gesteins oft eine düstere Wirkung.

6.3 Böden

Über 60% des heutigen Staatsgebietes Israels besteht aus Wüste; in Jordanien ist der Wüstenanteil sogar noch größer, wegen der künstlichen Grenzziehung im Osten aber kaum aussagefähig. Zum größten Teil handelt es sich dabei um Steinwüste (z. B. in der Wüste Juda). Im Bergland

Terra-rossa-Böden

haben sich aus Kalkstein und Dolomit durch Verwitterung rotbraune Terra-rossa-Böden gebildet. Da diese Böden meist eine geringe Tiefe aufweisen, sind sie nur schwer zu bearbeiten (vgl. das Gleichnis vom vierfachen Ackerfeld Mt 13,3–8 parr.). Gelegentlich behalf man sich damit, die Bergabhänge zeitaufwendig zu terrassieren und so einerseits die Böden zu verbessern und zu vertiefen, andererseits aber auch die landwirtschaftlich nutzbare Fläche zu vergrößern.[4] Auf diesen Terrassen baute man vor allem Ölbäume und Wein an. Im Bergland findet sich auch reichlich Kalkgestein, das für eine landwirtschaftliche Nutzung völlig ungeeignet ist. Dort, wo es Kreide und Mergel an der Oberfläche gibt (vor allem in Judäa und Samaria), haben sich durch Verwitterung gräuliche Rendzina-Böden ent-

Rendzina-Böden

wickelt, deren Fruchtbarkeit jedoch geringer ist als die der Terra-rossa-Böden. Da die Landschaft in Bereichen, die von Rendzina-Böden geprägt sind, in der Regel weniger zerklüftet ist als in Gegenden mit Terra-rossa-Böden, kann das Gelände doch intensiver genutzt werden, was folglich zu einer höheren Siedlungsdichte führen kann. Auf den Böden kann man gut Getreide, aber auch Oliven- und Obstbäume sowie Wein anbauen. In den östlichen Teilen Galiläas und auf dem Golan findet sich reichlich ver-

Vulkangestein

wittertes Vulkangestein, das durch seine schwarze Färbung ins Auge fällt. In den Ebenen gibt es hier tiefbraunen Boden, der ideal für den Getreideanbau ist. In der Küstenregion, in der Jesreelebene und im Jordangraben

Alluvialböden

finden sich Alluvialböden, die durch Wind und Wasser dorthin deponiert wurden. Sie eignen sich besonders gut für den Getreideanbau, so dass die Jesreelebene beispielsweise als „Kornkammer Palästinas" gelten kann. Für die geschichtliche Entwicklung des Landes war es immer von großer Bedeutung, gerade über diese Region zu verfügen, um so landwirtschaftliche

---

[4] Ron, Z.: Agricultural Terrasses in the Judean Mountains, in: IEJ 16. 1966, 33–39.111–122; Borowski, Oded: Agriculture in Iron Age Israel, Winona Lake 1987, 15–18 (Lit.!).

Überschüsse erwirtschaften zu können, die gegen andere Güter einge-
tauscht werden konnten. Im Küstengebiet, aber auch im Hulebecken gab Sümpfe
es zudem Sumpfböden; gelang es, diese zu drainieren (wie z. B. in der Rö-
merzeit oder auch in der Gegenwart), hatte man auch hier hervorragende
Möglichkeiten für den Getreideanbau. Überließ man die Böden jedoch
der Natur, waren die Gebiete unpassierbar und Brutstätten für die Mala-
ria.[5] Im Süden des Landes, vor allem im Becken von Beerscheba, finden
sich an sich gute Lößböden, doch ist hier die landwirtschaftliche Nutzung
angesichts der geringen Niederschläge nicht allzu ergiebig. Die Sand- und
„Kurkar"-Böden der Küstenregion sind landwirtschaftlich kaum oder nur
gering zu nutzen.

Die landwirtschaftlichen Verhältnisse blieben über die Jahrtausende hinweg vermutlich recht konstant. Eine Steuerliste des 16. Jh. n. Chr. kann
daher aufschlussreiche Informationen auch über die vorwiegenden Anbau-
ten während der biblischen Zeit vermitteln.[6] Die Abb. 5a und b geben die
Regionen an, in denen zumindest im 16. Jh. vorwiegend Getreide, Wein
oder Öl angebaut wurden bzw. Viehzucht praktiziert wurde.

Die für den Ackerbau günstigen Böden in der Jesreelebene und in der Günstige Lage von
Bucht von Akko sowie in der südlichen Küstenebene (Schefela) hatten Orten
auch ihre Auswirkung auf die Auswahl der Siedlungen insbesondere in der
Mittel- und Spätbronzezeit (Abb. 6). Dort finden sich die größten und bedeutendsten Orte, an denen den Bewohnern ein gesichertes Überleben
möglich war. Allerdings ist bei der Auswahl der Ortslagen auch noch der
Handel und damit die Lage der Straßenverbindungen von Bedeutung (vgl.
Kapitel 6.8). Das bewaldete Bergland, in dem Ackerbau wesentlich müh-
samer ist als in den fruchtbaren Tälern, wurde in dieser Zeit dagegen weitgehend gemieden. Nur in Sichem und Jerusalem gab es bedeutendere
Ortslagen, ansonsten war das Bergland weitgehend unbewohnt und diente
nur Nomaden als Weidegrund. Wenn man die Wahl hatte, siedelte man
dort, wo die idealen Möglichkeiten für eine gesicherte Existenz vorhanden
waren.

6.4 Klima

Innerhalb des relativ kleinen Territoriums des Westjordanlandes lassen sich
vier verschiedene Klimaregionen beobachten: Humides Klima in Obergaliläa, subhumides Klima in der nördlichen Küstenebene, in Untergaliläa und
im zentralen Bergland, semiarides Klima in der mittleren und südlichen
Küstenebene, in der Jesreelebene, in Teilen des Jordantales und im nördlichen Negev, und schließlich arides Klima in der Bucht von Bet Schean,
im südlichen Negev, am Toten Meer und im südlichen Jordangraben. Somit

[5] Karmon, Yehuda: Geographical Aspects in the History of the Coastal Plain of Israel, in: IEJ 6. 1956, 33–50.

[6] Hütteroth, Wolf-Dieter/Abdulfattah, Kamal: Historical Geography of Palestine,
Transjordan and Southern Syria in the Late 16th Century (Erlanger Geographische
Arbeiten. Sonderband 5), Erlangen 1977.

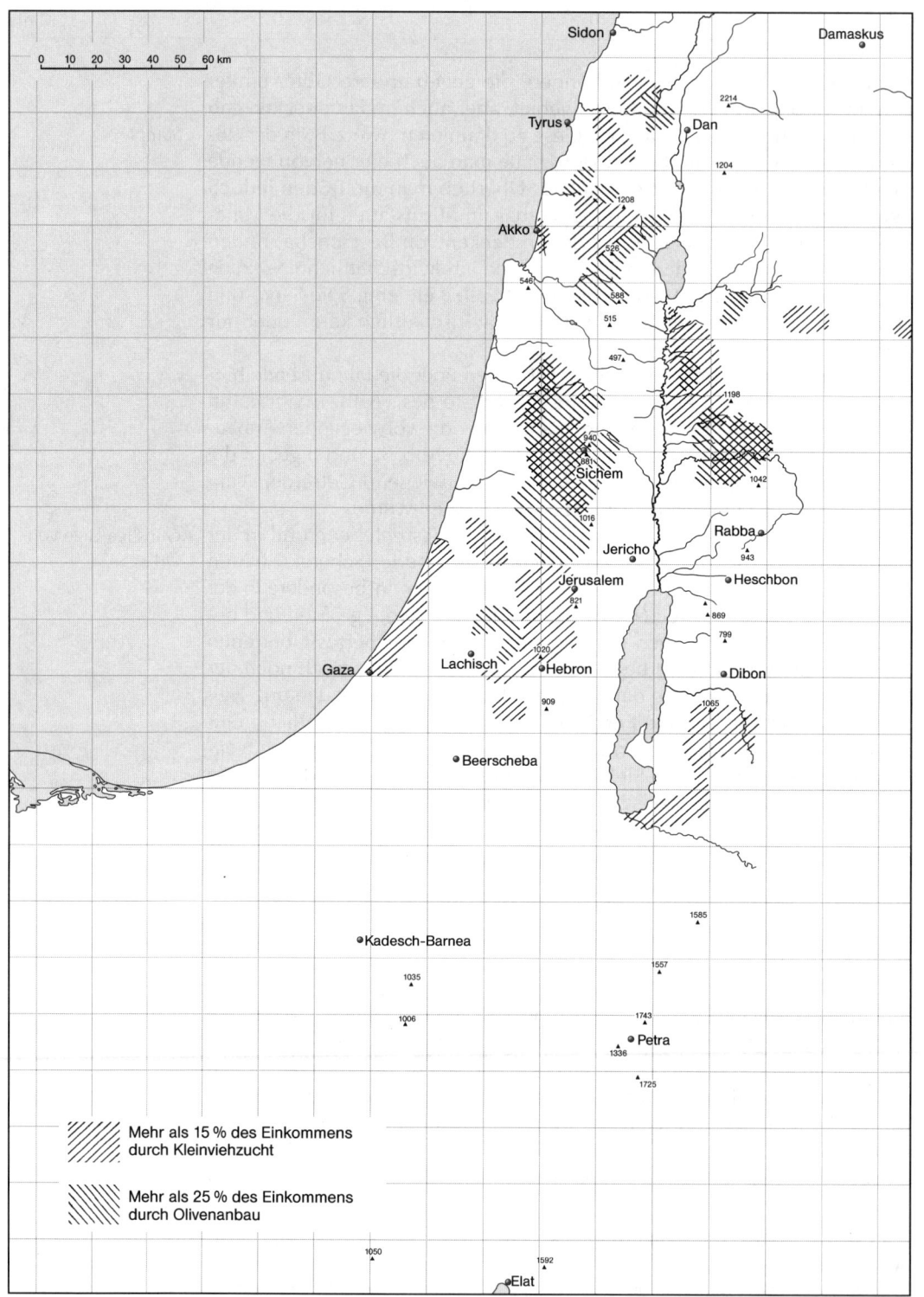

Abb. 5a: Vorwiegende landwirtschaftliche Tätigkeiten in Palästina.

Abb. 5b: Vorwiegende landwirtschaftliche Tätigkeiten in Palästina.

Abb. 6: Stadtstaaten der Spätbronzezeit.

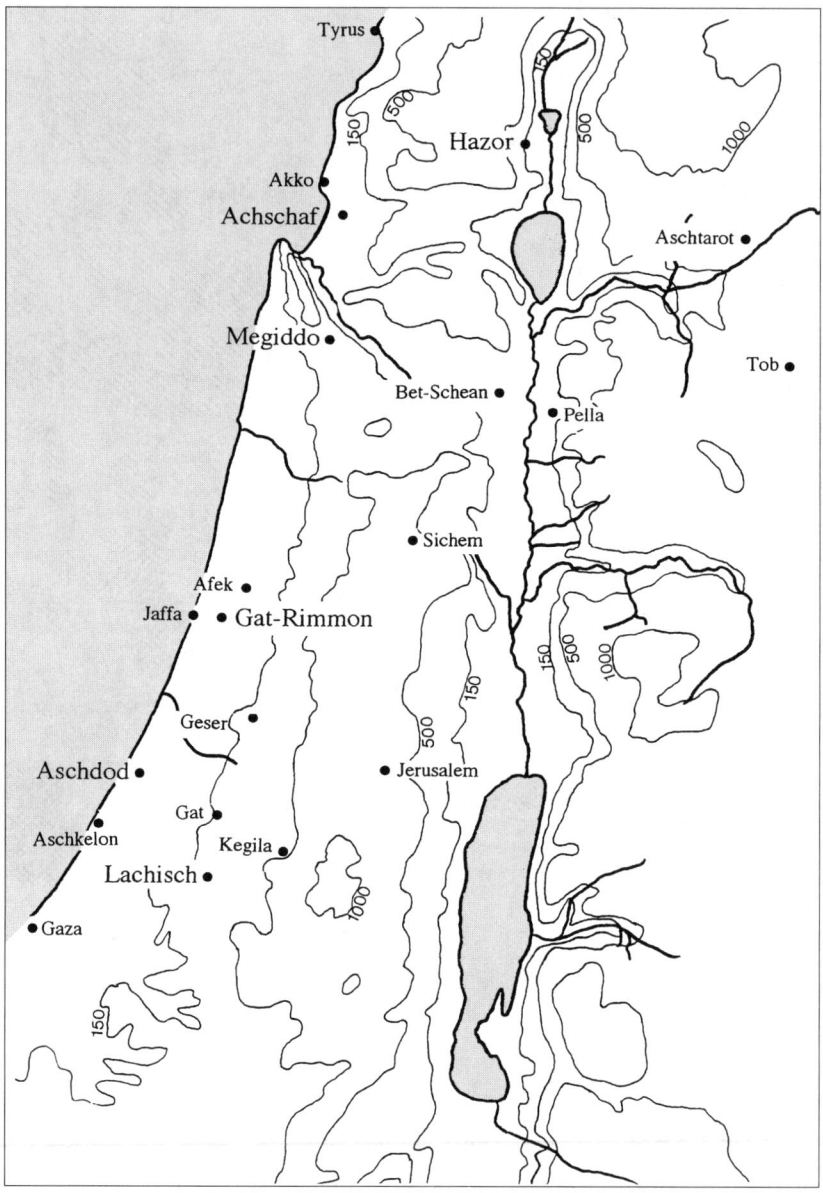

ist die Region in Bezug auf das Klima ein Übergangsgebiet zu den Wüsten-regionen im Süden und Osten hin.

Das Klima in der gesamten Region ist die letzten 5000 Jahre weitgehend konstant geblieben. Bisher lassen sich keine gesicherten Hinweise dafür finden, dass der Übergang von städtischer zu nomadischer Siedlungsweise (Frühbronzezeit IV/Mittelbronzezeit I und nochmals Eisenzeit I) mit Klima-schwankungen erklärt werden kann. Das Mikroklima hat sich gleichwohl in einigen Regionen z. B. durch Abholzungen geändert. Dies wiederum hatte für Kleinregionen erhebliche Änderungen der natürlichen Rahmenbedingungen zur Folge.

6.4.1 Temperaturen

Im Kulturland gibt es eine ausgeprägte Winterzeit mit starken Regen- und manchmal sogar Schneefällen und einer ebenso langen Sommerzeit ohne Niederschläge. April/Mai und Oktober bilden Übergangsperioden zwischen diesen Hauptjahreszeiten. In den Sommermonaten herrschen jeweils recht konstante Temperaturen, die gelegentlich bis zu 40° erreichen können. Im Winter lassen sich dagegen recht große Abweichungen vom Monatsmittel feststellen. An der Mittelmeerküste und dem angrenzenden Hügelland verhindert das Wasser des Mittelmeers, das selbst im Winter nicht unter 13° abkühlt, jegliche Frostbildung. Im Bergland können dagegen ohne weiteres auch Minusgrade auftreten. Der Jordangraben wiederum ist dank seiner Lage unter dem Meeresspiegel und der sich beim Abstieg erwärmenden Luft wesentlich wärmer. So verwundert es nicht, dass Jericho in neutestamentlicher Zeit ein beliebter Wintersitz nicht nur der Herodianer, sondern auch der Jerusalemer Oberschicht war. Im Ostjordanland entsprechen die Temperaturen weitgehend denen des Westjordanlandes. Je weiter man im Negev nach Süden kommt, umso stärker erwärmt sich die Tagestemperatur auch in den Wintermonaten. In Aqaba/Elat können schließlich selbst in den Wintermonaten Temperaturen bis zu 40° C auftreten, wobei der Temperaturunterschied zwischen Tag und Nacht enorm ist.

Durchschnittliche Monatstemperaturen in °C

	Gaza	Jerusalem	Jericho	Obergaliläa	Amman	Aqaba
Januar	13,7	8,3	14,2	9,0	8,1	15,6
Februar	14,0	8,8	15,2	8,9	9,0	17,0
März	16,0	11,3	18,1	11,2	11,8	20,1
April	18,2	15,0	22,7	14,5	16,0	24,3
Mai	21,0	19,3	27,1	18,3	20,7	28,4
Juni	24,0	21,9	29,9	21,0	23,7	31,8
Juli	25,5	23,2	31,0	22,5	25,1	32,5
August	26,5	23,7	31,3	23,4	25,6	33,0
September	25,1	22,3	29,7	21,9	23,5	30,4
Oktober	22,5	19,8	26,8	20,0	20,6	27,1
November	19,3	15,4	21,7	15,5	15,3	22,1
Dezember	15,9	10,6	16,7	10,7	10,0	17,2

6.4.2 Winde

Einen wesentlichen Einfluss auf das Klima haben auch die Winde. Am häufigsten weht in Palästina der Westwind, der im Sommer Tau, im Winter Regen bringt (vgl. 1Kön 18,42–44) und für die Fruchtbarkeit des Landes

Westwind

Ostwind

unverzichtbar ist. Um die Kühle des Windes während der heißen Sommermonate auszunutzen, wurden Paläste gerne im Westen einer Ortschaft errichtet (z.B. Hazor). Der Ostwind bringt heiße und trockene Wüstenluft nach Palästina. Er tritt vor allem im September/Oktober bzw. von Mitte April bis Mitte Juni auf, lässt die Temperatur stark ansteigen und die Luftfeuchtigkeit oft um bis zu 40% sinken; feiner Staub kann dabei die Luft verunklaren. Für den menschlichen Körper (vgl. Jon 4,8), aber auch für die Vegetation (Gen 41,6; Ez 17,10; 19,12) stellen die Ostwinde eine starke Belastung dar. Daher wird Jahwes Vernichtungshandeln gegenüber seinem Volk oder gegenüber den Feinden Israels auch mit dem Versengen der Natur durch den Ostwind verglichen (Jer 18,17; Hos 13,15). Der (nur selten wehende) Südwind (vgl. Hi 1,19) bringt, ebenso wie der Ostwind, Wüstenluft von der saudi-arabischen Halbinsel mit sich und wird darum gleichfalls als besonders heiß empfunden (Hi 37,19; Lk 12,55). Der Nordwind kann im Winter eisige Kälte mit sich bringen (Sir 43,22).

Südwind

Nordwind

Fallwinde

Im gesamten Jordangraben gibt es von den umliegenden Bergen herab heftige Fallwinde; sie können am See Gennesaret für die dortigen Fischer eine große Gefahr darstellen (vgl. Mt 14,24.30 parr.). Andererseits wurden diese Fallwinde auch ausgenutzt, um im Jordangraben bei *Tell Dēr 'Allā* (biblisch Sukkot) Metall zu verarbeiten (1 Kön 7,46); die Winde sicherten eine höhere und gleichmäßigere Temperatur, was in anderen Lagen des Landes nicht möglich ist. Die Winde auf dem Mittelmeer waren oft unberechenbar (vgl. Jon 1,4; Apg 27,13 ff.).

6.4.3 Niederschläge

Regenzeit

Da es in Palästina – von wenigen Ausnahmen abgesehen – keine Bewässerung der Agrarflächen durch Flusswasser gibt, ist das Land auf den jährlichen Niederschlag angewiesen. Die Regenzeit beginnt im Oktober und endet spätestens Anfang Mai; der stärkste Niederschlag konzentriert sich auf Dezember, Januar und Februar. Die vom Mittelmeer durch den Westwind herbeigetragenen Wolken regnen sich an der Bergkette des samarischen bzw. judäischen Berglandes ab. Dies führt dazu, dass jenseits der Wasserscheide innerhalb weniger Kilometer die Landschaft von Kulturland über Steppe zu Wüste übergeht. Die Wolken, die das Bergland überschritten haben, regnen sich schließlich an den östlichen Abhängen des Jordangrabens ab, so dass sich auf ostjordanischem Gebiet der Übergang von Kulturland zu Wüste noch einmal wiederholt.

Wenn es regnet, handelt es sich relativ häufig um starke Regengüsse. London und Jerusalem weisen beispielsweise in etwa dieselbe jährliche Niederschlagsmenge auf (ca. 550 mm durchschnittlich). In Jerusalem fällt diese Regenmenge jedoch nur an etwa 50 Tagen! In der Wüste gibt es ein recht verzweigtes und oft weiträumiges Wadisystem, so dass der Niederschlag aus einer großen Region sich in dem Hauptwadi sammelt. Da der in den Sommermonaten ausgetrocknete Boden (vgl. Hi 6,15–17; Sir 40,13 f.) das Wasser nicht speichern kann, führt dies zu reißenden Wildwassern und Sturzbächen, die alles, was sich ihnen in den Weg stellt, mitreißen (vgl.

Sturzbäche

	Jan.	Febr.	März	April	Mai	Sept.	Okt.	Nov.	Dez.
Obergaliläa	193,0	181,0	129,0	73,0	26,0	3,0	24,0	91,0	162,0
Nazaret	172,2	146,2	63,3	27,5	6,4	0,6	11,8	71,9	139,1
Tel Aviv	124,0	89,9	34,4	13,8	2,3	3,3	17,8	83,1	150,4
Jerusalem	153,0	143,3	68,0	22,8	2,7	0,8	9,2	61,8	89,4
Jericho	35,5	31,1	17,0	7,1	3,2	–	3,0	18,6	27,5
Amman	63,7	67,3	36,8	14,7	4,3	0,5	5,1	30,0	48,5
Elat	2	5	6	3	0,3	–	0,2	2	9

Ri 5,21; Ps 124,4f.; 126,4). Dies wiederum zieht starke Bodenerosionen nach sich. Im ostjordanischen Hochland kann sich bei kräftigen Regenfällen sogar eine kilometerweite flache Wasserlandschaft bilden.

Ein wesentlicher Teil der Niederschläge verdunstet jedoch relativ schnell wieder. Nach Schätzungen dürften 50%-60% des Regenwassers sofort wieder verdunsten, weitere 10% gehen in der Folgezeit durch Verdunstung verloren. Da zwischen 5% und 15% an der Oberfläche zum Mittelmeer bzw. zum Toten Meer abfließen, bleibt nur ein geringer Anteil der Niederschlagsmengen für die Bevölkerung und die Landwirtschaft.

Schneefall ist in Palästina relativ selten. Für Jerusalem wurden im langjährigen Durchschnitt etwa 2 Schneetage pro Jahr beobachtet, in Galiläa fällt an durchschnittlich 5 Tagen Schnee. In der Regel schmilzt der Schnee schon nach kurzer Zeit wieder. Im Hermongebiet bleibt er jedoch liegen, so dass heute dort im Winter ein Schigebiet mit mehreren Liften existiert.

Schnee

Besonders gut lässt sich das Gebiet landwirtschaftlich bestellen, das innerhalb der 500 mm-Isohyete liegt. Dies ist im Süden des Westjordanlandes etwa das Gebiet bis Hebron. Immerhin noch gut landwirtschaftlich nutzbar, aber nicht so ergiebig, ist das Gebiet bis etwa zur 200 mm-Linie. Die biblische Angabe „von Dan bis Beerscheba"[7] entspricht somit dem ohne großen Aufwand zu nutzenden landwirtschaftlichen Territorium (vgl. Abb. 7). Mit zusätzlichen Maßnahmen, etwa dem Aufstauen von Wasser in den Wadis in den Wintermonaten,[8] lässt sich auch noch die Region südlich davon bestellen. Diese Praxis wurde in der Eisenzeit II und dann wieder durch die Nabatäer angewandt.

Gute landwirtschaftliche Rahmenbedingungen

Das Territorium jenseits der 500 mm-Isohyete lässt sich zudem hervorragend für Kleinviehzucht (Schafe und Ziegen) nutzen. Die Tiere finden in den Wintermonaten in der Steppe oder Wüste ausreichend Nahrung. In den Sommermonaten kommen sie ins Kulturland und fressen dort die von der Getreideernte stehengebliebenen Halme ab. Auf diese Weise düngen sie gleichzeitig die Äcker und sorgen so für eine Nährstoffzufuhr für die

Kleinviehzucht

---

[7] Ri 20,1; 1Sam 3,20; 2Sam 3,10; 17,11; 24,2.6.15; 1Kön 5,5.
[8] Evenari, Michael u.a.: The Ancient Desert Agriculture of the Negev, III: Early Beginnings, in: IEJ 8. 1958, 251–253; ders.u.a.: The Negev: The Challenge of a Desert (Cambridge 1971); Borowski, Oded: Agriculture in Iron Age Israel (Winona Lake 1987), 18–20.

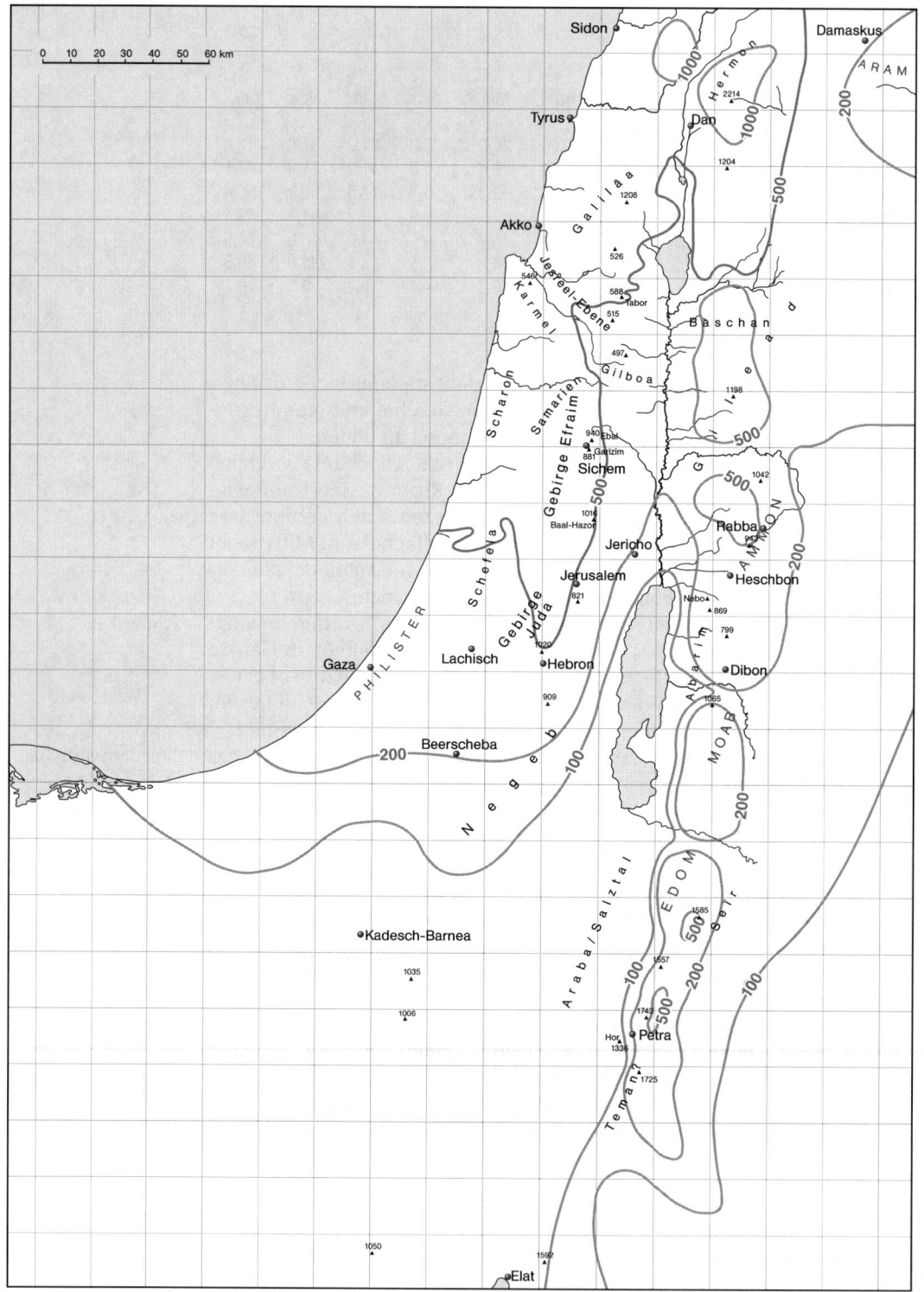

Abb. 7: Niederschläge in Palästina.

Böden. Nomadisierende Kleinviehzüchter und Ackerlandbesitzer lebten somit in einer Art Symbiose und nutzten den Boden jeweils für ihre Zwecke, ohne Konkurrenten zu sein.

Die jährlichen Durchschnittswerte für die Niederschläge dürfen aber nicht darüber hinwegtäuschen, dass es regelmäßig erhebliche Abweichungen von den Durchschnittszahlen gibt. Im zentralen Bergland können die Abweichungen vom langjährigen Durchschnitt durchaus 30% betragen, noch weiter im Süden kann der Regen u.U. sogar für mehrere Jahre ausbleiben. Nicht nur in den letzten Jahren fiel zu wenig Regen, so dass – allerdings auch bedingt durch eine zu große Wasserentnahme – die Wasserspiegel von See Gennesaret und Totem Meer bedenklich gesunken sind. Die sich daraus ergebenden Hungersnöte stellen rund um das Mittelmeer eine sich immer wieder einstellende Erfahrung dar. Bleibt im Herbst der Frühregen aus (Jer 3,3), droht die ausgesäte Saat nicht aufzugehen und zu verdorren. Erzählungen wie 1 Kön 18 verdeutlichen, wie sehr man den ersten kräftigen Regen herbeisehnte, um so die Sicherung des Lebensunterhaltes gewährleisten zu können. Ein Jahr mit unterdurchschnittlichen Niederschlägen und damit auch mit geringen Erträgen konnte man im Altertum noch durchaus überleben, mehrere Jahre waren jedoch bei nicht ausreichenden Rücklagen existenzbedrohend. Mehrfach berichtet das Alte Testament daher auch von Hungersnöten und den sich daraus ergebenden Nöten.[9] 2 Kön 8,1 ist sogar von einer siebenjährigen Hungersnot die Rede, die den Fortzug aus dem angestammten Land angeraten sein ließ.

Ausbleiben von Niederschlägen

Die klassische Möglichkeit, in Zeiten ausbleibender Niederschläge ausreichend Nahrung für sich und seine Familie finden zu können, war der Weg nach Ägypten. Dieses Land sicherte seine landwirtschaftlichen Erträge durch die jährlichen Überflutungen des Nils und war somit weitgehend unabhängig von der Niederschlagsmenge im Land selbst. Daher finden sich im Alten Testament auch mehrere Berichte, wonach Menschen ihren Lebensunterhalt in Ägypten gesucht haben (Gen 12,10; 41–43). Aber auch auf Papyrus Anastasi VI,51–61, wonach Schasu-Stämme aus Edom ins Nildelta einwandern, kann man verweisen (TGI³, Nr. 16). Dass sich Kleinviehnomaden wie die Schasu ins Kulturland begeben, trat wohl nur dann ein, wenn sie für ihre Tiere nicht mehr ausreichend Nahrung fanden. Fremde Arbeitskräfte waren für Ägypten in jenen Zeiten interessant, in denen es dem Land wirtschaftlich gut ging und es für seine Bauten auf Gastarbeiter zurückgreifen musste. Man wird davon ausgehen können, dass mit der Schwächung der ägyptischen Macht im 1. Jt. v. Chr. auch der Bedarf an ausländischen Arbeitskräften schwand. Nicht unerwähnt soll zudem bleiben, dass es auch in Ägypten Hungersnöte geben konnte, wie die Josephsgeschichte hinlänglich zeigt.[10] Allerdings ergaben sich diese Hungersnöte nicht auf Grund ausbleibenden Regens im östlichen Mittelmeerraum, sondern, wenn es im Bereich der Nilquellen nicht genügend regnete.

Rückzugsmöglichkeit bei Hungersnöten

---

[9] Gen 12,10; 26,1; 42,5; 43,1; 47,13; 2 Sam 21,1; 24,13; 1 Kön 18,2; 2 Kön 4,38; 6,25; 8,1 u.ö.

[10] Zu den ägyptischen Belegen für Hungersnöte im Lande vgl. aber auch J. Vandier, La famine dans l'Égypte ancienne (Kairo 1936).

Die biblischen Texte berichten auch davon, dass sich während der Königszeit Menschen in das philistäische Gebiet begaben, wenn die Niederschläge im palästinischen Bergland oder aber in der Steppe nicht mehr ausreichten, um die Familie zu ernähren (Gen 26,1; 2Kön 8,1f.). Die Niederschläge waren in dieser Region zwar in etwa dieselben wie in Juda oder Samaria. Der große Vorteil des philistäischen Gebietes war jedoch, dass diese Region wesentlich vom Mittelmeerhandel profitierte. Die Küstenstädte blühten dadurch auf und konnten viel mehr Einwohner versorgen, als dies in einer der relativ kleinen Siedlungen im Bergland möglich gewesen wäre. Das Philistergebiet war daher stets sehr viel städtischer und damit arbeitsteiliger organisiert als die kleinen Siedlungen im judäischen oder efraimitischen Bergland. Durch den Handel und die vielfältigen damit verbundenen Arbeiten war es möglich, unabhängiger von den klimatischen Rahmenbedingungen zu leben. Wer schon zu Zeiten, in denen sich eine Hungersnot abzeichnete, in dieses Gebiet ging, hatte große Chancen, dort als Fremdling Arbeit zu finden und damit zu überleben. In nachexilischer Zeit bestand zudem die Möglichkeit, im nun sehr dünn besiedelten moabitischen Gebiet sich eine neue Existenz als Ackerbauer und Viehzüchter aufzubauen (Ruth 1,1f.).

Wasserversorgung als Grundlage einer Siedlung

Häufig wurden Siedlungen an Stellen errichtet, die über eine gute Wasserversorgung verfügten. So war z.B. für die Gründung Jerusalems neben einer strategisch günstigen Lage die dortige Gichonquelle von herausragender Bedeutung (vgl. 1Kön 1,33.38.45; Jes 8,6 [Wasser von Siloah = Gichon]); sie versorgte die ehemalige Kleinstadt ausreichend mit Wasser und lieferte zudem noch genügend Wasser, um es auf die Felder zu leiten. Mit der zunehmenden Anzahl von Siedlungen z.B. während der Eisenzeit I (ca. 1250–1000 v.Chr.) im Bergland oder mit der Vergrößerung der Ortslagen z.B. während der hellenistisch-römischen Periode reichten die örtlichen Quellen nicht mehr zur Wasserversorgung aus. So ging man teilweise dazu über, im Bereich eines jeden Wohnhauses Zisternen anzulegen, die in den Wintermonaten mit Regenwasser gefüllt wurden und die den Sommer über frisches Wasser für die Familie und die Tiere lieferte (Dtn 6,11). Außerhalb des Kulturlandes, aber auch in größeren Ortschaften an zentralen Plätzen wurden Brunnen zur Versorgung der Menschen und Tiere mit Wasser gegraben, die gleichzeitig ein allgemeiner Treffpunkt waren (vgl. Gen 26,19–22; 29,2f.; Lk 14,5; Joh 4,6). Als in römisch-byzantinischer Zeit die Stadtareale immer größer wurden und damit auch der Bedarf an Frischwasser stieg, wurden Aquädukte errichtet, die das Wasser der in der Umgebung liegenden Quellen in die Städte führten (z.B. Cäsarea, Jerusalem).

6.5 Die Regionen des Landes

Entfernungen

Flächenmäßig ist Palästina trotz der klimatischen und geographischen Vielfalt ein relativ kleines Land, vor allem, wenn man die Fläche des Kulturlandes betrachtet. Einige Angaben sollen die ungefähren Größenverhältnisse des Landes verdeutlichen (jeweils Luftlinie):

Nordgrenze des heutigen Israels bis See Gennesaret:	40 km
Nordende bis Südende See Gennesaret:	20 km
Südende See Gennesaret bis Nordende Totes Meer:	105 km
Nordende bis Südende Totes Meer:	75 km
Südende Totes Meer bis Aqaba/Elat:	175 km
Gesamtausdehnung von der Nordgrenze Israels bis Elat:	410 km
Nordgrenze Israels bis Südende Totes Meer:	235 km
Von Dan bis Jerusalem/Nordgrenze Totes Meer:	160 km
Von Kapernaum bis Nordgrenze Totes Meer:	120 km
Von Haifa bis Tiberias:	40 km
Von Aschdod bis Jerusalem:	60 km
Von Jerusalem bis Jericho:	20 km

Das Gebiet des Westjordanlandes – das Ostjordanland ist wegen des Auslaufens in die jordanische Wüste hinein schwerer zu beurteilen – umfasst somit im Bereich des britischen Mandatgebietes (d. h. im Bereich des heutigen Staates Israel und der Westbank) rund 27 000 km², das Staatsgebiet Israels beschränkt sich auf ca. 20 325 km². Das Bundesland Rheinland-Pfalz ist etwa genauso groß (19 828 km²), wenn auch zumindest heute wesentlich geringer besiedelt (ca. 5,7 Millionen Einwohner in Israel gegenüber gut 4 Millionen in Rheinland-Pfalz). Trotzdem sollte man die Größe des Landes für die Vorstellungswelt der Menschen im Altertum nicht unterschätzen. Die durchschnittliche Tagesleistung eines Erwachsenen kann man – bei einigermaßen guten und nicht zu steil ansteigenden Straßen – auf etwa 30 km ansetzen. Eine Reise von Kapernaum nach Jerusalem dauerte daher mindestens vier, meist jedoch fünf Tage.

6.5.1 Westjordanland

6.5.1.1 Küstenregion

Die Küstenregion ist überall (mit Ausnahme des Karmels) eine flache Ebene, die sich nur wenig über Meeresniveau erhebt. Man kann sie in mehrere Teilregionen gliedern:
- Tyrustal (Region nördlich von *Rōš ha-Niqrā*)
- Akkotal (Gebiet nördlich von Akko bis nach *Rōš ha-Niqrā*, in alttestamentlicher Zeit meist unter phönizischer Kontrolle)
- Bucht von Haifa/Akko
- Karmelküste im Bereich des Karmelgebirges (der Küstenstreifen verschmälert sich hier von ca. 30 km auf knapp 100 m)
- Scharon-Ebene (vom Karmel bis etwa Tel Aviv)
- Philistäische Küste (von Tel Aviv bis *Naḥal Besōr*)
- Negevküste (von *Naḥal Besōr* bis *Wādī el-Ariš*, in etwa der heutige Gazastreifen)

Die Küste Palästinas weist, abgesehen vom Karmelvorsprung, kaum natürliche Gliederungen auf. Daher gibt es auch nur wenige natürliche

Hafenanlagen

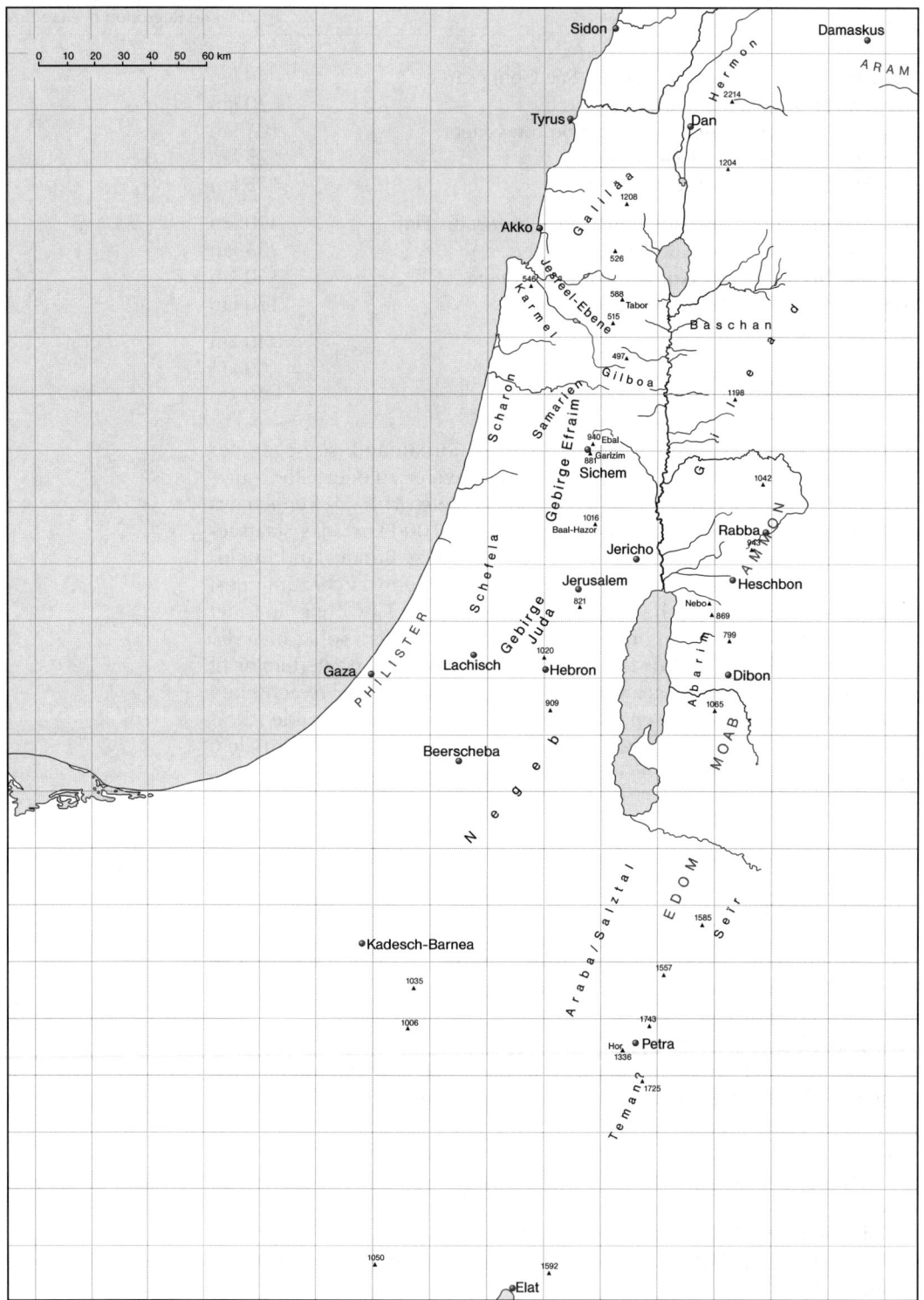

Abb. 8: Die Regionen des Landes.

Häfen. Während in Syrien zahlreiche bedeutende Hafenanlagen existierten (von Nord nach Süd: Alexandria, Seleukia, Ugarit, Arwad, Ullaza/Tripolis, Ambi, Byblos, Beirut, Sidon und Tyrus), sind in Palästina insbesondere Achsib, Akko, Haifa (*Tell Abū Ḥawām* = Gintikirmel/Gat-Karmel), Dor, Caesarea (erst ab 2. Jh. v. Chr.), Jaffo/Joppe, Aschdod-Jam (Hafen von Aschdod, das weiter landeinwärts liegt), Aschkelon und Maioumas Gaza (Hafen von Gaza) zu nennen. All diese Häfen spielten für den Mittelmeerhandel, der zumindest während der Bronze- und Eisenzeit aus einer reinen Küstenschifffahrt bestand, eine zentrale Rolle. Kreuzen, d. h. gegen den Wind segeln und damit Hochseefahrten unternehmen, war erst seit dem 5. Jh. v. Chr. möglich, aber weiterhin gefährlich (vgl. Apg 27,13 ff.). Die Städte profitierten vom Handel und öffneten sich der Kultur der Mittelmeerwelt. Soweit die ins Mittelmeer mündenden Flüsse in ihren Oberläufen für kleine Boote schiffbar waren, benutzte man auch Ortschaften am Ufer dieser Flüsse, die einige Kilometer landeinwärts lagen, als Hafen (z. B. *Tell Qasīle*).[11] Die etwas plumpen Handelsschiffe mussten dann außerhalb der flachen Küsten ankern.

Durch Bilddarstellungen und unterwasserarchäologische Untersuchungen kennt man die wesentlichen Schiffstypen des Altertums.[12] Die drei wichtigsten Schiffsfunde der jüngeren Vergangenheit wurden in Ulu Burun (spätes 14. Jh. v. Chr.) und beim Kap Gelidonya (um 1200 v. Chr.), beide im Bereich Lykiens an der anatolischen Südküste gelegen, und in *Maʿagan Mikhaʾel* (5./4. Jh. v. Chr.) wenige Kilometer nördlich von Cäsarea gefunden. Ein Schiff wie das von Ulu Burun konnte immerhin 15 Tonnen Ladung transportieren und war 15 m lang. Die Schiffe erreichten eine Geschwindigkeit von 2 bis 6 Knoten (3,9–11,7 km/h). Neben Schiffen wurden Baumstämme auch als Flöße vom Libanon aus entlang der palästinischen Küste bis nach Ägypten exportiert (1 Kön 5,23). *(Archäologische Schiffsfunde)*

Die träge Strömung der in das Mittelmeer mündenden Flüsse, verbunden mit dem Sand der Küstenregion, führte dazu, dass die Flussmündungen im Altertum häufig verlandeten. Dies wiederum hatte zur Folge, dass sich das Wasser im Landesinneren aufstaute, was zur Sumpfbildung in der Küstenregion führte. So existierten z. B. während der Königszeit nur wenige, dafür recht bedeutende Ortslagen entlang der Küste und im unmittelbaren Hinterland. Heute sind diese Sümpfe sämtlich trockengelegt. Während der gute Boden im 20. Jh. ideale Voraussetzungen für den Ackerbau (Jaffa-Orangen!) bot, setzt sich in der Küstenregion heute immer mehr Industrie durch. *(Verlandung der Flußmündungen)*

Die Bucht von Haifa bzw. Akko stellt eine fruchtbare Ebene mit tiefen und schweren Böden dar, die schon im Altertum intensiv landwirtschaftlich *(Bucht von Akko)*

---

[11] *Tell Qasīle* dürfte auch nach Aufgabe der philistäischen Siedlung ein bedeutender Umschlagplatz gewesen sein, denn dort wurden zwei Ostraka aus dem 8. Jh. v. Chr. gefunden, von denen eines eine Öllieferung und das andere eine Goldlieferung aus Ofir erwähnt; vgl. Renz, Johannes/Röllig, Wolfgang: Handbuch der althebräischen Epigraphik. Band I, Darmstadt 1995, Qas(8):2 und Qas(8):2.

[12] De Graeve, Marie-Christine: The Ships of the Ancient Near East, c. 2000–500 B.C., Leuven 1981; Bass, George F.: A History of Seafaring Based on Underwater Archaeology, New York 1972.

Scharon-Ebene

Philistäische Küste

Negevküste

Schefela

genutzt wurde. Im Alten Testament wird sie als Landschaft Kabul bezeichnet (1 Kön 9,13), die von Salomo an Hiram von Tyrus abgetreten wurde und so unter phönizische Kontrolle kam. Südlich davon liegt die Scharon-Ebene,[13] deren Name sich entweder als „Flachland" (von hebr. *jšr*) oder aber als „Feuchtland" (von hebr. *šrh*; vgl. die oben erwähnten Sümpfe) wiedergeben lässt. Dort wurden von den Ägyptern im 12. Jh. v. Chr. Seevölkergruppen (insbesondere die Tschekker) angesiedelt; deren Hauptstadt (und wesentlicher Siedlungsort, da es nur wenige Möglichkeiten zum Siedeln gab) war Dor. Der Reisebericht des Wen-Amun (TUAT III, 912–921) gibt einen interessanten Einblick in das Leben der Stadt und in seine Organisation. Wegen der in den Sumpfgebieten wachsenden bunten Blumen, u. a. der Lotos, wurde die Region gerühmt. In den Sümpfen scheinen (in nachexilischer Zeit?) aber auch Rinder (möglicherweise Wasserbüffel) gehalten worden zu sein (1 Chr 27,29). Daneben wurden die trockenen Ländereien der Scharon-Ebene für intensiven Getreideanbau genutzt (KAI 14,19).

In der philistäischen Küstenregion wurden die Philister 1179 v. Chr. von den Ägyptern angesiedelt. Sie übernahmen die spätbronzezeitliche Stadtstaatenkultur und führten sie auch während der Eisenzeit weiter. So gab es im philistäischen Gebiet nur wenige Städte, insbesondere die fünf Fürstensitze Ekron, Gat, Aschdod, Aschkalon und Gaza. Das Gebiet wurde in der Folgezeit nach den Einwohnern als „Land der Philister" benannt. Erst relativ spät bildet sich ein eigener Name *pᵉlæšæt* heraus (vgl. Kapitel 2.3.7).

Südlich der philistäischen Küstenregion geht die Landschaft in die Negevwüste über. Dieses Gebiet war vor allem für den Handel nach Ägypten von großer Bedeutung. Schon während des 2. Jt. v. Chr., dann noch einmal verstärkt unter der assyrischen Oberherrschaft, wurde die Straße in dieser Region durch Handelsstationen geschützt.[14]

Nach Osten hin geht die Küstenebene in eine etwa 20 km breite Hügellandschaft mit einer durchschnittlichen Höhe von 200–300 m über NN über. Der biblische Ausdruck Schefela[15] – Luther übersetzt mit „Hügelland" – meint das „untere bzw. niedere Land". Diese Namensnennung zeigt, dass sie von Bewohnern Judas stammt, deren Zentrum im Bergland liegt, deren Peripherie sich aber bis in die Schefela mit ihren zahlreichen wichtigen Ortschaften (z. B. Lachisch, Bet Schemesch) erstreckte. Besonders gerühmt werden im Alten Testament die Maulbeerfeigen- und Ölbäume der Region (1 Kön 10,27; 1 Chr 27,28 u. ö.). Beleg für einen intensiven Olivenanbau ist auch die in Ekron am Rande der Schefela gefundene industrielle Anlage aus dem 7. Jh. v. Chr., in der mindestens 1000 Tonnen Öl alljährlich verarbeitet werden konnten.

[13] Jos 12,18; 1 Chr 27,29; Jes 33,9; 35,2; 65,10; Hld 2,1.

[14] Oren, Eliezer D.: The „Ways of Horus" in North Sinai, in: Rainey, Anson F. (Ed.): Egypt, Israel, Sinai. Archaeological and Historical Relationships in the Biblical Period, Tel Aviv 1987, 69–119.

[15] Dtn 1,7; Jos 9,1; 15,33 u. ö.

6.5.1.2 Galiläa

Der Name Galiläa stammt von der hebräischen Wurzel *gll* ‚rollen' und meint ein ‚rundes Gebilde'. Damit wird recht anschaulich die Landschaftsstruktur dieser Bergregion umschrieben, die im Westen von der Küstenebene, im Süden von der Jesreelebene, im Osten vom Jordangraben und im Norden von der Vertiefung des Leontes begrenzt ist. Durch eine Gebirgsstufe wird Galiläa auf der Höhe des Nordendes des Sees Gennesaret in zwei Teile geteilt: in Untergaliläa mit dem höchsten Berg *Har Kamōn* (598 m) und dem Tabor (588 m) und in Obergaliläa mit *Har Mērōn/Ǧebel Ǧermaq* (1208 m) und *Har Šammay* (1017 m) als höchsten Erhebungen. Der Name Galiläa taucht erstmals vielleicht in der Form K-r-r in der Ortsnamensliste des Pharaos Thutmosis III. (1479–1426 v. Chr.) am Amontempel von Karnak (Nr. 80) auf. Im Alten Testament findet sich der Name auffallend selten;[16] in Jos 20,7 wird er mit der parallelen Nennung des „Gebirge Naftali" näher bestimmt. In 1Kön 15,20; 2Kön 15,29 ist wahrscheinlich mit dem „Land Naftali" ebenfalls Galiläa gemeint (vgl. auch Jes 8,23); der mit Abstand größte Stamm der Region wurde so für die Landschaftsbezeichnung aufgegriffen. Im Neuen Testament (Mk 9,30; Lk 5,17 u. ö.), aber auch bei dem jüdischen Schriftsteller Flavius Josephus wird Galiläa dann die übliche Bezeichnung für das Bergland im Norden Palästinas. Etwas unklar ist dabei jedoch die Grenze an den Rändern des Berglandes; manchmal werden die Täler im Osten, Süden und Westen Galiläa zugerechnet, manchmal nicht. Der reichliche Niederschlag und die zahlreichen Quellen und Bäche in der Region ergeben gute Ackerbaumöglichkeiten. Steuerlisten des 16. Jh. n. Chr. belegen, dass dort besonders Getreide und – vor allem in Untergaliläa – Olivenbäume angebaut wurden. Im galiläischen Bergland selbst gibt es nur wenige Straßen; sofern sie von überregionaler Bedeutung sind, verlaufen sie ohnehin in den Tälern, die Galiläa umgeben. Über die Jahrhunderte hinweg war das Gebiet stets recht dünn besiedelt.[17]

6.5.1.3 Palästinisches Bergland und Jesreel-Ebene

Die Scharon-Ebene wird im Norden durch das schräg liegende Karmelgebirge blockiert. Es ist 32 km lang und maximal 14 km breit. An seiner höchsten Stelle ist es 546 m, durchschnittlich ist es etwa 400 m hoch. Der Name entspricht dem hebräischen Wort für einen Baumgarten mit Obst- und Weinanbau und zeigt die frühere Nutzung des Berges an.[18] Wegen seiner zahlreichen Höhlen und guten Ernährungsmöglichkeiten war der Karmel bereits in der Steinzeit ein bevorzugter Siedlungsplatz.

Karmel

---

[16] Jos 12,23 LXX; 21,32; 1Kön 9,11; 2Kön 15,29; 1Chr 6,61; 1Makk 11,63; Tob 1,2.

[17] Schwöbel, Valentin: Die Verkehrswege und Ansiedlungen Galiläas in ihrer Abhängigkeit von den natürlichen Bedingungen, in: ZDPV 27. 1904, 1–151.

[18] Vgl. auch Jes 35,2; Jer 50,19 sowie als Kontrastmotiv Am 1,2; Jes 33,9; Nah 1,4.

Passstraßen über den
Karmel

Als Sperrriegel zwischen Scharon- und Jesreel-Ebene erschwerte der Karmel den Verkehr auf der Hauptverkehrsstraße durch Palästina. Er konnte nur auf den drei Pässen, die bei Jokneam, Megiddo und Taanach in der Jesreel-Ebene endeten, überquert werden. Da man Feinde an diesen Pässen sehr gut aufhalten konnte,[19] hatten die drei Orte eine herausragende strategische Bedeutung für das ganze Land.

Jesreel-Ebene

Nördlich des Karmels stellt die Jesreel-Ebene (Jos 17,16; Ri 6,33; Hos 1,5) oder Ebene von Megiddo (Sach 12,11; 2Chr 35,22) die Korn- und Fruchtkammer Israels dar. Schon der Name Jesreel („Gott macht fruchtbar") weist auf die herausragende Eigenschaft dieser Region hin. Hier konnte man durch Landwirtschaft in guten Jahren reichlich Überschüsse erzielen, die sich dann wieder gegen andere Waren eintauschen ließen. Da durch die Jesreel-Ebene auch die große Handelsstraße zwischen Syrien und Ägypten verlief, war dieses Gebiet von zentraler wirtschaftlicher Bedeutung und sicherte die Wirtschaftskraft des Landes. Die Jesreel-Ebene als große Durchzugsebene war aber immer auch ein Kriegsschauplatz. Hier schlug Thutmosis III. (1479–1426 v. Chr.) eine Koalition kanaanäischer Stadtfürsten, hier fand die Deboraschlacht (Ri 4f.) statt, und hier verlor Josia 609 v. Chr. sein Leben bei dem Versuch, den Pharao Necho auf dessen Weg nach Norden zur Unterstützung der Assyrer gegen die Babylonier aufzuhalten (2Kön 23,29). Aber auch die letzte Schlacht der Weltgeschichte wird nach neutestamentlichem Zeugnis hier stattfinden (Harmageddon = Berg Mageddon = [Siedlungs-]Hügel Megiddo; Offb 16,16).

Bergland

Die Küstenregion bzw. die Schefela wird nach Osten hin im Norden durch das samarische Bergland, im Süden durch das judäische Bergland begrenzt. Die Grenze zwischen beiden Bereichen ist in der Landschaft deutlich zu erkennen und geht auf eine erdgeschichtliche Verwerfung zurück (sog. ʿArtūf-Verwerfung, benannt nach einem Ort bei Bet Schemesch). Auf einer Strecke von etwa 15 km Luftlinie steigt das Gelände bis zur Wasserscheide im Bergland hin an. Die Aufstiege auf das Bergland verliefen in den ost-westlich ausgerichteten Tälern. Vor allem im judäischen Bergland sind sie relativ steil, so dass es dort kaum Siedlungen gab und gibt. Der höchste Punkt des judäischen Berglandes befindet sich etwa 5 km nördlich von Hebron (1028 m), Jerusalem liegt 743 m (Tempelberg) bzw. 819 m (Ölberg) hoch. Etwa 20 km nördlich von Jerusalem liegt der Berg Baal Hazor (Ǧebel Aṣūr) mit 1016 m. Nach Norden hin wird das Bergland zunehmend flacher und die Wasserscheide breiter. Das efraimitische Bergland wird schließlich durch die Berge Gilboas begrenzt, die nur noch 518 m hoch sind. Auf dem Bergrücken ist ein im Süden etwa 15 km, im Norden rund 30 km breiter Streifen, der zwar keine idealen Siedlungsmöglichkeiten bietet, aber schon im Altertum (insbesondere in der Eisenzeit, kaum dagegen in der Spätbronzezeit) intensiv bewohnt wurde (Hebron, Betlehem, Jerusalem, Bet-El, Ai, Silo, Samaria, Sichem u. a.). Die engste Stelle liegt auf der Höhe von Bet-El, wo die Wadis den Bergrücken von West und Ost bis auf eine Breite von ca. 1 km einengen. Diese Lage erklärt

---

[19] Vgl. die eindrückliche Schilderung des Überschreitens des Karmels durch die Truppen Thutmosis III. in TGI³, Nr. 4.

die besondere strategische Bedeutung von Bet-El als Grenzpunkt zwischen Nord- und Südreich hinreichend. Das Bergland bildet eine Wasserscheide; jenseits des Kammes fließen die Gewässer zum Jordangraben hin ab. An den Abhängen des Berglandes spielte der Oliven- und Weinanbau eine herausragende Rolle; nur in den Tälern und breiteren Wadis konnte man auch Getreide in größerem Maße anbauen. Um die Anbaufläche zu vergrößern und den oft schlechten Boden zu verbessern, terrassierte man mit meist großem Aufwand die Abhänge mit Hilfe des Bruchgesteins. So erhielt man kleine Parzellen, die oft nur 10–15 m breit waren. Diese Flächen eigneten sich ideal für den Oliven- und Weinanbau.

Östlich der Wasserscheide fällt das Gelände recht steil zum Jordangraben hin ab und geht innerhalb weniger Kilometer von Kulturland über Steppe in Wüste über. So wird etwa auf der Strecke Ölberg-Totes Meer auf einer Strecke von ca. 25 km Luftlinie ein Höhenunterschied von über 1200 m überwunden. Eine sesshafte Besiedlung dieses Gebietes ist kaum möglich. Für die Kleinviehhaltung war die Nähe der Wüste zum Kulturland jedoch ideal. Im Winter fanden die Tiere nach den geringen Regenfällen selbst in der Wüste ausreichend Nahrung, im Sommer konnten sie ins Kulturland zurückkehren. In byzantinischer Zeit wurde die Wüstenregion ein beliebtes Rückzugsgebiet für Mönche und Einsiedler, deren Klosterzellen man heute noch sehen und besuchen kann.

Gebiet östlich der Wasserscheide

6.5.1.4 Negev

Südlich von Arad senkt sich das judäische Bergland zu einem großen Becken hin ab. Während die Gegend um Hebron etwa 1000 m hoch liegt, befindet sich Beerscheba auf einer Höhe von nur noch ca. 250 m. Nach dem wichtigsten Ort wird die Region „Becken von Beerscheba" genannt. Die Bezeichnung Negev („Trockenland") ist nur eingeschränkt richtig für dieses Gebiet. Man scheint mit diesem Terminus jeweils jenes Gebiet beschrieben zu haben, das südlich der ständig besiedelten Territorien lag. Mit der Ausweitung des Siedlungsgebietes nach Süden verschob sich so auch das Gebiet des Negev. So wird in 1Sam 27,10 das judäische Bergland südlich von Hebron als „Negev von Juda", „Negev der Jerachmeeliter" und „Negev der Keniter" bezeichnet und nach den dort nomadisierenden Stämmen benannt. In dem literarisch jüngeren Text 1Sam 30,27–31 wird dagegen vorausgesetzt, dass es dort befestigte Ortschaften gab. Das Gebiet südlich von Hebron wurde nach den bisher bekannten archäologischen Forschungen erst im späten 8. Jh. v.Chr. dichter besiedelt. Damals gab es auf Grund eines großen Bevölkerungsanstiegs durch Flüchtlinge aus dem Nordreich einen größeren Bedarf an landwirtschaftlichen Flächen und Wohngebieten. Daher siedelte man nun auch südlich von Hebron und damit in einem Gebiet mit geringeren Niederschlagsmengen.[20]

---

[20] Vgl. Zwickel, Wolfgang: Wirtschaftliche Grundlagen in Zentraljuda gegen Ende des 8. Jh. aus archäologischer Sicht – mit einem Ausblick auf die wirtschaftliche Situation im 7. Jh., in: UF 26. 1994, 557–592.

6.5.2 Jordangraben

6.5.2.1 Hulebecken und See Gennesaret

Der Jordan entsteht im wesentlichen aus drei Quellflüssen: dem *Nahr Ḥāṣbānī* (entspringt im Libanon), dem *Nahr Bānyās* (entspringt bei *Bānyās*/Cäsarea Philippi) und dem *Nahr el-Leddān* (entspringt bei Dan). Nördlich des Hulebeckens vereinigen sich die drei Quellflüsse und bilden den Jordan. Dessen Name meint vielleicht „der Fließende". Der Jordan durchfließt zuerst ein ehemals sumpfiges, im letzten Jahrhundert aber trockengelegtes Tal zwischen den galiläischen Bergen und dem Golan. In der Mitte dieses Tales lag der Hulesee, der heute mit Ausnahme eines kleinen Naturreservates ebenfalls trockengelegt wurde bzw. dessen Gebiet in Fischteiche verwandelt wurde. Die Lebensbedingungen an diesem kleinen und sehr flachen See mit der Möglichkeit zur Jagd und zum Fischfang scheinen im Altertum ideal gewesen zu sein. Am Westufer des Sees entstand in *ʿEnān* schon um 10500 v. Chr. die älteste bisher bekannte Siedlung von Sesshaften im Lande, vielleicht sogar im gesamten Nahen Osten. Die Anwesenheit von Menschen im Hulebecken schon in der Zeit um 800000 v. Chr. wurde einige Kilometer weiter südöstlich am Ausgang des Jordans aus dem Hulebecken (*Ǧisr Benat Yaʿqūb*) nachgewiesen.

Am Jordanausgang ist das Hulebecken durch eine Basaltbarre (Vulkangestein) blockiert, die für das Aufstauen des Wassers in dem Becken verantwortlich ist. Im Laufe der Zeit hat sich der Jordan eine schmale Passage durch diese Barre gebahnt; das Wasser fällt auf einer Länge von gerade einmal 12 km um ca. 280 Höhenmeter zum See Gennesaret ab. Der See ist 21 km lang und 12 km breit. In den vergangenen Jahren ist der Wasserspiegel auf Grund zu starker Wasserentnahme sehr stark gesunken. In der Antike dürfte der Wasserspiegel etwa auf 208 m unter Meeresspiegel gewesen sein. Bei diesem Wasserspiegel ist der See selbst noch einmal 44 m tief. Außer dem Jordan wird der See durch mehrere Quellen gespeist. So münden in der Gegend von *Ṭābǵa* (= griech. Heptapegon „Siebenquell") mehrere Quellen in den See; bei Tiberias (Hammat-Tiberias) gibt es auch heiße und schwefelhaltige Quellen.

Der Name des Sees hatte sich im Altertum mehrfach geändert:
– Yam Kinneret „Meer von Kinneret" (Num 34,11; Jos 12,3; 13,27): Benannt nach der Ortschaft Kinneret (*Tell el-ʿOrēme*) am nordwestlichen Seeufer, die um 721 v. Chr. zerstört und aufgegeben wurde
– Gewässer von Gennesar (1 Makk 11,67) bzw. See Gennesaret (Lk 5,1): Entweder nach einer bislang nicht identifizierten Ortschaft Gennesar zwischen Magdala und dem ehemaligen Kinneret benannt oder aber eine sprachliche Weiterbildung von Kinneret
– Galiläisches Meer (Mt 4,18; 15,29; Mk 1,16; 7,31; Joh 6,1): Benannt nach der benachbarten Landschaft Galiläa
– See Tiberias (Joh 6,1; 21,1): Benannt nach der Ortschaft Tiberias, die um 26 n. Chr. von Herodes Antipas als Hauptstadt für Galiläa am Westufer des Sees neu gegründet wurde.

Hulebecken

See Gennesaret

An fast allen Seiten reicht das Gebirge bis nahe an den See heran. Lediglich im Nordwesten gibt es bei Magdala eine größere, landwirtschaftlich nutzbare Ebene. Die meisten Bewohner der Ortschaften am See waren zumindest seit der hellenistischen Zeit mit Fischfang beschäftigt, in früheren Perioden scheint die Landschaft am See relativ unbedeutend gewesen zu sein. In Magdala gab es eine bedeutende Fisch verarbeitende Industrie (Pökelei).[21]

6.5.2.2 Jordangraben zwischen See Gennesaret und Totem Meer

Auf der etwa 105 km langen Strecke vom See Gennesaret bis zum Toten Meer hat sich der Jordan[22] in zahlreichen Mäandern auf einer Länge von 200 km so tief in die Mergelbänke eingegraben, dass er von den heutigen Straßen im Jordangraben nur an wenigen Stellen zu sehen ist. Durch die vielen Windungen ist der Jordan nicht schiffbar. An etwa 60 Furten konnte er überquert werden (vgl. z.B. Ri 7,24). Die Madebakarte zeigt sogar eine Jordanfähre in der Nähe von Jericho. Die Römer errichteten dann an den Römerstraßen Brücken, um den Fluss zu überqueren. {Jordan}

Rund 20 km südlich des See Gennesaret öffnet sich der Jordangraben zu der etwa 15–20 km breiten Bucht von Bet Schean, die in die Jesreel-Ebene übergeht. Sowohl Bet-Schean als auch das gegenüberliegende ostjordanische Pella bildeten schon im 2. Jt. v. Chr. bedeutende Städte, die diese Region kontrollierten. Je weiter man im Jordangraben nach Süden kommt, umso dünner wird die Besiedlung. Erst die Oase von Jericho bietet mit ihrer Quelle (vgl. 2 Kön 2,19–22) wieder angenehme Lebensmöglichkeiten in einer Gegend, die ansonsten von ihren klimatischen Bedingungen her eher lebensfeindlich ist. Jericho gilt allgemein als älteste Stadt der Welt. Die neuere Stadtforschung schließt sich diesem pauschalen Urteil zwar nicht mehr an, da in den ältesten Schichten von Jericho noch keine soziale Differenzierung feststellbar ist. Hier gab es aber mit der Quelle und der damit verbundenen Entwicklung der Landwirtschaft, dem nahen Toten Meer mit seinen Salz- und Asphaltvorkommen, und schließlich mit der für den Handel wichtigen Verbindung sowohl zum West- als auch Ostjordanland ideale Bedingungen, so dass bereits im 8. oder 9. Jt. v. Chr. ein Dorf mit einer stark spezialisierten Gesellschaft entstehen konnte. {Bucht von Bet Schean} {Jericho}

6.5.2.3 Totes Meer

Das 80 km lange und max. 18 km breite Tote Meer stellt die tiefste Stelle auf der Erdoberfläche dar. Der Wasserstand des Toten Meeres schwankte sowohl im Altertum als auch in der Neuzeit erheblich. Einen Anhaltspunkt

---

[21] Zu Magdala in antiken Texten vgl. Zangenberg, Jürgen: Magdala am See Gennesaret. Überlegungen zur sogenannten „mini-sinagoga" und einige andere Beobachtungen zum kulturellen Profil des Ortes in neutestamentlicher Zeit (Kleine Arbeiten zum Alten und Neuen Testament 2), Waltrop 2001.

[22] Vgl. die anschauliche Beschreibung in Flavius Josephus, Jüdischer Krieg IV,451–475.

für die ungefähre Höhe des Wasserspiegels in biblischer Zeit bildet *Ruǧm el-Baḥr* am Nordufer des Toten Meeres. Das dortige Gebäude war in der Eisenzeit II, in der hellenistischen und römischen Zeit bewohnt,[23] war aber im vorigen und zu Beginn dieses Jahrhunderts unter Wasser. Demnach dürfte der Wasserspiegel in der Antike den Pegel von ca. −397 m unter NN nicht überschritten haben.

Sowohl im Westen als auch im Osten reichen die 1400 bzw. 1500 m höheren, steil abfallenden Gebirge bis unmittelbar an die Ufer des Toten Meeres heran. Die modernen Straßen, die an beiden Ufern verlaufen, wurden erst in der jüngeren Vergangenheit in die Landschaft gesprengt. Auf dem Westufer lässt sich nachweisen, dass der übliche Weg parallel zur Küste des Toten Meeres einige Kilometer landeinwärts verlief. Die Lisan-Halbinsel teilt das Tote Meer in zwei Teile. Das Nordbecken ist bis zu 400 m tief, das Südbecken dagegen ziemlich flach. Durch den starken Rückgang des Wasserspiegels in den letzten Jahren ist es heute weitgehend trockengelegt. Der Salzgehalt des Meeres beträgt 26,3% und ist damit so hoch, dass Badende nicht untergehen können. Allerdings führt dies auch zum Absterben jeglichen Lebens im Toten Meer. Erst die eschatologische Hoffnung lässt im Toten Meer wieder Fische existieren (Ez 47,10). Das Tote Meer hat keinen Ausfluss; die Menge der einfließenden Wasser des Jordans, des Arnons und einiger Wadis wird durch die extreme Verdunstung wieder ausgeglichen. Während heute am Toten Meer vor allem Kali und Brom abgebaut werden, war im Altertum der Salzabbau und -handel (benötigt zum Konservieren von Fisch und Fleich, vgl. die oben erwähnte Pökelei in Magdala am See Gennesaret) von besonderer Bedeutung. Nach Erdbeben tritt Asphalt vom Boden des Toten Meeres an die Wasseroberfläche, der im Altertum gleichfalls gehandelt wurde und als Klebstoff und zum Abdichten z.B. von Schiffsplanken sehr beliebt war.[24]

Im Altertum hatte das Tote Meer verschiedene Namen:
– Salzmeer (Gen 14,3)
– Steppenmeer (Dtn 3,17; Jos 3,16;)
– das östliche Meer (Ez 47,18; Joh 2,20; diese Bezeichnung ist natürlich nur für Bewohner des Westjordanlandes sinnvoll)
– Asphaltmeer (Asphaltitis lacus; erstmals ca. 30 v.Chr. bei Diodorus Siculus 2.48,6f.; 19.98f. belegt)
– Meer von Sodom (4Esra 5,7)
– Totes Meer (findet sich ab dem 2. Jh. n.Chr.).

Die heutige arabische Bezeichnung *Baḥr Lūt* „Meer des Lot" erinnert an Sodom und Gomorrha (Gen 19). Diese Städte müssen wahrscheinlich im südlichen Uferbereich des Toten Meeres gesucht werden, wo es einige frühbronzezeitliche Siedlungen gab, deren Ruinen im 1. Jt. v.Chr. noch zu sehen waren und die zu der legendenhaften Ausgestaltung der Erzählung führten.

---

[23] Bar-Adon, Pesach: Excavations in the Judean Desert, in: Atiqot HS 9. 1989, 3–14.
[24] Vgl. auch Flavius Josephus, Jüdischer Krieg IV, 476–485.

6.5.2.4 Arabagraben

Der Arabagraben ist quellenarm; einzig bei Yotvata gab es eine größere Oase. Im Altertum lag der Graben weitgehend abseits des wirtschaftlichen Interesses der Völker im West- und Ostjordanland und wurde vornehmlich für die Kleinviehzucht genützt. Lediglich die Kupfervorkommen bei dem ostjordanischen Punon/*Fēnān* (Gen 36,41; Num 33,42 f.) und bei dem westjordanischen Timna wurden in unterschiedlichen Zeiten ausgebeutet (vgl. unten Kapitel 6.7.). In der Spätbronzezeit führten die Ägypter Expeditionen bis nach Timna durch, um von dort Kupfer in ihre Heimat zu bringen.

Nahe dem Ufer des Roten Meeres existierte vom 9.(?) bis 6. Jh. v. Chr. in Elat/*Tell el-Ḥulēfi* eine Art Handelsniederlassung, in der die Waren des Handels auf dem Roten Meer deponiert werden konnten. Der eigentliche Hafen war Ezjon-Geber, das auf der wenige Kilometer vorgelagerten Insel *Ǧeziret Firaʿūn* lag. Wegen des flachen Ufers an der eigentlichen Mittelmeerküste scheinen die Waren dann von dort in kleinen Booten nach Elat gebracht worden zu sein. Die Schifffahrt auf dem Roten Meer war wegen der schwierigen Navigation höchst gefährlich; blieben die etwa 2 Monate dauernden Winde aus dem Süden aus, war eine Rückkehr kaum mehr möglich. Andererseits waren die Expeditionen in Richtung Jemen (Weihrauch und andere Spezereien) und in das sagenumwobene, bislang aber nicht lokalisierbare Goldland Ofir (Somalia?) im Falle des Erfolgs immer so ertragreich, dass man mehrfach Fahrten dorthin unternommen hat. 1 Kön 10,22 erwähnt als Handelsprodukte Gold, Silber, Elefantenzähne, Affen und Paviane. *(Handel auf dem Roten Meer)*

Der Transport der Waren von Elat aus ins Kulturland war gleichfalls gefährlich, da der Weg durch nahezu unbesiedeltes Land führte. Zur Sicherung wurden einige Forts errichtet, die inzwischen teilweise ausgegraben sind: Yotvata (Koord. 155.923; frühe Eisenzeit und römische Zeit), *Ḥirbet Moyat ʿAwad* (162.994; römisch), *Mṣad Ḥaṣeba* (173.024; Eisenzeit II, spätrömisch) und *Mṣad Tamar* (173.048; römisch). Weitere Anlagen sind durch Oberflächenuntersuchungen bekannt. *(Handelswege ins Kulturland)*

6.5.3 Ostjordanland

Im Ostjordanland steigt die Landschaft vom Jordangraben her ebenso steil an, wie sie im Westjordanland abfiel. Nach dem Aufstieg schließt sich weitgehend ein großes und nur wenig zerklüftetes Tafelland mit einer durchschnittlichen Höhe von etwa 600–800 m an. Die höchsten Erhebungen erreichen im Norden ca. 15 km nordwestlich von Gerasa 1198 m, im Süden ca. 10 km südlich von Petra 1727 m.

Die Landschaft ist durch vier tief eingeschnittene Täler in Ost-West-Richtung gegliedert:
– Jarmuk (im Alten Testament nicht genannt)
– Jabbok (Gen 32,23; Num 21,24; Dtn 2,37; 3,16; Jos 12,2; Ri 11,13.22)
– Arnon (Num 21,13 f.24.26.28; 22,36; Ri 11,13.19.22.26 u. ö.)
– Zered (Num 21,12; Dtn 2,13 f.).

6.5.3.1 Golan und Hauran

Nördlich des Jarmuk liegt der Golan. Im Norden geht das Gebiet in das Hermonmassiv (= Südausläufer des Antilibanon, 2814 m hoch) über, wo in der Mehrheit des Jahres Schnee liegt. In biblischer Zeit scheint man auf dem Gipfel sogar das ganze Jahr über Schnee vorgefunden zu haben (vgl. Jer 18,14), während die niederen Anhöhen bewaldet waren (Sir 24,17). Südöstlich schließt sich der Hauran an, der in römisch-byzantinischer Zeit dicht besiedelt war. Sowohl im Golan als auch im Hauran weisen die Basaltvorkommen auf eine ehemalige vulkanische Tätigkeit hin. Das dunkle Basaltgestein wurde hier als Baumaterial verwendet, so dass die meisten Häuser schwarze Außenmauern haben.

Ackerbau und Viehzucht   Der Boden ist wegen des verwitterten Basaltgesteins recht fruchtbar. Soweit die Basaltbrocken den Ackerbau nicht erschweren, wird Getreide angebaut. Daneben gab es hier im Altertum auch reichlich Bäume (vgl. die Basanseichen Jes 2,13; Ez 27,6; Sach 11,2 [undurchdringlicher Wald!]). Berühmt waren im Altertum auch die dort weidenden Kühe, die zwischen den Steinen reichlich Nahrung fanden. Am 4,1 f.[25] greift auf die Wohlgenährtheit dieser Kühe in einem drastischen Bildwort zurück:

> Hört dieses Wort, ihr Basanskühe auf dem Berge von Samaria,
> die ihr die Geringen bedrückt
> und die Armen zertretet
> und zu euren Herren sagt: Gebt uns zu trinken!
> Geschworen hat Jahwe, der Herr, bei seiner Heiligkeit:
> Seht es kommen Tage über euch,
> wo man euch mit Haken fortschleppt,
> und was von euch übrigbleibt, mit Fleischerhaken.

6.5.3.2 Gebiet zwischen Jarmuk und Jabbok

Das Gebiet zwischen Jarmuk und Jabbok heißt *ʿAǧlūn*. Im Alten Testament wurde diese Region als Gilead („rauhes Bergland") bezeichnet, wobei dieser Begriff auch noch das Bergland südlich des Jabbok einschließen konnte. Der Westrand dieser leicht hügeligen Hochebene ist durch kleinere Wadis stark zerklüftet. In diesen Wadis verliefen im Altertum auch die Aufstiege vom Jordangraben auf die Hochebene.

6.5.3.3 Gebiet zwischen Jabbok und Arnon

Das Gebiet zwischen Jabbok und Arnon, insbesondere zwischen dem Nordende des Toten Meeres und dem Arnon, heißt im Alten Testament Mischor („ebener Boden"; Dtn 3,10; 4,43; Jos 13,9.16f.21; 20,8; Jer 48,21). Dieses Gebiet war in alttestamentlicher Zeit mehrfach Streitobjekt zwischen den Israeliten, den Ammonitern und den Moabitern (vgl. z.B. Mescha-Inschrift KAI 181). Für dieses Gebiet ist im Alten Testament Weinanbau belegt

---

[25] Vgl. auch Dtn 32,14; Mi 7,14; Ps 22,13.

(Jer 48,32), der reichlich Niederschläge und viel Sonne erfordert. Aber auch Getreideanbau und Kleinviehzucht spielten hier eine große Rolle.

6.5.3.4 Gebiet zwischen Arnon und Zered

Zwischen Arnon und Zered liegt das moabitische Stammland, bevor die Moabiter nach Norden über den Arnon hinweg ihr Territorium ausdehnten. Es war gleichfalls landwirtschaftlich besonders gut nutzbar.

6.5.3.5 Gebiet südlich des Zered

Südlich des Zered lag das edomitische Gebiet, im Alten Testament auch Seir genannt. Der Name Edom („das Rote") bezieht sich wahrscheinlich auf die Sandsteingebirge in dieser Region, während Seir („das Haarige") wahrscheinlich eine Umschreibung für die ursprünglich recht dichte Bewaldung (*Ballūṭ*-Eiche und Phönizischer Wacholder) der Region ist. Die Wälder wurden – von geringen Resten abgesehen – vor allem in türkischer Zeit abgeholzt. Edom war daher ein ideales Jagdgebiet (vgl. Gen 25,17, wonach Esau, der Patron Edoms, als Jäger charakterisiert wird). Da es vor allem im nördlichen Teil im Winter reichlich Regen und sogar Schnee gibt, konnte sich dort Landwirtschaft entwickeln. Daneben war die Region auch gut für Kleinviehhaltung geeignet.

Wichtig für dieses Gebiet sind die Kupfervorkommen von *Fēnān*, das größte Kupferabbaugebiet des Vorderen Orients (s. u. Kapitel 6.7). Für die Verhüttung, die teilweise auch vor Ort vorgenommen wurde, brauchte man das Holz der Region ebenfalls.

Das landwirtschaftlich nutzbare Gebiet beschränkt sich auf den westlichen Teil der Hochebene, während der Aufstieg zur Hochebene vom Jordangraben her recht steil ist. Allenfalls in Tälern kann man Ackerbau betreiben. Nach etwa 30 km geht die Landschaft allmählich in Steppe und dann in Wüste über.

6.5.4 Die Einwohnerzahlen der Städte im 1. Jt. v. Chr.

Konkrete Zahlen für die Siedlungsdichte in der Antike sind nur schwer beizubringen. Archäologische Untersuchungen können immer nur von Schätzungen der Siedlungsdichte in Kombination mit den bislang nachgewiesenen Stadtflächen ausgehen. Während man früher sehr viel höhere Durchschnittszahlen für die Stadtbesiedlung annahm, geht man heute von durchschnittlich 250 Einwohnern pro ha Stadtfläche aus, wobei natürlich im Einzelfall jeweils die Dichte der Bebauung und die Zahl der öffentlichen Gebäude mit berücksichtigt werden muss.[26] Insgesamt sind bislang

---

[26] Vgl. zu dieser Problematik ausführlich Zorn, Jeffrey R.: Estimating the Population Size of Ancient Settlements: Methods, Problems, Solutions, and a Case Study, in: BASOR 295. 1994, 31–48.

über 2000 Ortslagen nachgewiesen, die in der Epoche von ca. 1200 v. Chr. bis zur ausgehenden Perserzeit bewohnt waren. Davon waren viele Orte nur kurze Zeit bewohnt. Zudem sind für die Königszeit kleine Siedlungen mit einer geringen Häuseranzahl typisch. Die überwiegende Zahl der Ortslagen war allenfalls 2 ha groß und hatte damit höchstens 500 Einwohner. Für die Mitte des 8. Jh. v. Chr. weisen nur 8 Orte eine Größe von mehr als 10 ha (ungefähr 10 Fußballfelder mit Aschenbahn) auf:
– Dan (20 ha = 5000 Einwohner)
– Hazor (12 ha = 3000 Einwohner)
– Samaria (max. 60 ha = 15000 Einwohner)
– Jerusalem (ca. 30 ha = 7500 Einwohner; das Stadtgebiet wurde nach 722 v. Chr. auf etwa 70 ha = 17500 Einwohner vergrößert)
– Lachisch (20 ha = 5000 Einwohner)
– Akko (20 ha = 5000 Einwohner)
– Dor (10 ha = 2500 Einwohner)
– *Tell el-Ḥesī*[27] (13 ha = 3250 Einwohner).
Hinzu kommen noch einige philistäische Städte
– Aschdod (40 ha = 10000 Einwohner)
– Aschdod-Yam (12 ha = 3000 Einwohner)
– Ekron (25 ha = 6250 Einwohner)

Einwohnerzahl des Landes

Eine halbwegs zuverlässige Zahl über die Einwohner im Nordreich Israel lässt sich 2 Kön 15,19 f. entnehmen. Demnach hatte der Nordreichkönig Menahem (747–738 v. Chr.) 1000 Talente (= 3 000 000 Schekel = 40 Tonnen) Silber an Tiglat-Pileser als Tribut zu zahlen. Um die Abgabe zahlen zu können, legte er eine einmalige Steuer in Höhe von 50 Schekel Silber fest. Man kommt damit auf 60 000 Grundbesitzer in Israel. Setzt man voraus, dass jeder Grundbesitzer eine Familie mit Ehefrau und 2 bis 3 Kindern hatte und es daneben auch noch einige Abhängige gab, ergibt sich für das Nordreich eine Einwohnerzahl von rund 300000 Personen.

6.6 Flora und Fauna

Die Landschaftsstruktur Palästinas hat ihre Auswirkungen auf Flora und Fauna. Die Niederschläge prägen die Landschaft und teilen sie in gut zu bewirtschaftendes Kulturland, in Steppe und Wüste ein. In den einzelnen Gebieten wachsen entsprechend auch unterschiedliche Pflanzen mit ihren je eigenen Bedürfnissen. Schon die Urlandschaft Palästinas mit ihrem niederen Busch- und Baumwachstum (Macchia) orientiert sich an den Niederschlagsmengen. Für die Botaniker ist die Region der Levante jedoch nicht nur wegen ihrer Artenvielfalt von großem Interesse. In diesem Raum gelangen den Menschen die ersten Kultivierungserfolge der Pflanzen. Das Wildgetreide, das in den Steppenregionen beheimatet war, wurde vor rund 10 000 Jahren erstmals gezüchtet und verbessert. Im Laufe der Jahrtausende

Fortschritte im Ackerbau

---

[27] Die Identifizierung dieses Siedlungshügels mit einer biblischen Ortslage ist noch immer umstritten. Vielleicht handelt es sich um das biblische Eglon (Jos 10,3; 15,39 u. a.).

gelang es den Züchtern, die Körner zu vergrößern, die Zahl der Körner pro Ähre zu vermehren, und zu verhindern, dass die Ähren leicht abbrechen und sich so das Getreide von selbst aussät. Damit wurde der Übergang von einer Gesellschaft von Jägern und Sammlern, die oft nur in Kleinfamilien zusammenlebten, zu sesshaften und größeren Sozialverbänden möglich; die ersten festen Ansiedlungen – von Städten im eigentlichen Sinne sollte man noch nicht sprechen – entstanden (sog. Neolithische Revolution). Vor rund 5000 Jahren gab es einen weiteren wesentlichen Schritt in der Entwicklung der Menschheit. In der Frühbronzezeit I gelang es, den wilden Ölbaum zu kultivieren und den Weinanbau zu entwickeln.[28] Im 3. Jt. wurde zudem der Pflug erfunden. Damit war es möglich, noch größere Sozialverbände mit einer festen Arbeitsteilung – Oliven bzw. Weinanbau sowie Handel – zu entwickeln. Dadurch konnten nun erstmals Städte mit einer Fläche von 10 ha und mehr, wie sie in der Frühbronzezeit üblich waren, entstehen.

Die wichtigsten Pflanzen des Landes werden in Dtn 8,7–9a nebeneinander genannt:

7 Jahwe, dein Gott, bringt dich in ein gutes Land, in ein Land mit Wasserbächen, Quellen und Strömen, die in der Ebene und im Gebirge entspringen,
8 in ein Land mit Weizen und Gerste, Weinstöcken, Feigen- und Granatapfelbäumen, in ein Land mit Olivenöl und Honig [gemeint ist nicht Bienenhonig, sondern der durch Kochen eingedickte Saft der Datteln],
9 in ein Land, in dem du nicht armselig dein Brot essen musst.

Mit Weizen und Gerste sind die beiden Grundnahrungsmittel der Antike genannt. Sie stellten, wie V. 9 noch einmal betont, die wesentliche Nahrung der Menschen dar. Man wird davon ausgehen können, dass jeder Erwachsene täglich etwa 600 g Weizenbrot aß, um satt zu werden. Gerste wurde meist als Tiernahrung verwendet. Weizen und Gerste wurden während der Regenzeit im Winterhalbjahr angebaut. Die übrigen in diesem Text genannten Pflanzen sind charakteristisch für den Anbau im Sommer. Wein und Öl waren bedeutende Exportgüter, die schon im 2. Jt. v. Chr. nach Ägypten geliefert wurden. Da weder in Ägypten noch in Mesopotamien in nennenswerten Mengen Olivenbäume wachsen, war vor allem Öl ein begehrtes Produkt. Unter assyrischer Oberherrschaft wurde in Ekron eine großindustrielle Anlage mit rund 220 Ölpressen errichtet; die Menge des allein an diesem Ort hergestellten Öles entspricht in etwa 1/5 des heutigen Exportes an Olivenöl des Staates Israel. Zur Herstellung von 15 l Öl benötigt man übrigens mindestens 100 kg Oliven. Feigen und Granatäpfel sind ein beliebtes Obst. Datteln wachsen vor allem im Arabagraben und in der südlichen Küstenregion, da sie konstant hohe Temperaturen und Feuchtigkeit benötigen; Jericho konnte als die Palmenstadt schlechthin (Dtn 34,3; Ri 1,16; 3,13) bezeichnet werden, da dort ideale Bedingungen für die Zucht von Dattelpalmen herrschten.

In Palästina wachsen nur wenige Bäume, die als Bauholz verwendet werden können. Die meisten Bäume werden kaum mehr als 12 bis 15 m

(Marginalien: Weizen und Gerste / Wein und Öl / Obst)

---

[28] Stager, Lawrence E.: The Firstfruits of Civilization, in: Tubb, Jonathan N.: Palestine in the Bronze and Iron Ages. FS O. Tufnell, London 1985, 172–188.

hoch und verzweigen sich schon früh. Wollte man größere Gebäude errichten, benötigte man Holz aus den Wäldern des Libanon, wo Zedern, Platanen, Zypressen und Kilikische Tannen wuchsen. Die Zeder als größte und wertvollste unter ihnen wurde bis zu 40 m hoch und war daher ideal für repräsentative Bauten.

Jahreskreislauf　Ein außerbiblischer Text aus dem späten 10. Jh. v. Chr. hat uns Informationen über den Jahresablauf eines Landwirts erhalten. Im sog. Geser-Kalender (KAI 182) werden folgende Tätigkeiten eines Bauern im Jahresablauf beschrieben:

Zwei Monate: für das Einsammeln [Trauben- und Olivenernte; Sept./Okt.]
Zwei Monate: für das Säen [Nov./Dez.]
Zwei Monate: für die Spätsaat [Jan./Feb.]
Ein Monat: für den Flachsschnitt [März]
Ein Monat: für den Gersteschnitt [April]
Ein Monat: für das Schneiden und Abmessen [Weizenernte und Verteilen des gedroschenen Korns unter den an der Arbeit beteiligten Familienmitgliedern; Mai]
Zwei Monate: für die Weinlese [Juni/Juli]
Ein Monat: für die Sommerfrucht [Feigen, Granatäpfel etc.; August].

Wildtiere　Die verschiedenen Landschaftszonen haben ihre Auswirkung nicht nur auf den Pflanzenbewuchs, sondern auch auf die Tierwelt des Landes. So konnte man zumindest in der Antike in der relativ kleinen Region Palästinas ebenso einen Graureiher, der sumpfige Gegenden für seine Jagd benötigt, wie einen Löwen als typischen Steppen- und Wüstenbewohner finden. Außerdem begegnen sich in der Levante die drei Kontinente Europa, Afrika und Asien, so dass aus allen drei Kontinenten typische Tiere hier vertreten sind. Und schließlich ist der schmale Kulturlandstreifen der Levante die einzige Festlandverbindung, um von Afrika nach Europa zu kommen. Das hat zur Folge, dass nicht nur frühe Vertreter des homo sapiens diese Region durchstreiften und sich dort auch niederließen, als sie sich von Afrika aus Richtung Norden wandten. Auch viele Zugvögel nutzen diesen Weg, um so gefahrlos von Winter- zu Sommerquartier wechseln zu können. Die Levante ist damit ein Raum der Begegnung verschiedenster Tierarten.

Haustiere　Die wichtigsten Haustiere des Menschen waren Schaf und Ziege. Deren Domestikation erfolgte Ende des 9. Jt. v. Chr. im Bereich des Fruchtbaren Halbmonds. Die Milch der Tiere bildete einen wichtigen Bestandteil der Nahrung der Menschen, so dass auch in der Königszeit noch in den meisten Privathäusern ein Bereich als Stall für eine kleine Kleinviehherde reserviert war. Rinder wurden seltener gehalten. Sie wurden vor allem als Zugtiere für den einfachen Wagen, zum Dreschen des Getreides und zum Pflügen eingesetzt. Der Esel wird heute noch gerne als der ‚Volkswagen des Orients' bezeichnet. Er war nicht nur Last-, sondern auch Reittier. Pferde wurden dagegen fast nur in der Oberschicht gehalten und für Streitwagen verwendet. Kamele lebten seit dem 3. Jt. v. Chr. im Umfeld von Nomaden, doch wurden sie anfangs nur wegen ihrer Milch und ihres Fleisches gezüchtet. Erst im 2. Jt. v. Chr. scheint man das Kamel als Lasttier eingesetzt zu haben, wobei die Blütezeit der Kamelkarawanen, mit denen man große Distanzen durch Wüstenlandschaften überwinden konnte, erst im 8. Jh. v. Chr. eingesetzt hat. Gegen Ende des 2. Jt. v. Chr. wurde ein eigener Reitsattel für Kamele erfunden, so dass nun mit ihnen auch schnelle Einfälle ins Kulturland möglich waren (vgl. Ri 6). Seit der Bronzezeit wurden in der Region, wie entsprechende Knochenfunde belegen, stets auch Hausschweine gehalten, auch wenn ihr Anteil im Vergleich zu Schafen und Ziegen relativ gering war.[29] Als Allesfresser waren sie einerseits für die Beseitigung von Abfällen nützlich, andererseits aber auch ein unmittelbarer Nahrungsmittelkonkurrent für den Menschen. Möglicherweise führte dies zum in nachexilischer Zeit entstandenen Verbot, Schweinefleisch zu essen (Lev 11,7; Dtn 14,8). Aber noch das NT berichtet wie selbstverständlich von der Existenz von Schweineherden (Mt 7,6; Mk 5,11 ff.). Hunde lebten nur in geringer Zahl in enger Beziehung zu den Menschen; streunende Hunde wurden eher als Bedrohung empfunden (vgl. Ps 22,17.21).

6.7 Rohstoffe

Die Levante ist ausgesprochen rohstoffarm. Eine gewisse Rolle spielte das Salz des Toten Meeres, das sicherlich schon im Neolithikum von den Bewohnern Jerichos gesammelt und gehandelt wurde und wohl der eigentliche Anlass für die Gründung der Stadt in unmittelbarer Nähe des Toten Meeres war. Erst in der Eisenzeit errichtete man einen weiteren, höchst beschwerlichen Handelsweg, der von En Gedi aus auf einem steilen Weg durch die judäische Wüste nach Tekoa führte. Einen Aufschwung scheint der Salzabbau in der hellenistischen Zeit erreicht zu haben. Wohl nur mit dem Salz aus dem Toten Meer konnten die nun am See Gennesaret entstehenden Fischpökeleien existieren. Auch wird erst in relativ späten Texten der Abbau von Salz und sogar seine Besteuerung erwähnt (Ez 47,11; 1 Makk 11,35). Ein weiteres Produkt, das am Toten Meer gefunden wird und sicherlich auch schon seit dem Neolithikum gehandelt wurde, ist der nach Erdbeben auf der Oberfläche schwimmende Asphalt.

Dtn 8,9 spricht von eisenhaltigen Steinen im Lande und von der Möglichkeit des Kupferabbaus. Eisen findet sich im Libanon, in kleinen Mengen in der Araba und im zentralen Ostjordanland bei *Muġāret el-Warde* (Koord. 214.181). Diese Eisenvorkommen dürften jedoch kaum ausgereicht haben, um den Bedarf der Region zu decken.

Ausgiebige Kupfervorkommen finden sich im Arabagraben sowohl auf ostjordanischer (*Fēnān*) als auch auf westjordanischer Seite (Timna). Da es in beiden Regionen Ausgrabungen gibt, lassen sich die Zeiten des Kupferabbaus ziemlich genau bestimmen.

Der Abbau des Metalls lohnte sich wohl nur dann, wenn nicht ausreichend Kupfer aus Zypern zur Verfügung stand. Sonst dürfte es billiger gewesen sein, das von dort stammende Kupfer auf dem Seeweg nach Palästina zu transportieren, als das Kupfer aus dem Arabagraben auf dem Landweg nach dem Norden zu schaffen. Zudem mussten die Expeditionen in

Salz

Eisen

Kupfer

---

[29] Vgl. z. B. Hübner, Ulrich: Schweine, Schweineknochen und ein Speiseverbot im alten Israel, in: VT 39. 1989, 225–236.

Zeit	Fēnān	Timna
Frühbronzezeit I	+	+
Frühbronzezeit II	+	+
Frühbronzezeit III	+	–
Frühbronzezeit IV/ Mittelbronzezeit I	+	(+)
Mittelbronzezeit II	– (wenig)	–
Spätbronzezeit I	+	–
Spätbronzezeit II	+	+
Eisenzeit I	+	+ (12. Jh. v. Chr.)
Eisenzeit II	+	–
Persische Zeit	+ (bis ca. 400 v. Chr.)	–
Hellenistische Zeit	–	+
Römische Zeit	+	+
Byzantinische Zeit	+ (3./4. Jh. n. Chr.)	+

die Araba immer aufwendig vorbereitet werden, da die natürlichen Resourcen (Wasser, Nahrungsmittel) dort nur schwer zu beschaffen sind. In Hi 28 werden die Arbeiten beim Bergbau beschrieben.

Edelsteine   Im Umfeld der Kupferminen, aber auch auf der Sinaihalbinsel, fand man Edelsteine (Karneol, Smaragd, Malachit, Türkis, Achat). Sie wurden für die Herstellung von Siegelsteinen und für Schmuckketten verwendet.

Glassand   In der Nähe von Akko am Ufer des Belos (*Nahr en-Naʿmēn*) wurde Glassand gesammelt und zur Glasherstellung nach Ägypten geliefert (Plinius, Naturkunde V, 75; Strabo, Geographie, XVI,2,25).

Holz   Aus dem Libanon wurde Holz (Zedern, Kilikische Tannen, Hoher Wacholder, Zypressen) nach Ägypten exportiert. Die Bäume aus Palästina (Eichen, Terebinthen, Pinien, Aleppokiefern, Tamarisken, Akazien, Phönizischer Wacholder u.a.) sind dagegen in der Regel nicht groß genug, als dass man sie als Bauholz für größere Bauten verwenden könnte. Im nördlichen Ostjordanland gab es Eichen, die u.a. im Schiffsbau verwendet wurden (Ez 27,6).

6.8 Straßen und Handel

Ez 27   Das Bild eines rohstoffarmen Landes unterstreicht noch einmal der Text Ez 27, in dem die Handelsprodukte der einzelnen Länder aufgezählt werden. Für die südliche Levante werden in diesem aus der nachexilischen Zeit stammenden Text folgende Waren genannt:
– Israel und Juda (V. 17): Weizen aus Minnit [= *Umm el-Ḥanafīš* im Ostjordanland, ehemaliges Gebiet Moabs, das nun offenbar als Getreideanbaugebiet genützt wurde], Gebäck (?), Honig [gemeint ist eingedickter Dattelsaft], Öl, Mastixharz
– Damaskus (V. 18f.): Wein, Wolle
– Edom (V. 16): schwarzer Kalkstein/Onyx/Jade, roter Purpur, Buntzeug, Byssus, Korallen, roter Jaspis (?).

Israel und Juda, aber auch das Aramäerreich von Damaskus bieten nach diesem Text lediglich Produkte der Landwirtschaft und der Viehzucht zum Handel an. Über andere Waren aus eigener Herstellung verfügten sie im Gegensatz zu anderen Ländern nicht. Allein Edom war in der Lage, auch wertvollere Produkte, die z. T. aus dem Roten Meer stammen, mit in den Tauschhandel einzubringen.

Nahezu alle nichtlandwirtschaftlichen Güter mussten somit importiert und gegen landwirtschaftliche Waren getauscht werden. Dies erforderte eine starke Ausrichtung auf eine Überschusswirtschaft. Angesichts der Unsicherheiten der Regenfälle und der immer wieder auftretenden Hungersnöte war es den Bewohnern Palästina jedoch kaum möglich, am kulturellen Standard der umgebenden Länder teilzuhaben und eine eigenständige und entwickelte Kultur zu entfalten. Die finanziellen Resourcen waren in Israel, Juda und den ostjordanischen Nachbarstaaten wesentlich geringer als etwa in Ägypten oder Mesopotamien. Trotzdem versuchte die Oberschicht im Land, Hölzer (aus dem Libanon), Edelsteine (aus Ägypten, Iran, Indien und Afghanistan), Gold (aus Ägypten und dem noch immer nicht sicher lokalisierten Ofir) und Silber (aus Spanien), Kupfer (aus Zypern), Elfenbeinarbeiten (hergestellt von phönizischen Künstlern) und Spezereien (aus Saudi-Arabien, dem Himalaya, Indien und Ceylon) zu erwerben und die vornehmen Wohnbauten, Paläste sowie die Tempel damit auszustatten. *Importgüter*

Um Waren überregional handeln zu können, standen im Wesentlichen drei Verbindungen zur Verfügung. Zunächst ist hier der Seehandel zu nennen, den die Phönizier in der Königszeit unter ihrer Kontrolle hatten und verstärkt ausbauten (zu den Hafenanlagen in Palästina vgl. Kapitel 6.5.1.1). *Seehandel*

Daneben gab es zwei überregionale Straßen, die Palästina durchquerten (Abb. 9). Die sog. via maris führt von Ägypten durch die Levante zum Eufrat und teilt sich dort; ein Zweig führt über die Kilikische Pforte nach Kleinasien, der andere verläuft entlang des Eufrats nach Mesopotamien. In Palästina verlief die Straße zunächst parallel zur Küste über Gaza, Aschkelon, Aschdod und Jaffa. In der nördlichen Küstenregion, die im Altertum sehr sumpfig und daher kaum begehbar war, führte sie etwas weiter landeinwärts am Fuße der ersten Hügelketten des samarischen Berglandes entlang, überschritt dann den Karmel auf einem der drei möglichen Pässe bei Jokneam, Megiddo oder Taanach, durchquerte die Jesreelebene, verlief im untergaliläischen Bergland und gelangte schließlich zum See Gennesaret im Bereich des heutigen Tiberias. Von dort aus führte sie über das Hulebecken in die libanesische *Beqaʿ*-Ebene und weiter nach Norden. Die in der wissenschaftlichen Literatur häufig verwendete Bezeichnung via maris für diese Straße stellt eigentlich eine Fehlbenennung dar. Es handelt sich um die lateinische Bezeichnung der Küstenstraße aus Jes 8,23. Diese verlief jedoch vom Hulebecken zur Küste bei Tyros und eben nicht von Süd nach Nord durch das ganze Land.[30] Wichtig ist der Verlauf der Straße für die wirtschaftliche und politische Entwicklung des Landes: Sie durchlief das Nordreich Israel und die Philistäerstädte, nicht jedoch Juda! Juda konnte daher nicht am internationalen Handel partizipieren, lag damit aber auch im Schatten des *„via maris"*

[30] Rainey, Anson F.: Toponymic Problems (cont.), in: TA 8. 1981, 146–151.

Abb. 9: Wichtige Straßen in Palästina.

weltpolitischen Interesses, was zur Folge hatte, dass es sich noch bis 734 v.Chr. der assyrischen Oberherrschaft entziehen konnte.

Die zweite wichtige Straße verlief durchs Ostjordanland und stellte den Ausläufer der Weihrauchstraße dar, die bis in den Süden Saudiarabiens führte. Da diese Straße die Königsstädte Bosra, Dibon, Heschbon, Ammon und Damaskus berührte, nannte man sie Königsstraße. Nördlich von Damaskus mündete die Straße, nachdem sie östlich den Antilibanon umgangen hatte, bei Qatna in die via maris ein. Diese Straße war wichtig wegen der Güter, die von Saudiarabien her kommend durch Kamelkarawanen nach Palästina gebracht wurden. Insbesondere Spezereien wie Weihrauch und Myrrhe wurden auf diesem Wege nach Palästina gebracht und von dort aus auch weiter in den Mittelmeerraum gehandelt.

Alle übrigen Straßen des Landes hatten gegenüber diesen beiden nur eine untergeordnete Rolle. Zu nennen ist vor allem eine Straße, die auf der Wasserscheide des westjordanischen Berglandes verlief und Hebron, Jerusalem, Bet-El, Sichem und Samaria miteinander verband. Die Querstraßen des Landes verliefen jeweils in den großen Wadis, die einen bequemen Aufstieg auf das Hochland ermöglichten. Eine große Rolle spielten dabei die Jordanfurten, die ein bequemes Überschreiten des Flusses ermöglichten. Die wichtigste Querverbindung des Landes führte von Heschbon aus in den Jordangraben und dann im westjordanischen Gebiet durch das *Wādī Fāra* über Tirza und Sichem nach Samaria sowie von dort in die Küstenebene. Weitere wichtige Straßen führten, wieder von Heschbon aus, über Jericho nach Bet-El und damit in die Nähe Jerusalems sowie vom Norden des Ostjordanlandes aus in die Jesreelebene.

Königsstraße

7. Archäologische Methoden

Archäologie ist eine zeit- und geldaufwendige Forschungstätigkeit. Bei unsachgemäßer Methodik und nicht ausreichender Gründlichkeit kann großer und irreparabler Schaden angerichtet werden. Während man z. B. in der Chemie einen missglückten Versuch wiederholen kann, ist ein einmal ergrabenes Areal für immer zerstört. Es gibt keine Möglichkeit mehr, später erkannte Fehler zu korrigieren oder eine mangelhafte Grabungsdokumentation zu verbessern. Aus diesem Grunde setzt jegliche archäologische Tätigkeit äußerste Gründlichkeit und Sorgfalt voraus. Dies gilt nicht nur für die Grabung selbst, sondern auch für die anschließende Publikation. Eine nicht oder nicht ausreichend publizierte Grabung ist eine verlorene Grabung. Man kann die Ergebnisse nicht verwenden und mit den Befunden anderer Grabungsorte vergleichen. Leider werden viele Grabungen erst in einem Abstand von mehreren Jahrzehnten oder gar nicht veröffentlicht. Auch damit ist der Archäologie an sich ein schwerer Schaden angerichtet, denn die Ergebnisse sind unwiederbringlich verloren.

Dieser Abschnitt kann kein Lehrbuch der archäologischen Methoden ersetzen. Archäologische Handfertigkeiten erlernt man auch nicht (nur) aus Büchern, sondern vornehmlich durch praktische Arbeiten. Wer Feldforschungen machen will, sollte daher bei mehreren unterschiedlichen Grabungen und Oberflächenuntersuchungen teilnehmen, um sich das nötige Handwerkszeug durch praktische Erfahrungen zu erarbeiten. Hier können nur einige wenige Grundzüge geboten werden, die für das Verständnis der Arbeit mit der Sekundärliteratur grundlegend sind. Sie sollen einen Einstieg in die archäologischen Aufgabenfelder ermöglichen. Aus diesem Grunde werden in diesem Kapitel auch zwei Bereiche besprochen, die für die „Schreibtischarchäologie" und für die Auswertung archäologischer Funde grundlegend sind, nämlich die Ikonographie und die Epigraphik.

7.1 Ausgrabungen und ihre Auswertung

7.1.1 Die Wahl des Grabungsortes

Wahl eines bedeutenden Tell

Die Wahl eines Grabungsortes ist stark abhängig von den Zielen, die eine Grabung erbringen soll. Für die frühen Grabungen in Palästina wählte man zentrale Orte des Landes, die möglichst auch durch die biblische Überlieferung bekannt waren (Jericho, Sichem, Megiddo, Geser, Taanach u. a.). Palästinische Ortslagen wurden oft über Jahrhunderte und Jahrtausende hinweg immer wieder an der selben Stelle errichtet. Da die Häuser größtenteils aus Lehmziegel errichtet waren, wuchs so allmählich ein Siedlungshügel empor (arab. *tell*, pl. *tulūl*, hebr. *tel*). Einen größeren Siedlungshügel vollständig auszugraben, ist nahezu unmöglich. In Megiddo hatten dies die 1925 begonnenen Grabungen des Oriental Institute of Chicago versucht, waren aber schon bald mit ihrem Vorhaben gescheitert. Nur die ersten vier Schichten (Eisenzeit II) wurden vollständig freigelegt. Die zugehörige Grabungsdokumentation entspricht jedoch nicht den Maßstäben, die man eigentlich an eine solche Großgrabung anlegen sollte. Die restlichen der insgesamt 20 Schichten an diesem Ort wurden dann nur noch in kleineren Arealen erfasst; allerdings blieb auch hierbei die Publikation unzureichend. Als Folge der Erkenntnis, dass großangelegte Tellgrabungen nur mit einem enormen Zeit- und Geldaufwand zu ergraben sind, wandte man sich kleineren Siedlungen zu, die zudem auch nur kurzzeitig besiedelt waren. So war es möglich, großflächiger zu graben und damit auch größere zusammengehörige Siedlungsstrukturen zu erfassen. Während Tellgrabungen die Siedlungsgeschichte einer oft bedeutenden Ortslage aufzeigen können, sind kleinere Ortslagen für sozial- und baugeschichtliche Fragestellungen relevanter. Übrigens ist es auch methodisch nicht sinnvoll, eine Ortslage vollständig auszugraben. Die Ausgrabungsmethodik hat sich in den vergangenen Jahrzehnten immer weiter entwickelt und wird sich auch in Zukunft weiter entwickeln. Indem man Teile eines Grabungsplatzes unausgegraben lässt, ermöglicht man zukünftigen Generationen, mit verbesserten Methoden die einmal erzielten Befunde kontrollieren und korrigieren zu können.

Doch nicht nur die Frage nach der Siedlungsgeschichte eines Ortes oder die Erhebung baugeschichtlicher Strukturen kann für die Wahl eines Grabungsortes relevant sein. Die Rolle einer Ortslage in einer bestimmten Region zu einer bestimmten Zeit und ihre Verbindung mit anderen Orten kann ebenso eine zentrale Rolle spielen wie die Frage nach den Lebensmöglichkeiten der Bevölkerung. In der jüngeren Vergangenheit wandte man sich auch ganz neuen Fragestellungen zu, indem man etwa landwirtschaftliche Installationen (z.B. Terrassen) ausgrub, um deren Aufbau und Alter festzustellen ("Landscape Archaeology"). Auch interessiert man sich neuerdings stärker für jüngere Perioden, um auch deren Kulturgeschichte besser erfassen zu können.

Wer einen Grabungsort sucht, muss sich demnach erst einmal klar werden, welche Fragen er mit seiner Grabung beantworten will. Man wird dann eine ganze Reihe von geeigneten Ortslagen finden, die durch Oberflächenuntersuchungen, Luftbildarchäologie u.a. bereits bekannt sind. Logistische Fragen (Übernachtungs- und Verpflegungsmöglichkeiten für das Ausgrabungsteam, Zugänglichkeit des Grabungsortes etc.) werden in der Regel ebenfalls eine wichtige Rolle bei der Wahl des Grabungsortes spielen. Aus einer Vielzahl von Kandidaten für eine Grabung werden sich so allenfalls einige wenige mögliche Grabungsorte herausschälen.

Neuere Ansätze

7.1.2 Methoden einer Schichtengrabung

Hat man sich für eine auszugrabende Ortslage entschieden, muss diese zunächst genau eingemessen werden. Hierzu wählt man einen 0-Punkt aus, der im Gelände genau vermessen wird. In einem Konturenplan des Tell

Vermessung

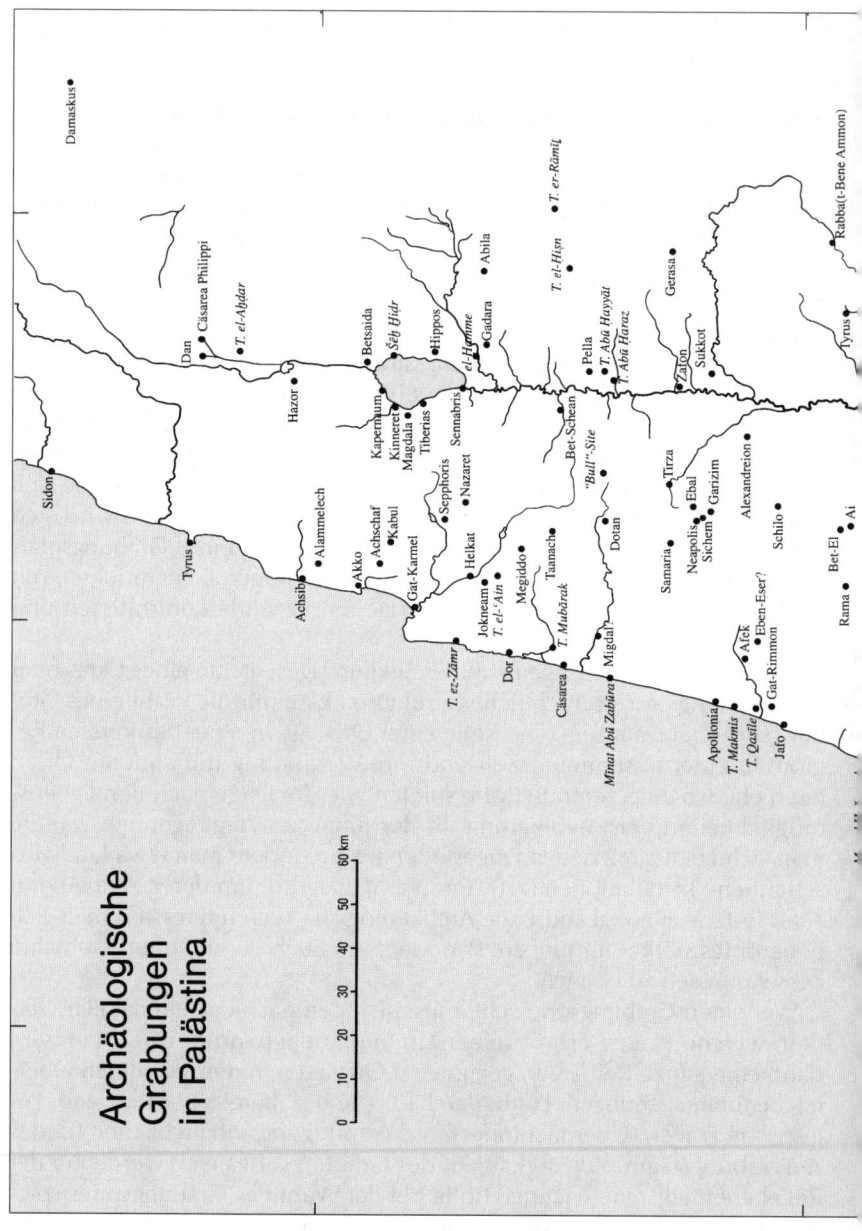

Archäologische Grabungen in Palästina

wird dieser Punkt vermerkt und seine Höhe über der Meereshöhe bestimmt. Von diesem Punkt aus werden nun die einzelnen Grabungsflächen
in rechtwinkligen oder quadratischen Teilfeldern (meist 10 × 15 m oder
10 × 10 m) eingeteilt und diese Grabungsareale auf dem Plan eingezeichnet. Mit einem Nivelliergerät werden dann diejenigen Grabungsflächen, an
denen man die Grabung beginnen will, im Gelände markiert. Hierbei ist
auf sehr genaue Messungen zu achten, denn jegliche Abweichung kann

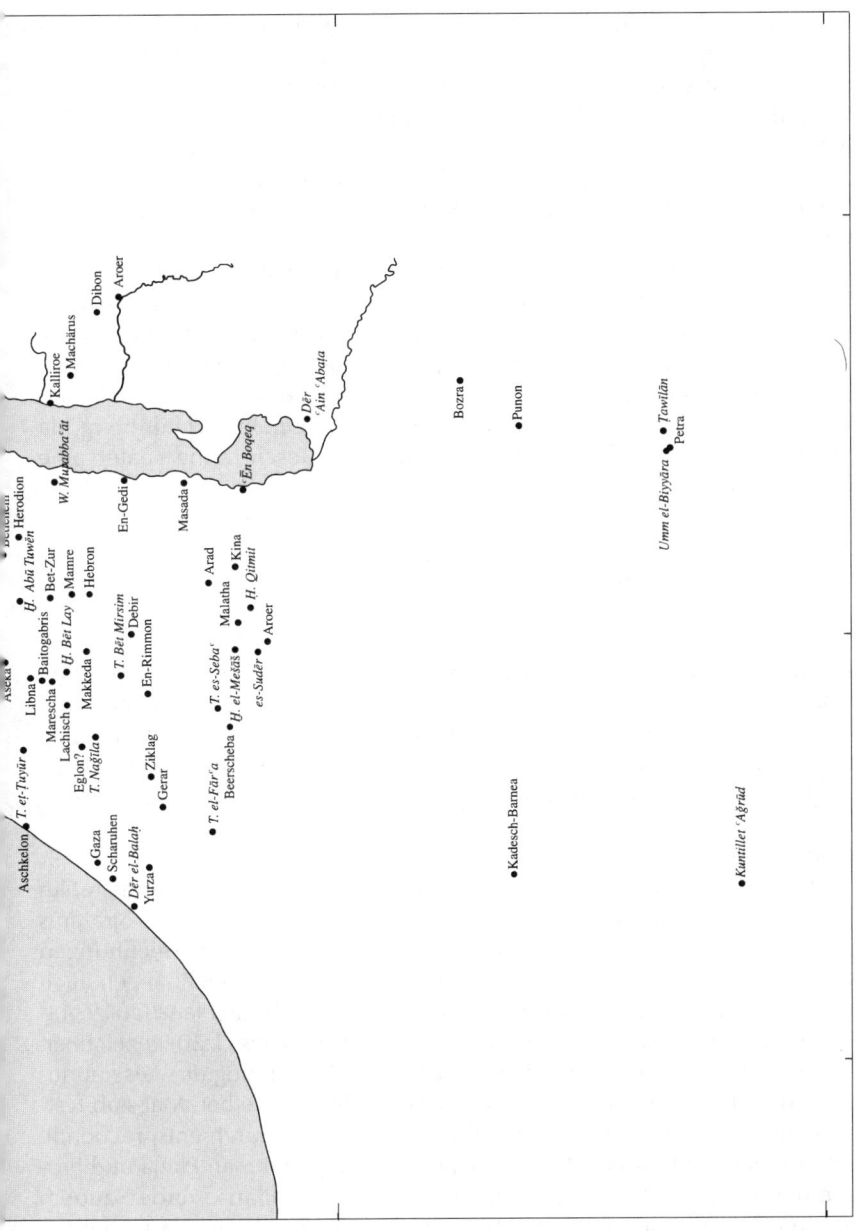

Abb. 10: Wichtige Grabungsplätze in Palästina (Auswahl, es wurden nur bedeutendere Grabungen ausgewählt, die zudem für die Zeit von ca. 1250 v. Chr.–70 n. Chr. von Bedeutung sind).

sich bei einem großen Grabungsplatz entsprechend vervielfachen. Die einzelnen Grabungsareale werden nicht vollständig ausgegraben; zwischen den Arealen bleibt ein Steg von 1 m Breite. Dieser hat zwei Vorteile. Zum einen zeichnen sich an dem senkrechten Profil des Stegs die einzelnen Schichten ab, die das Wachstum des Hügels markieren. Zum anderen ist der Steg eine gute Möglichkeit, zu jedem Punkt im Grabungsgelände zu gelangen, ohne jeweils durch die Grabungsareale gehen zu müssen und

Grabung

dabei u.U. die Befunde zu zerstören. Anschließend wird Schicht für Schicht in einem Areal abgegraben. Hierbei ist mit größter Sorgfalt darauf zu achten, dass keine Fußböden durchstoßen werden, denn dies würde die Befunde verfälschen. Alle Funde, die über einem bestimmten Fußboden gefunden wurden, stammen aus der Zeit nach der Anlage des Fußbodens und datieren ihn damit. Jede in sich abgeschlossene Einheit innerhalb einer Schicht (z. B. eine Mauer, ein Raum zwischen Mauern, eine Grube, ein Ofen) erhält eine eigene Locusnummer. Alle Funde in einem bestimmten Locus gehören zusammen und müssen entsprechend beschriftet werden. Knochen und Keramik legt man meist in einen Eimer, der die entsprechende Locusnummer trägt. Besondere Kleinfunde (z. B. Metall, Waffen, Münzen) werden in ihrer originalen Lage photographiert, dreidimensional eingemessen und erhalten ebenfalls die entsprechende Locusnummer. Schon bei der Dokumentation im Grabungsareal ist äußerste Sorgfalt nötig, da nur eine exakte, vollständige und eindeutige Beschriftung später eine Auswertung der Grabung ermöglicht.

7.1.3 Dokumentation einer Grabung

Jeden Tag werden alle Besonderheiten und Auffälligkeiten ausführlich schriftlich und zeichnerisch festgehalten. Nur wenn alle – auch auf den ersten Blick noch so unwesentliche – Beobachtungen im Verlauf der Grabung genau notiert werden, ist eine sachgemäße Auswertung der Grabung möglich. Oft wird man erst bei einem weiteren Fortschritt der Grabungstätigkeit Sachverhalte erkennen und verstehen lernen, für deren Lösung man dann auf bereits ausgegrabene Areale und auf die dortige Dokumentation zurückgreifen muss.

Plana und Profile   Dokumentiert werden parallel nebeneinander mehrere Sachverhalte. Im Folgenden soll nur von der abschließenden Dokumentation eines Stratums in einem Areal die Rede sein, nicht von den täglichen Aufzeichnungen zum Grabungsfortschritt, da nur die abschließenden Aufzeichnungen auch in die Grabungsberichte eingehen. Zum einen werden die Plana (ausgegrabene Flächen) in einem möglichst großen Maßstab (meist 1:20) gezeichnet. Auch die Profile (Wände der Stege), die eine Überprüfung der Ausgrabungen ermöglichen, werden gleichfalls zeichnerisch im selben Maßstab festgehalten. Die Farbunterschiede in der Erde werden durch entsprechende Kolorierung verdeutlicht. Anschließend photographiert man Plana und Profile und beschreibt sie noch einmal genau. In den Plana werden zudem zahlreiche Höhenpunkte vermessen und in der Zeichnung festgehalten. Ebenso werden die Keramikfunde, die Knochen und die sonstigen Kleinfunde jeweils in der Dokumentation mit ihren entsprechenden Grabungsnummern vermerkt, so dass sie später eindeutig den jeweiligen Schichten zugeordnet werden können.

7.1.4 Bearbeitung der Grabungsfunde und -befunde

Für jede Kampagne mit etwa 6 bis 7 Wochen Grabungstätigkeit kann man in der Regel mindestens ein Jahr Aufarbeitungszeit ansetzen. Als Erfahrungswert hat sich herausgebildet, dass die Bearbeitung der Grabung in etwa genauso teuer ist wie die Grabung selbst. Jedes Stratum mit allen zugehörigen Loci wird dabei genauer untersucht, und zwar nicht mehr beschränkt auf das einzelne Grabungsareal wie bei der Grabung, sondern arealübergreifend. Dadurch entsteht ein umfassenderes Bild einer Schicht: Aus einzelnen Mauern werden zusammengehörende Räume und Häuser. Die Schichten müssen nun datiert werden. Hierzu greift man auf die Keramik zurück, die in großen Mengen gefunden wird. Da sich die Keramikformen im Laufe der Zeit verändern (vgl. Kapitel 5.2), entsteht durch den Vergleich mit Keramik von anderen Grabungsorten die Möglichkeit der zeitlichen Einordnung einer ausgegrabenen Schicht. Alle Kleinfunde müssen gleichermaßen nach einer eventuellen Restaurierung genauer typologisch untersucht und mit anderen Stücken verglichen werden. Bei den meisten Grabungen sind schon während der Grabungstätigkeit, spätestens aber bei den Auswertungen Naturwissenschaftler beteiligt, die sich z. B. mit Knochen, archäobotanischen Funden, Metallanalysen usw. beschäftigen oder C^{14}-Untersuchungen von organischem Material vornehmen. All diese Befunde müssen anschließend in einem Grabungsbericht noch publiziert werden. Erst dann ist eine Grabung wirklich abgeschlossen und steht der akademischen Welt zur Verwertung, aber auch zur kritischen Überprüfung der Daten zur Verfügung.

7.2 Oberflächenuntersuchungen

Für das West- und Ostjordanland wird man von fast 20 000 archäologisch relevanten Ortlagen ausgehen können. Nicht alle diese Orte können ausgegraben werden, um so die Siedlungsgeschichte archäologisch bestimmen zu können. Um trotzdem weitgehend zuverlässig die Besiedlung einer Region in der Vergangenheit erfassen zu können, wendet man Oberflächenuntersuchungen (Surveys) an. Hierzu werden die Scherben, die sich an der Oberfläche einer Siedlungsstätte finden, aufgesammelt und ihr Alter bestimmt. In der Regel gibt die Keramik, die man an der Oberfläche findet, auch Aufschluss über die Schichten, die sich in der Tiefe befinden. Durch Tiergänge und Auswaschungen, aber auch durch den Pflug bei landwirtschaftlichen Tätigkeiten wurden die Scherben an die Oberfläche gebracht. Kennt man die Keramikformen gut genug, kann man auch die einzelnen Scherben mit einer großen Zuverlässigkeit datieren. Die Zahl der Scherben ist dabei u. U. durchaus beachtlich. In *Tell Ġalūl* im Ostjordanland wurde ein Siedlungshügel einmal vollständig „abgesammelt" und die Keramik in ihrer Gänze ausgewertet. Dabei sammelte man nicht weniger als 26 225 Scherben auf, von denen über 2000 als Indikatoren für eine zeitliche Bestimmung verwendet werden konnten![1] An den meisten Orten ist die Zahl der aufgefundenen Scherben zwar wesentlich geringer, was u. a. daran liegt, dass viele Orte schon mehrfach besucht und „abgesammelt" wurden.[2] Auch hier gilt wieder, dass jegliche archäologische Surveytätigkeit auch eine Zerstörung von Befunden ist, wenn die Keramik anschließend nicht ausreichend publiziert und damit der wissenschaftlichen Öffentlichkeit nicht zugänglich wird. Oberflächenfunde müssen stets mit den Ergebnissen früherer Tätigkeiten am selben Ort verglichen werden, da gerade bei geringen Fundzahlen auch Zufälle die Fundstatistik verfälschen können.

Forschungs-
geschichte der
Surveyarchäologie

Die Methodik der Oberflächenuntersuchungen hat sich in den letzten Jahrzehnten stark verbessert. Die ersten Forscher, die diese Methodik anwandten, suchten an Ortslagen, die sich durch ihr Aussehen und ihre leicht veränderte Oberflächenfarbe als Siedlungsstätten auswiesen, nach Scherben, um das Alter der Ruinenstätten datieren zu können. Dies stellte einen erheblichen Fortschritt gegenüber den Forschungsreisenden des 19. Jh. dar, die zwar ebenfalls nach antiken Siedlungsplätzen suchten, aber im Wesentlichen an dem arabischen Namensgut und an sichtbaren Baustrukturen (vgl. Kapitel 3.3) interessiert waren. Mit Hilfe der Keramik gelang es, das Alter der Stätten zuverlässiger zu datieren und damit die Geschichte eines Siedlungshügels oder größeren Siedlungsplatzes zu erfassen. Unter den Forschern, die diese Methoden entwickelten, sind vor allem W. F. Albright und dann N. Glueck zu nennen. Albright hat als damaliger Direktor des amerikanischen archäologischen Instituts in Jerusalem zahlreiche Reisen unternommen und an vielen Orten Keramik aufgesammelt.[3] Glueck bereiste in den Jahren 1932 bis 1964 nahezu das ganze Ostjordanland und den Negev, nahm etwa 1500 Siedlungsplätze auf und schrieb so erste Ansätze für eine Siedlungsgeschichte für die beiden Regionen. Von deutscher Seite sind vor allem die jährlichen Lehrkurse des Deutschen Evangelischen Instituts für Altertumswissenschaft des Heiligen Landes zu nennen, die ebenfalls stets grundlegende Surveyarbeit in diversen Gebieten leisteten.[4] S. Mittmann führte zudem in den Jahren 1963–1966 einen Survey im nördlichen Ostjordanland durch, der sich vorwiegend mit Regionen beschäftigte, die von Glueck nicht ausreichend berücksichtigt wurden. Einen gewissen Endpunkt dieser ersten Phase der Surveyarchäologie stellte dann der 1967–1968 durchgeführte israelische Survey in Judäa, Samaria und Golan dar, der das Gebiet der im 6-Tage-Krieg eroberten Territorien in der Westbank und im Golan erfasste. Von einigen Ortslagen abgesehen kann man sagen, dass um 1970 die bedeutenden antiken Ortslagen des Landes bekannt und auch hinsichtlich ihrer Siedlungsgeschichte zumindest einigermaßen zuverlässig erfasst waren. Die Ergebnisse der vielfältigen Surveys

[1] Ibach, Robert D.: Archaeological Survey of the Hesban Region (Hesban 5), Berrien Springs 1987, 14.
[2] Bernbeck, Reinhard: Don't Pick Up these Sherds!, in: Orient Express 3. 1995, 89–92.
[3] Die Ergebnisse dieser Reisen sind in zahlreichen Artikeln in BASOR veröffentlicht.
[4] Veröffentlicht in den jeweiligen Jahresberichten in PJB und ZDPV.

wurden, kombiniert mit sonstigen Informationen, die der Antikenverwaltung vorlagen, im Westjordanland vom Israel Department of Antiquities und als offizielle Regierungspublikation veröffentlicht. Zwar finden sich in beiden Bänden meist nur Angaben zur Lage von Orten und in Ausnahmefällen auch Hinweise auf Siedlungsphasen; sie sind aber ein nützliches Hilfsmittel, um sich einerseits einen Überblick über die zum jeweiligen Zeitpunkt bekannten Siedlungen zu verschaffen und um andererseits in den Archiven der Antikenverwaltung in Israel sich weitere Informationen über die einzelnen Ortslagen zu verschaffen.

Bis 1970 orientierten sich allerdings alle Oberflächenuntersuchungen an Ortslagen, die auf Grund von besonderen Merkmalen (z. B. noch anstehende Baustrukturen, Verfärbungen des Bodens) als antike Ortslagen erkennbar waren. Eine systematische Erfassung des ganzen Landes lag nicht vor. Die schwerwiegenden Veränderungen, die die intensive Siedlungspolitik vor allem im Westjordanland mit einem enormen Anstieg der Bevölkerung seit den 50er Jahren des 20. Jh. bewirkte, und die starken Eingriffe in Ackerflächen, die sich durch moderne Pflüge und andere Gerätschaften ergaben, machten aber eine umfassende Bestandsaufnahme des Landes notwendig. Hierbei sollten nicht nur Siedlungshügel oder andere markante Siedlungsstätten erfasst werden, sondern so weit wie möglich die gesamte materielle Hinterlassenschaft, sofern sie an der Oberfläche erkennbar ist, dokumentiert werden. In diesem Zusammenhang wurde nun auch vermehrt auf die nachbyzantinischen Zeiten geachtet, die in früheren Untersuchungen oft vernachlässigt wurden.

In Israel (inklusive der besetzten Gebiete) wurde dieses Vorhaben von Staatsseite her gefördert und koordiniert. Seit 1978 erscheinen in unregelmäßigen Abständen einzelne Monographien, die sich jeweils mit einem 10 km × 10 km großen Quadranten des Landes beschäftigen und diesen so genau wie möglich beschreiben. Bisher, d. h. im Jahre 2002, sind noch nicht einmal 40 von insgesamt 311 Quadranten veröffentlicht.[5] Für weite Bereiche des Landes liegen aber bereits die nötigen Vorarbeiten in Form von Magisterarbeiten usw. vor. Für diese Intensivsurveys wird von einem Team das ganze Gelände abgegangen, wobei die einzelnen Mitarbeiter parallel nebeneinander hergehen und einen Abstand von wenigen Metern einhalten. Jeder Fund wird kartiert und beschrieben. So gelang es, auch kleinere oder nur kurzfristig besiedelte Orte zu erfassen, die sich bislang der Aufmerksamkeit der Archäologen entzogen hatten. Teilweise konnten so auch landwirtschaftliche Anlagen (Stützmauern, Weinpressen usw.) beobachtet werden, die Aussagen über die antiken Lebensbedingungen ermöglichen. Geachtet wird bei dieser Aufnahme zunehmend auch auf die Rahmenbedingungen für die einzelnen Ortschaften: Wie weit sind die Orte von der nächsten Wasserquelle entfernt? Welche natürliche Topographie unterstützt die Gründung eines Ortes gerade an dieser Stelle? Unterstützt wurden diese Surveys noch durch spezielle Oberflächenuntersuchungen, die sich beispielsweise mit dem Straßenverlauf in römischer Zeit beschäf-

Neuere
Surveyvorhaben

---

[5] Ein weiterer voluminöser Band, der außerhalb dieser Reihe erschienen ist, beschäftigt sich mit dem südsamarischen Bergland.

tigten oder sich auf besondere Epochen (insbesondere in der Urgeschichte) konzentrierten.

In Jordanien waren die Oberflächenuntersuchungen bislang nicht koordiniert, was zur Folge hat, dass manche Gebiete derzeit recht gut erfasst sind, andere dagegen noch überhaupt nicht näher untersucht wurden.[6] Die fehlende Koordination hat jedoch nicht nur Nachteile. Da unterschiedliche Forscherteams mit unterschiedlichen Methodiken vorgegangen sind, wurde die Surveymethodik vor allem hier weiterentwickelt.[7]

	Karte 46, Zahl der Ortslagen mit Siedlungsresten	In Prozent in Bezug auf die Gesamtzahl der Ortschaften	Karte 80, Zahl der Ortslagen mit siedlungsresten	In Prozent in Bezug auf die Gesamtzahl der Ortschaften	Karte 225, Zahl der Ortslagen mit siedlungsresten	In Prozent in Bezug auf die Gesamtzahl der Ortschaften
Paläolithikum	3	4,78	1	0,46	–	–
Epipaläolithikum	–	–	1	0,46	3	1,06
Neolithikum	1	1,49	7	3,21	1	0,35
Chalkolithikum	4	5,97	12	5,50	4	1,41
Frühbronze	10	14,92	19	8,72	35	12,41
Mittelbronze I	4	5,97	4	1,83	37	13,12
Mittelbronze II	13	19,4	3	1,38	–	–
Spätbronze	2	2,98	4	1,83	–	–
Eisen I	3	4,78	2	0,91	–	–
Eisen II	12	17,91	46 (!)	21,10	2	0,71
persisch	12	17,91	28	12,84	–	–
hellenistisch	9	13,43	19	8,72	–	–
römisch	12	17,91	45	20,64	19	6,74
römisch-byzantinisch	2	2,98	43	19,72	–	–
byzantinisch	37	55,22	106	48,62	95	33,68
früharabisch			28	12,84	95	33,68
Kreuzfahrer- und Mameluckenzeit	17	25,37	15	6,88	–	–
ottomanisch	22	32,84	21	9,63	3	1,06
Gesamtzahl der Ortslagen	67		218		282	

Tabelle 1

Siedlungsdichte

Da sich Oberflächenuntersuchungen in der Regel nicht (wie die Ausgrabungen) auf eine einzige Ortslage beschränken, sondern eine ganze Region erfassen, lässt sich mit ihnen die regionale Entwicklung über die Jahrhunderte hinweg erfassen. Die Siedlungsdichte im Altertum war er-

[6] Einen noch weitgehend aktuellen Überblick über die durch Intensivsurveys erfassten Gegenden in Jordanien bieten die Karten B IV 6 Nord und Süd in: Mittmann, Siegfried/Schmitt, Götz (Hrsg.): Tübinger Bibelatlas, Stuttgart 2001.
[7] Vgl. den Überblick bei Kamlah, Jens: Der *Zeraqōn*-Survey 1989–1994. Mit Beiträgen zur Methodik und geschichtlichen Auswertung archäologischer Oberflächenuntersuchungen in Palästina (ADPV 27,1), Wiesbaden 2000, 136–144.

	Größe der Region (in km²)	Zahl der Ortschaften	Besiedelte Fläche der Ortschaften (in ha)	Siedlungs- dichte (Besiedelte Fläche: Gesamtfäche)
Obergaliläa	854	18	23,8	0,27
Untergaliläa	1174	22	49,1	0,41
Hulebecken	177	16	40,4	2,28
Jordangraben	648	25	77,7	1,19
Jesreelebene	405	28	57,1	1,40
Samaria (inklusive der Berge von Gilboa und des Karmels	3065	54	92,9	0,30
Judäa (mit Schefela)	4462	41	94,5	0,21
Nördliche Küstenebene	375	15	56,1	1,49
Küstenebene südlich des Karmel	2655	30	92,6	0,34
Ebenen von Arad und Beerscheba	250	11	18,4	0,73
Summe	14064	260	602,6	0,43

Tabelle 2

staunlich hoch, schwankt aber von Region zu Region und von Zeit zu Zeit (s. Tab. 1). Bei der Karte 80 des Survey of Israel, die sich mit der Region nordöstlich von Lod beschäftigt (Koord. 140–150.150–160), wurden beispielsweise 218 Ortslagen nachgewiesen.[8] Bei der Karte 46, die das Gebiet südwestlich des See Gennesarets näher untersuchte, wurden dagegen nur 67 Plätze entdeckt.[9] Bemerkenswert ist, dass bei dem im südlichen Negev gelegenen Gebiet der Karte 225 immerhin 282 archäologische Ortschaften, die in der Regel allerdings relativ klein waren, nachgewiesen werden konnten.[10] Einen ungefähren Eindruck von der Siedlungsdichte des Landes erhält man, wenn man diese drei Surveyberichte bezüglich der Ortschaftsdichte in einzelnen Perioden auswertet.

Betrachtet man diese Tabelle, fällt ein erster Anstieg der Siedlungsdichte in allen drei Regionen in der Frühbronzezeit auf. In den folgenden Jahrhunderten wird die Zahl der Siedlungen wieder etwas geringer und steigt noch einmal in der Eisenzeit II markant an. Auf einen neuerlichen Rückgang erfolgt ein wiederholter Anstieg in der römischen Zeit, der dann in der byzantinischen Epoche seinen absoluten und bis dahin nicht erreichten Höhepunkt erklimmt.

Unberücksichtigt ist in dieser Übersicht die Größe der einzelnen Siedlungen. Hierfür gibt es einige Untersuchungen, die den oben an drei Kleingebieten dargestellten Befund bestätigen. Für die Frühbronzezeit II und III (ca. 3000–2200 v. Chr.) sind die entsprechenden Zahlen für die besiedelten

Siedlungsfläche in der Frühbronzezeit II/III

[8] Gophna, Ram/Beit-Arieh, Itzhaq: Archaeological Survey of Israel. Map of Lod (80), Jerusalem 1997.
[9] Gal, Zvi: Archaeological Survey of Israel. Map of Gazit (46), Jerusalem 1991.
[10] Avni, Gideon: Archaeological Survey of Israel. Map of Har Saggi Northeast (225), Jerusalem 1992.

Flächen in den einzelnen Regionen des Landes sowie für die Siedlungsdichte in Tab. 2 zusammengestellt[11].

Deutlich erkennt man, dass die Siedlungsdichte in den Regionen sprunghaft ansteigt, die über besonders günstige Handelsmöglichkeiten (Küstenebene, Hulebecken) oder gute landwirtschaftliche Rahmenbedingungen (Jesreelebene) verfügen. Das Bergland wurde dagegen nur dünn besiedelt.

Siedlungsfläche in der Mittelbronzezeit II

In der Mittelbronzezeit IIA (2000–1750 v.Chr.) und IIB (1750–1550) lassen sich einige signifikante Veränderungen beobachten[12] (s. Tab. 3).

	Größe der Region (in km²)	Ortschaften MB IIA	Besiedelte Fläche MB IIA (in ha)	Siedlungsdichte MB IIA	Ortschaften MB IIB	Besiedelte Fläche MB IIB	Siedlungsdichte MB IIB
Obergaliläa	854	7	19,6	0,22	7	19,6	0,22
Untergaliläa	1174	4	2,2	0,02	57	34,2	0,29
Hulebecken	177	7	101,1	5,71	7	101,1	5,71
Jordangraben	648	16	13,9	0,21	34	15,8	0,24
Jesreelebene	405	28	81,2	2,00	20	17,6	0,43
Samaria	3065	4	10,8	0,03	105	82,6	0,26
Judäa	4462	9	31,8	0,07	33	82,6	0,18
Nördliche Küstenebene	375	6	88,0	2,34	7	93,0	2,48
Küstenebene südlich des Karmel	2655	49	206,5	0,77	65	210,3	0,79
Ebenen von Arad und Beerscheba	250	–	–	–	2	3,5	0,14
Summe	14064	130	555,1	0,39	337	660,3	0,46

Tabelle 3

In der Mittelbronzezeit IIA konzentrierten sich, bei einer nahezu gleichen Gesamtsiedlungsfläche im Land, die Siedlungen schwerpunktmäßig stärker auf das Hulebecken und die Küstenebenen, während vor allem das Bergland in Galiläa, Samaria und Judäa starke Einbußen erleben musste. Von dem Bevölkerungsanstieg in der Mittelbronzezeit IIB profitierten vorwiegend die dünn besiedelten Gebiete im Bergland, während die Jesreelebene signifikant an Einwohnern verlor.

Siedlungsfläche im 8. Jh. v.Chr.

Für die Spätbronze- und Eisenzeit I liegt noch keine vergleichbar gründliche Untersuchung vor, obwohl gerade diese Perioden für die Frage der

[11] Broshi, Magen/Gophna, Ram: The Settlements and Population of Palestine During the Early Bronze Age II–III, BASOR 253. 1984, 41–53.
[12] Broshi, Magen/Gophna, Ram: Middle Bronze Age II Palestine: Its Settlements and Population, BASOR 261. 1986, 73–90.

	Größe der Region (in km²)	Zahl der Ortschaften	Besiedelte Fläche der Ortschaften (in ha)	Siedlungs- dichte (Besiedelte Fläche: Gesamtfläche)
Obergaliläa	854	84	96	1,12
Untergaliläa	1174	54	65	0,55
Hulebecken	177	23	63	3,55
Jordangraben	648	66	40	0,61
Jesreelebene	405	55	95	2,35
Samaria (inklusive der Berge von Gilboa und des Karmels}	3065	377	393	1,28
Judäa (mit Schefela)	4462	266	395	0,88
Nördliche Küstenebene	375	22	73	1,95
Küstenebene südlich des Karmel	2655	134	197	0,74
Ebenen von Arad und Beerscheba	250	5	5	0,20
Summe	14064	1087	1422	1,01

Tabelle 4

Landnahme von höchster Relevanz sind. Interessant ist dann wiederum die Verteilung in der Eisenzeit II (8. Jh. v. Chr.; Tab. 4)[13].

Bemerkenswert ist nun der hohe Anstieg der Siedlungsdichte im Bergland und in der Jesreelebene. Die auf Grund des heute recht genauen Gesamtbestandes an Siedlungen möglichen Rückschlüsse zur kulturellen, politischen und historischen Entwicklung des Landes sind noch lange nicht ausgereizt. Viele Fragen werden in Zukunft in diesem Zusammenhang noch durch eingehende Untersuchungen geklärt oder zumindest einer klareren Sicht nahegebracht werden können.

Mitberücksichtigt werden muss bei solchen Untersuchungen natürlich auch die nichtsesshafte Bevölkerung (Kleinviehnomaden und – in allerdings geringem Maße – Kamelbeduinen), die in Zeiten eines Niedergangs der Stadtkulturen stets erheblich ansteigt. Auch für die Bestimmung der nichtsesshaften Bevölkerung helfen gerade Intensivsurveys am Rande des Kulturlandes sehr viel weiter. Jede Bevölkerungsgruppe hinterlässt Kulturreste, die sich, soweit sie nicht aus rasch vergänglichem Material sind, meist nachweisen lassen. Im Negev und im Ostjordanland wurden jenseits des Kulturlandes, das intensiv für Ackerbau genutzt wird, zahlreiche Spuren einer Siedlungtätigkeit von Nomaden nachgewiesen. Häufig sind nur Steinkreise, Gräber, Scherben oder andere Relikte aufgefunden worden, die aber doch helfen, ein hinreichend genaues Bild der Nomadentätigkeit

Erfassung nichtsesshafter Bevölkerung

[13] Broshi, Magen/Finkelstein, Israel: The Population of Palestine in Iron Age II, BASOR 287. 1992, 47–60.

zu entwickeln.[14] Eine gründliche Untersuchung der Verhältnisse in der Frühbronzezeit IV/Mittelbronzezeit I, also einem Zeitpunkt des nahezu völligen Niedergangs der Stadtkulturen in Palästina, zeigte, dass sich die Lage der bislang nachgewiesenen Gräber dieser Epoche signifikant von der Lage der bekannten Siedlungen derselben Zeit unterscheidet.[15] Aus dem charakteristischen Unterschied kann geschlossen werden, dass sich Nomaden vor allem im kaum besiedelten Bergland aufhielten und dort ihre Toten bestatteten, während die in der Regel nur kurzzeitig besiedelten Ortschaften vorwiegend im Ostjordanland und im Negev lagen.

7.3 Ikonographie

Bildquellen aus Palästina

Die Ikonographie hat in den letzten Jahrzehnten ihren festen Platz innerhalb der Methoden der Auswertung altorientalischer (Bild-)Quellen erhalten. In Ägypten und Mesopotamien, aber auch in der Klassischen Antike, spielte sie schon immer eine große Rolle, da es dort eine beachtliche Menge an Bildern und Plastiken gab. Für Palästina war die Ausbeute eher gering. Betrachtet man beispielsweise das von J. B. Pritchard herausgegebene ANEP, das noch immer das materialreichste Werk in Bezug auf das Alte Testament darstellt, dann stammen von den dort abgedruckten 882 Bildern gerade einmal 183 (= 20,7%) aus Palästina. Dieses Verhältnis zeigt anschaulich, dass man auf der Suche nach Bildern, die für das Alte Testament von Bedeutung sind, meist auf die Umwelt zurückgegriffen hat. Die zahlreichen Grabungen in Palästina nach dem zweiten Weltkrieg haben zwar die Menge an Objekten erheblich vermehrt. Wiederum sieht man das deutlich daran, dass in der 1. Auflage von ANEP aus dem Jahre 1954 nur 112 von 769 Bildern (= 14,5%) aus Palästina stammten. Im Nachtrag der 2. Auflage konnten somit noch zahlreiche das Kernland der Bibel betreffende Bilder nachgereicht werden. Trotzdem ist der Unterschied signifikant: In Ägypten und Mesopotamien gibt es eine Vielzahl von Kunstwerken, die in irgendeiner Art für die Geschichte und Kultur Israels von großer Bedeutung sind, während die Zahl der entsprechenden Gegenstände aus Palästina und insbesondere deren künstlerischer Wert relativ gering ist.

Die Gründe hierfür sind vielfältig, liegen aber im Wesentlichen in der wirtschaftlichen Bedeutung Ägyptens und Mesopotamiens begründet. Beide Länder bildeten in vorchristlicher Zeit über einen langen Zeitraum hinweg trotz einiger Schwächeperioden die zentralen Machtblöcke im Vorderen Orient. Macht wiederum hat Auswirkungen auf die Lebensweise. Mit

---

[14] Finkelstein, Israel: Living on the Fringe. The Archaeology and History of the Negev, Sinai and Neighbourging Regions in the Bronze and Iron Ages (Monographs in Mediterranean Archaeology 6), Sheffield 1995; Parker, S. Thomas (Ed.): The Roman Frontier in Central Jordan. Interim Report on the Limes Arabicus Project, 1980–1985 (BAR S340 i/ii), Oxford 1987.

[15] Palumbo, Gaetano: The Early Bronze Age IV in the Southern Levant. Settlement Patterns, Economy, and Material Culture of a ‚Dark Age‘, Rom 1991.

einem großen Reich sind Einnahmen verbunden, die in Kunst umgesetzt werden können. Macht wird durch Prunkbauten (Paläste und Tempel) und deren Ausgestaltung verdeutlicht. Palästina dagegen stand, von wenigen Ausnahmen abgesehen, die meiste Zeit unter der politischen Kontrolle eines der Machtzentren des Vorderen Orients und konnte daher sich nur gering entfalten. Ägypten und Mesopotamien kontrollierten zudem den Handel und profitierten davon, während Palästina Durchgangsland war und sich nur in relativ bescheidenem Maße am Handel bereichern konnte. Palästina ist zudem ein rohstoffarmes Land. Auf den kärglichen Böden Palästinas, die vom Einsetzen des Winterregens abhängig waren, gelang es oft nur mühsam, Überschüsse zu erwirtschaften, während in Mesopotamien und Ägypten durch die Wasser von Eufrat, Tigris und Nil eine gesicherte und ertragreiche Landwirtschaft existierte. Aber nur eine konstante Überschußwirtschaft ermöglicht es, dass sich ein kleiner Teil der Gesellschaft auf Dauer auf die Herstellung von Kunstwerken spezialisieren kann.

Trotzdem gab es eine nicht gerade geringe Anzahl von „Bildern" im weitesten Sinn in Palästina. Nur handelt es sich dabei in den meisten Fällen eben nicht um hochwertige Kunstwerke, sondern um „Kleinkunst", wobei die rund 10000 bei offiziellen Grabungen gefundenen Siegel einen besonderen Forschungsschwerpunkt der letzten Jahre darstellten. In einer ersten ikonographisch ausgerichteten Arbeit[16] hatte 1972 O. Keel, der die Forschungen in diesem Bereich besonders gefördert hat, die vielfältige Bildwelt aus der Umwelt des Alten Testaments, insbesondere ägyptische und mesopotamische Bilder, mit biblischen Texten in Verbindung gebracht. Dabei zeigte er, dass es im Bereich des Fruchtbaren Halbmondes einen gemeinsamen Fundus von Vorstellungen gab, der (durchaus mit lokalen Differenzen) sowohl in Texten als auch in Bildern aufgegriffen wurde. In einem nächsten Schritt wandte er sich dann auf der Suche nach brauchbarem Bildmaterial aus Palästina selbst den Siegelbildern dieser Region zu. Zwar waren schon vor ihm gelegentlich die Siegel der Region zusammengestellt und untersucht worden, blieben aber eher Spezialuntersuchungen ohne große Resonanz innerhalb der alttestamentlichen und biblisch-archäologischen Forschung. Keel gab die rein beschreibende Ebene der Ikonographie auf und wies – Gedanken von E. Panofsky (1892–1968) aufnehmend und auf den Orient anwendend – auf die religions- und geistesgeschichtliche Bedeutung der Siegel hin. Siegel wurden im Vorderen Orient nicht nur zum Absiegeln eines Schriftstücks verwendet. Sie enthalten auch eine religiöse Symbolik, die von hohem Aussagewert für die Besitzer der Siegel sind. Sie haben einen Amulettcharakter, da die auf den Siegeln repräsentierte Gottheit ihren Schutz für den Besitzer des Siegels ausüben soll. Auf Grund seiner Untersuchungen gelang es Keel und seinen SchülerInnen, ein Bild der religiösen Entwicklung in Palästina zu zeigen, das sehr viel mehr die religiösen Empfindungen der gesamten Bevölkerung jener Zeit widerspiegelt als die biblischen Texte, die von einer theologischen Elite verfasst wurden. Damit wurde die Ikonographie zu einer

Siegelbilder

[16] Die Welt der altorientalischen Bildsymbolik und das Alte Testament, Göttingen [5]1996.

wichtigen Hilfsdisziplin der Theologie, die traditionelle Vorstellungen korrigierend verändern kann.

Wichtig für das Verständnis der Bildwelt des Alten Orients ist, dass es den Künstlern nicht um eine realistische Wiedergabe der Natur oder bestimmter Ereignisse ging. Komplexe Zusammenhänge werden auf Bildern komprimiert, typische Einzelelemente geben größere Sachverhalte wieder. Um altorientalische Bilder verstehen zu können, muss man daher den gesamten Fundus der Bildwelt der damaligen Zeit vor Augen haben. Ein Beispiel soll dies verdeutlichen.

Weltenbaum

Ein Skaraboid aus *Tell el-Far'a* Süd zeigt zwei auf den Hinterbeinen stehende Capriden (Steinböcke, Wildziegen), die die Vorderbeine an einen Baum stellen; die Köpfe sind nach außen gerichtet (Abb. 11a). Ein unbefangener Betrachter könnte das Bild als eine übliche Kleinszene der palästinischen Landschaft mit durchaus romantisierendem Unterton verstehen. Nun gehört dieser Bildtypus aber zu einem der ganz typischen Elemente der vorderorientalischen Ikonographie. Die ältesten Belegstücke dieser Bildkonstellation zeigen, dass der Baum auf einem Berg steht, der in der bildlichen Darstellung durch aufrecht stehende Schuppen dargestellt wird. Eine Intarsienarbeit aus Muschelkalk, die in die Zeit der 1. Dynastie von Ur (2600–2340 v. Chr.) datiert wird, zeigt dies anschaulich (Abb. 11b). Auf einem Rollsiegel aus Ugarit (1600–1200 v. Chr.) ist dieses Motiv mit einer geflügelten Sonnenscheibe über dem Baum versehen (Abb. 11c). Beides, Berg und Sonnenscheibe, machen deutlich, dass es sich nicht um einen der vielen Bäume des Landes handelt, sondern um einen besonders herausgehoben Baum: den Weltenbaum. Er steht auf dem Weltenberg und reicht so bis in die himmlischen Sphären hinauf. Die Sonnenscheibe macht deutlich, dass der Baum unter besonderem göttlichen Schutz steht. Auf manchen Bildern kann man zudem deutlich sehen, dass der Baum selbst ein Kunstbaum ist, der aus verschiedenen Elementen zusammengesetzt ist. Auf einer Gefäßscherbe aus *Kuntilet Aǧrūd* im Negev (spätes 9. Jh. v.Chr) besteht der Baum aus einem Palmstamm, während die Blüten lilienartig sind (Abb. 11d) . Ohne die ganze Vielzahl der Konnotationen bei diesem häufig belegten Motiv aufbereiten zu können,[17] zeigt doch schon diese kleine Auswahl an Parallelmotiven, dass die Szene eben nicht reale Wirklichkeit abbildet, sondern in Kleinstform den von Gott behüteten und bewahrten Weltenbaum symbolisiert, der von unvergleichlicher Größe und Schönheit ist und der den Geschöpfen Nahrung und damit Lebenssicherheit bietet. Aus einem scheinbaren Alltagsmotiv wird so eine theologisch höchst komplexe Aussage.

Verhältnis Bild – Text

Eine eigene Schwierigkeit stellt die Verbindung von Bildern mit biblischen oder außerbiblischen Texten dar. Im Falle des Weltenbaums ist dies noch relativ einfach. Man kann an Texte wie Dan 4,7–9; Ez 31,3–9;

---

[17] Vgl. hierzu Metzger, Martin: Zeder, Weinstock und Weltenbaum. In: D. R. Daniels (Hrsg.): Ernten, was man sät. FS Koch, Neukirchen-Vluyn 1991, 197–229; ders.: Der Weltenbaum in vorderorientalischer Bildtradition, in: Unsere Welt – Gottes Schöpfung. FS E. Wölfel, Marburg 1992, 1–34; Kepinski, Christine: L'arbre stylisé en Asie occidentale au 2e millénaire avant J.-C. Tome I–III, Paris 1982.

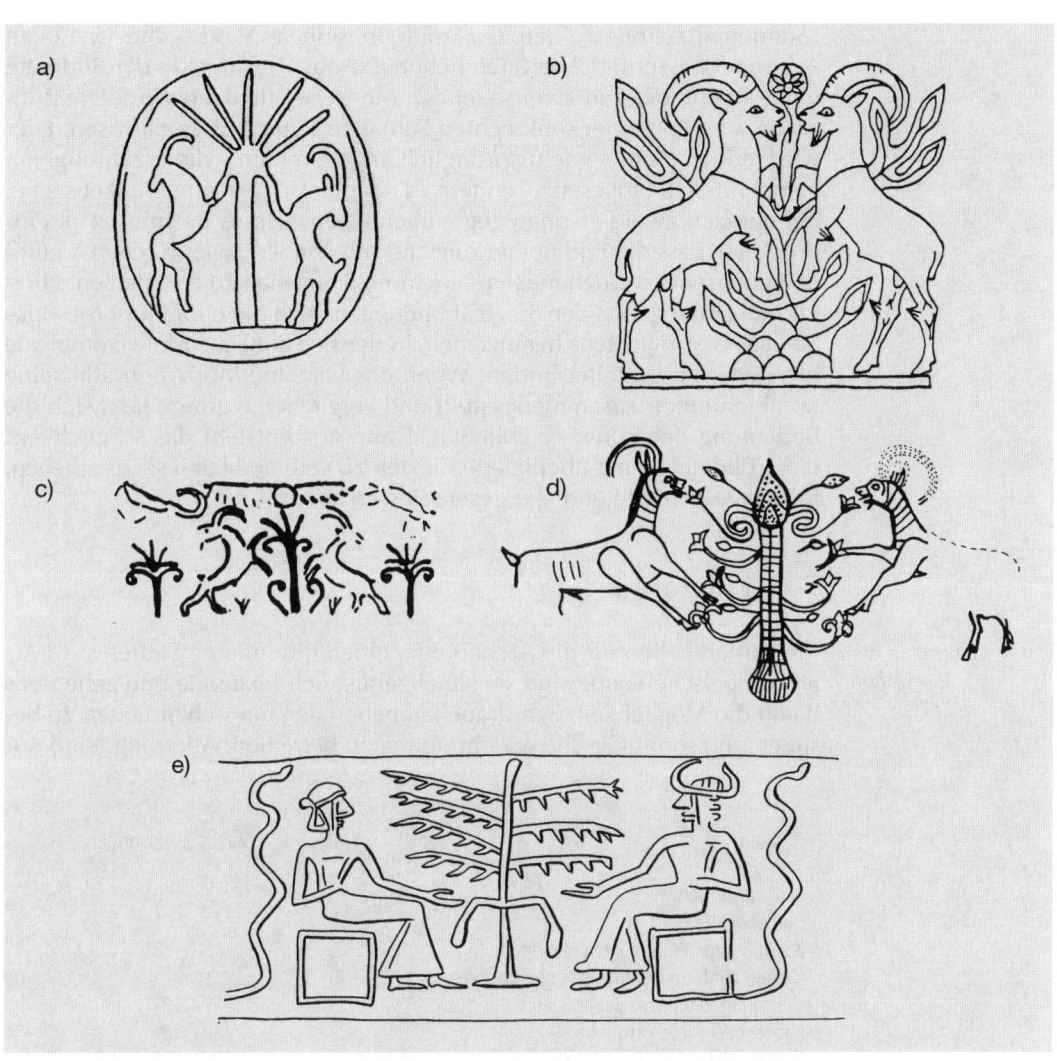

Abb. 11: Siegel.

17,22–24 u. a. m. denken. In der Regel werden aber bei einer bildlichen
Darstellung Sachverhalte in einer ganz anderen Form ausgedrückt als dies
durch Worte möglich ist. Innerhalb der Dogmatiken der verschiedenen
christlichen Kirchen finden sich viele richtige und wichtige Sätze, um die
Bedeutung von Christus für den christlichen Glauben zu umschreiben. Ein
Kruzifix wählt eine ganz andere Form, nämlich die des leidenden Christus
am Kreuz. Damit wird das Heilsgeschehen so in einer anschaulichen und
eindrücklichen Form konzentriert, wie sie mit Worten nicht hinreichend
wiedergegeben werden kann. Bild und Text sind somit in der Regel nicht
identisch in ihrer Aussage. Sie ergänzen sich in je ihrer eigenen Aussagemöglichkeit und können gemeinsam ein neues Ganzes bilden. Vor allem
sind, von wenigen Aussagen abgesehen, vorderasiatische Bilder nicht einfach Illustrationen zu biblischen oder außerbiblischen Texten. Der sog.

„Sündenfallzylinder", den G. Smith in seinem Werk „The Chaldean Account of Genesis"[18] veröffentlicht hat (Abb. 11e), zeigt in der Bildmitte einen Baum, der von zwei sitzenden Menschen flankiert wird. Die Bildszene wird von einer senkrechten Schlange seitlich abgeschlossen. Hier wird jedoch nicht – wie ursprünglich angenommen – die Erzählung von Gen 3 bildlich umgesetzt, sondern es handelt sich um eine Bankettszene, bei der sich zwei Personen gegenüber sitzen. Dieses Beispiel zeigt eindrücklich, dass die Bildmotive zunächst mit rein ikonographischen Methoden untersucht werden müssen, um ihren Sinngehalt zu erschließen. Hierfür muss man neben den Siegelabbildungen auch die Großkunst Mesopotamiens bzw. Ägyptens heranziehen, in der sich ähnliche Motiv(komplex)e oft breiter ausgestaltet finden. Wenn das einzelne Motiv und alle seine Kombinationen zusammengestellt und verglichen wurden, lässt sich die Bedeutung der Bilder erschließen. Dann erst entsteht die Möglichkeit, diese Bildinhalte mit überlieferten Texten zu verbinden und so zu erheben, inwieweit sich Bild und Text gegenseitig erklären.

7.4 Epigraphik

Gattungen der Inschriften

Inschriften haben für die Archäologie einen besonderen Stellenwert. Als archäologische Funde sind sie gleichzeitig auch Textfunde und geben uns damit die Möglichkeit, Schriftquellen neben den biblischen Texten zu besitzen und somit Geschichtsschreibung zu betreiben. Allerdings sind nur

Gattung	Zahl der Inschriften
Grabinschriften	8
Bauinschriften	1
Königs- oder Monumentalinschriften	6[19]
Gefäße mit Namensaufschrift des Besitzers und Eigentumsbezeichnungen	87
Lager- oder Liefervermerke	80
Maßangaben	15
Briefe	43
Petition	1
Wirtschaftsurkunden (Lieferscheine, Lieferlisten etc.)	44
Liste von Personennamen bzw. einzelne Personennamen	30
Alphabete (als Schultexte)	8
Zahlenübungen	6
Kalender	1
Weiheinschriften	15
Beschriftete Siegel und -abdrücke (Bullen)[20]	711

Tabelle 5

[18] London 1876, 91.

[19] Kein einziger Beleg ist allerdings wirklich gesichert oder in einem längeren Zusammenhang erhalten.

[20] Nach Avigad, Nahman: Corpus of West Semitic Stamp Seals, Jerusalem 1997.

die wenigsten Texte, die in Palästina bisher gefunden wurden, unmittelbar für eine geschichtliche Auswertung verwendbar. Dies trifft insbesondere für Bauinschriften (z.B. Meschastele KAI 181; Siloah-Inschrift KAI 189) und einige wenige andere Inschriften (z.B. Lachisch-Ostraka KAI 192–199; Dan-Inschrift) zu. Bei den meisten Inschriften handelt es sich dagegen um Verwaltungs- und Wirtschaftstexte im weitesten Sinn, die erst durch die Eingliederung in einen größeren Zusammenhang eine Aussagekraft für die Geschichtsschreibung und die Erhellung der Kulturgeschichte erhalten. Auf Grund der im „Handbuch der althebräischen Epigraphik" aufgeführten Inschriften lässt sich folgende Übersicht hinsichtlich der Art der Inschriften erstellen (s. Tab. 5 auf S. 124).

Schriftliche Fixierungen setzen immer schon weitgehend entwickelte Gesellschaftsverbände voraus. In kleinen Kreisen, z.B. in einer Ortschaft mit 50 Einwohnern, ist es in der Regel nicht notwendig, Sachverhalte, Anordnungen, Verträge etc. schriftlich festzuhalten. Hier reicht meist das mündlich gesprochene und gleichsam verpflichtende Wort. Den allmählichen Anstieg von Bürokratie und Verwaltung in Israel zeigt die zeitliche Verteilung der Inschriften (ohne die Siegel) deutlich (s. Tab. 6).

Chronologische Verteilung von Texten

10. Jh.	4
9. Jh.	18
1. Hälfte 8. Jh.	16
3. Viertel 8. Jh.	40
4. Viertel 8. Jh.	89
1. Hälfte 7. Jh.	50
2. Hälfte 7. Jh.	52
Anfang 6. Jh.	65

Tabelle 6

Epigraphik beschäftigt sich mit der Lektüre dieser Inschriften. Eine große Schwierigkeit stellt dabei der Sachverhalt dar, dass die meisten Inschriften in teilweise verderbtem Zustand erhalten blieben. Steininschriften sind häufig zerschlagen worden, so dass nur Teile des ursprünglichen Textes erhalten blieben. Auf den Ostraka (Tonscherben, die als Zweitverwendung beschriftet wurden) ist oft die Tinte, mit der die einzelnen Buchstaben geschrieben wurden, abgeplatzt oder verblasst; manchmal kann man den ursprünglichen Text durch Infrarotaufnahmen noch lesbar machen. Siegel und Siegelabdrücke sind manchmal beschädigt und daher schwer lesbar. Die – in Palästina allerdings seltenen – Papyri sind fast immer an den Rändern beschädigt. Neben der eigentlichen Entzifferung der Buchstaben gehört daher auch die häufig umstrittene Rekonstruktion eines Textes zu den Aufgaben eines Epigraphikers.

Rekonstruktion von Texten

Neben den hebräischen Inschriften müssen auch die Inschriften der angrenzenden Regionen gleichfalls zur Kenntnis genommen werden. Wissenschaftliche Arbeit im Bereich der Epigraphik kann sich nicht auf das Gebiet Israels allein beschränken, sondern muss immer auch die gesamten semitischen Sprachen im Blick haben. Für manche in den Inschriften erwähnte Wörter gibt es im biblischen Wortschatz keine Parallelen, wohl aber in anderen semitischen Texten. In nachexilischer Zeit ändert sich die Sprache ohnehin von Hebräisch zu Aramäisch und schließlich zu Griechisch und Lateinisch, wobei die lateinischen und griechischen Inschriften wiederum von eigenen Fachleuten (Gräzisten und Latinisten) bearbeitet werden. Gerade aber in aramäischer Sprache sind in den letzten Jahren zahlreiche neue Inschriften aus dem Süden Palästinas bekannt geworden, die derzeit publiziert werden und sicherlich neue Einblicke in die Geschichte Palästinas erlauben. Dass Inschriften auch außerhalb Palästinas für diese Epoche von großer Bedeutung sein können, zeigten die Inschriftenfunde aus der jüdischen Kolonie in Elephantine im Bereich des heutigen Assuanstaudamms in Ägypten. Derartige Texte erlauben einen Einblick in die Sozial-, Rechts-, Wirtschafts- und Religionsgeschichte der jeweiligen Siedlung und zuweilen auch Rückschlüsse auf die entsprechenden Verhältnisse im gesamten Palästina. Schließlich ist noch auf die Qumran-Inschriften zu verweisen, die gleichfalls überwiegend in Aramäisch verfasst wurden und für die neutestamentliche Zeitgeschichte von großer Bedeutung sind.

7.5 Zukunft der Archäologie

Überblickt man den derzeit erreichten Stand der Forschung im Bereich der Palästinawissenschaft, lässt sich eine deutliche Zäsur beobachten. Inzwischen liegt eine derart große Menge an Funden und Befunden vor, dass zusammenfassende Darstellungen in der Regel beanspruchen können, über einen längeren Zeitraum Gültigkeit behalten zu können. Auch über 10 Jahre nach Erscheinen des Lehrbuches von H. Weippert[21] hat sich an den Thesen und Zusammenschauen eigentlich nichts grundlegend geändert. Neuere Grabungen können Sachverhalte verfeinern und zweifelsohne weitere spektakuläre Funde ans Tageslicht bringen; die Basis, auf der Thesen entwickelt werden, ist jedoch heutzutage breit genug für weitgehend zuverlässige Aussagen.

Palästinaarchäologie als eigenständige Spezialdisziplin   Es lässt sich aber auch beobachten, dass sich die biblisch-archäologische Forschung in den vergangenen Jahren sehr stark professionalisiert hat. Vor nicht allzu langer Zeit konnte der Lehrkurs des Deutschen Evangelischen Instituts bei seinen alljährlichen Reisen höchst bedeutsame Beiträge für die Palästinaarchäologie beitragen. Heute wäre dies in einer den derzeitigen wissenschaftlichen Ansprüchen genügenden Qualität wohl kaum mehr möglich. Konnte man vor wenigen Jahren Archäologie und Theologie noch bequem verbinden, haben sich beide Fächer inzwischen derart weiterentwickelt, dass eine Spezialisierung heute nahezu unumgänglich ist. Dieser Entwicklung muss in der Ausbildung des wissenschaftlichen Nachwuchses Rechnung getragen werden. Historische Palästinawissenschaft wurde international immer nur von wenigen Ländern intensiv betrieben (insbesondere USA, England, Frankreich, Deutschland, Italien sowie die Länder des Nahen Ostens). In diesen Ländern kann die Forschung nur weitergehen, wenn ausreichende finanzielle Mittel für die neuen Aufgaben dieses Fa-

---

[21] Weippert, Helga: Palästina in vorhellenistischer Zeit, München 1988.

ches zur Verfügung stehen. So wird die Forschung in Zukunft vermehrt auf Datenbanken via Internet zurückgreifen, in denen die nötigen Informationen zur Verfügung stehen. Erste Planungen liegen in den USA bereits vor, mittels 3-D-Photographien wichtige Kleinfunde unmittelbar nach Ende einer Grabungskampagne den KollegInnen für die wissenschaftliche Arbeit zur Verfügung zu stellen. Derartige Geräte, aber auch die Pflege der bestehenden Fachbibliotheken erfordern jedoch einen hohen Finanzaufwand, der auch für die Zukunft sichergestellt werden muss.

Angesichts der doch recht gesicherten Basis, auf der heute Rekonstruktionen der Vergangenheit mit Hilfe archäologischer Relikte erstellt werden, ändern sich auch die Fragestellungen der Palästinaarchäologen. Galt es früher schwerpunktmäßig, einen Tell auszugraben, seine Geschichte und eventuell seine besondere Bedeutung zu erfassen, und rückten dann stärker regionale Fragestellungen ins Blickfeld, so steht nun die Beantwortung übergreifend relevanter Themen an. Fragen der Beeinflussung in kultischen oder kulturellen Dingen durch die Nachbarregionen Ägypten, Mesopotamien, Mittelmeerraum (Zypern!) und Syrien treten derzeit stärker in den Vordergrund, Handelswege, -möglichkeiten und -produkte gilt es zu erfassen, auch die Frage einer multikulturellen Gesellschaft im Altertum oder einer Migration von Bevölkerungsgruppen werden wichtig. All diese Fragestellungen können nur bei einer umfassenden Ausbildung des wissenschaftlichen Nachwuchses erarbeitet werden, wobei neben der eigentlichen Palästinawissenschaft auch die Nachbarregionen erschlossen werden müssen. Dies wird zu einer stärkeren Kooperation der einzelnen Fächer und zu fachübergreifenden Studien führen. Die Tendenz, dass sich die Biblische Archäologie dabei immer weiter von der Exegese entfernt und zu einem rein archäologischen Fach wird, wird kaum aufzuhalten sein. Andererseits muss aber auch darauf geachtet werden, dass die in diesem Bereich arbeitenden WissenschafterInnen über die elementaren Grundkenntnisse exegetischer Wissenschaft verfügen, um nicht bei historischen Fragestellungen in einen Fundamentalismus zu verfallen.

Neue Aufgabenfelder der Palästinaarchäologie

8. Historische Topographie

Ein Bibelatlas dürfte neben der Konkordanz das wichtigste und am meisten benutzte Hilfsmittel für die Exegese biblischer Texte sein. Wie aber wird festgelegt, wo ein einzelner Ort eigentlich liegt? Bei manchen Orten scheint es selbstverständlich. Jerusalem war über die Jahrhunderte und Jahrtausende hinweg immer besiedelt und hat seinen Namen eigentlich nicht verloren, auch wenn die Stadt heute arabisch *el-Quds* [‚die Heilige‘] heißt. Die meisten Orte jedoch haben keine derart durchgehende Geschichte, sondern wurden zerstört oder verlassen. Zudem haben die wenigsten der in der Bibel erwähnten Ortslagen eine so zentrale Bedeutung erhalten wie etwa Jerusalem, Hebron oder Sichem. Weil sie keine heilsgeschichtliche Relevanz hatten, wurden sie nie gesucht und besucht – und deshalb wurde ihre genaue Lage oft vergessen. Dies erschwert dem historischen Topographen seine Arbeit. Nur selten finden sich bei Ausgrabungen wie in Hazor, Gezer oder Arad Inschriften, die mehr oder weniger eindeutig eine Identifizierung der Ortslage ermöglichen. In der Regel ist die Gleichsetzung eines in antiken Texten erwähnten Ortes mit einer bestimmten Lokalität ein aufwendiger und zeitraubender Vorgang. Für den Einstieg und eine Erstinformation für diesen Themenbereich sind die Angaben in den Bibellexika, vor allem im Neuen Bibel-Lexikon und im Anchor Bible Dictionary, ausreichend. Für viele Orte findet man dort die nötigen Informationen, warum eine bestimmte Ortslage gerade hier lokalisiert wird. Die Literaturangaben geben dann weitere Anhaltspunkte, die für viele Zwecke schon genügen. Will man aber tiefer eindringen und die Lage eines Ortes selbst bestimmen, stehen für diesen Zweig der biblischen Landes- und Altertumskunde normalerweise drei Informationsbereiche zur Verfügung, die man alle für eine Lokalisation prüfen muss.

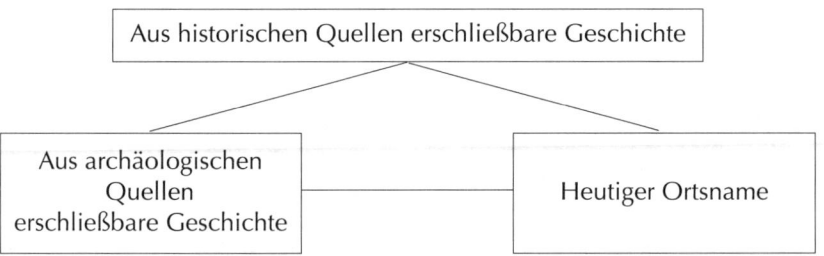

8.1 Aus historischen Quellen erschließbare Geschichte

Exegese biblischer
Texte

Will man eine Ortslage lokalisieren, muss man zunächst alle zur Verfügung stehenden Quellen, die den Ortsnamen nennen, sammeln und interpretieren. Hierbei sind nicht nur sämtliche biblischen, sondern auch alle außerbiblischen Quellen mit heranzuziehen. Die biblischen Namen (inklusive der Apokryphen) findet man in einer Konkordanz. Dabei ist zu beachten, dass es zahlreiche Ortsnamen gibt, die für mehrere Orte verwendet wurden. So gab es beispielsweise mindestens vier Ortslagen in Palästina, die den Namen Bet-Schemesch tragen. Unter den in der Konkordanz angegebenen Stellen ist zunächst zu prüfen, ob sie sich alle auf dieselbe Ortslage beziehen. Gegebenenfalls ist die Zahl der Belegstellen entsprechend einzugrenzen. Wichtig ist es dann, für die verbliebenen Bibelstellen die Abfassungszeit des Textes und nicht die erzählte Zeit zu erschließen. Wer nach einer um 1200 zerstörten bedeutenden Ortslage namens Jericho sucht, wird im Bereich des unteren Jordans nicht fündig werden. Erkennt man jedoch, dass dieser Bericht aus der Zeit des 8. oder 7. Jh. v. Chr. stammt, und versteht man Jos 6 nicht als historische Beschreibung, sondern als theologisch motivierte Erzählung, bieten sich andere Möglichkeiten der Bestimmung der Ortslage an. Historisch-topographische Arbeit setzt daher immer auch intensive und exakte exegetische Arbeit an biblischen Texten voraus. Nun kann man sicherlich nicht für jeden Text eine ausführliche Exegese vornehmen. Die kritische Lektüre der einschlägigen Kommentare und der relevanten Sekundärliteratur ist jedoch unbedingt notwendig, um nicht einer Fehlinterpretation zu erliegen.

Wer sich mit den verschiedenen Forschungsbeiträgen zu den biblischen Texten beschäftigt, wird eine beträchtliche Divergenz in den Forschungsmeinungen feststellen. Dem Topographen obliegt es, innerhalb verschiedener Meinungen sich seine eigene Meinung zu bilden, um so die Texte auch datieren zu können.

Neben den biblischen gibt es aber auch noch eine Vielzahl außerbiblischer Texte, die gleichfalls durchsucht werden müssen, ob es dort Nennungen der zu lokalisierenden Ortslage gibt. Vielfach ist diese Arbeit bereits in Lexikonartikeln etc. vorgenommen worden, so dass man sich zunächst daran orientieren kann. Da die einschlägigen Arbeiten zur Lokalisierung von Ortslagen häufig schon älteren Datums sind, ist eine kritische Lektüre der jeweiligen Quellen (und ihrer Lesungen) und eine Überprüfung der Argumentation auf dem Hintergrund des jetzigen Forschungsstandes jedoch unverzichtbar. Einige neue Quellen (z. B. die Mari-Archive) sind inzwischen hinzugekommen und liefern gelegentlich neue Erwähnungen von Ortslagen aus Palästina.

Exegese außerbiblischer Texte

Für die Zeit vor der Hellenisierung des Orients sind folgende wichtige Quellen für das Gebiet Palästinas zu nennen[1]:

Textquellen aus vorhellenistischer Zeit

Ägyptische Texte:
Geschichte des Sinuhe (um 1900 v. Chr.): TUAT III, 384 ff. [deutsche Übersetzung mit Literaturangaben dieser idealisierten Selbstbiographie des Sinuhe, der Teile seines Lebens im selbstgewählten Exil in Palästina und Syrien verbrachte]
Ächtungstexte (spätes 19.–Mitte 17. Jh. v. Chr.): Sethe, Kurt: Die Ächtung feindlicher Fürsten, Völker und Dinge auf altägyptischen Tongefäßscherben des Mittleren Reiches, Berlin 1926; Posener, Georges: Princes et Pays d'Asie et de Nubie, Brüs-

[1] Eine umfangreichere Zusammenstellung mit Kommentierung, z. T. aber mit veralteten Literaturangaben bietet OLB I, 379 ff.

sel 1940; ders.: Les textes d'envoutement de Mirgissa, in: Syria 43. 1966, 277–287; Wimmer, Stefan: Neue Ächtungstexte aus dem Alten Reich, in: BN 67. 1993, 87–101 [zerbrochene Figurinen und Schalen, auf denen die Namen feindlicher Städte, Regionen und Herrscher aufgelistet waren; durch das Zerbrechen wollte man magisch Einfluss auf diese Mächte nehmen; Wimmer bietet eine Übersicht für alle bisher bekannten Ächtungstexte.]

Listen bei Feldzügen passierter Ortslagen (16.–10. Jh. v. Chr.): Simons, J.: Handbook for the Study of Egyptian Topographical Lists Relating to Western Asia, Leiden 1937; Edel, Elmar: Die Ortsnamenlisten aus dem Totentempel Amenophis III. (BBB 25), Bonn 1966; Görg, Manfred: Beiträge zur Zeitgeschichte der Anfänge Israels. Dokumente – Materialien – Notizen (ÄAT 2), München 1989 [nicht alle der in diesen Listen genannten Ortslagen wurden wirklich vom ägyptischen Heer erobert, viele wurden nur passiert; in manchen Fällen ließen ägyptische Pharaonen auch nur die Angaben ihrer Vorgänger – oft fehlerhaft – abschreiben]

Ägyptische Annalen und Stelen (16.–12. Jh. v. Chr.): Sethe, Kurt: Urkunden der 18. Dynastie. Historisch-biographische Urkunden, Leipzig ²1927/1930; Helck, Wolfgang: Urkunden der 18. Dynastie. Historisch-biographische Urkunden, Berlin 1955–1958; Kitchen, Kenneth A.: Ramesside Inscriptions, Oxford 1969 ff.; Breasted, James H.: Ancient Records of Egypt. Historical Documents, Chicago 1906; Davies, Benedict G.: Egyptian Historical Inscriptions of the Nineteenth Dynasty, Jonsered 1997; Peden, Alexander J.: Egyptian Historical Inscriptions of the Twentieth Dynasty, Jonsered 1994; „Eroberung von Joppe": TUAT Ergänzungslieferung, 143–146; sog. Israel-Stele des Merenptah: TUAT I, 544–552; Erwähnungen von Schasu: Giveon, Raphael: Les bédouins Schosou des documents égyptiens, Leiden 1971 [Übersetzungen weiterer Inschriften finden sich in ANET, TUAT und TGI³; wichtige Informationen zur Außenpolitik der einzelnen Pharaonen bietet auch Schneider, Thomas: Lexikon der Pharaonen, Zürich 1994]

El-Amarna-Tafeln (Mitte 14. Jh.): Knudtzon, J. A.: Die El-Amarna-Tafeln (2 Bde.), Leipzig 1915; Moran, William L.: The Amarna-Letters, Baltimore/London 1992 [die Ausgabe von Moran entspricht dem heutigen Stand der Lesungen der Texte, die Ausgabe von Knudtzon bietet eine umfassende Kommentierung]

Ägyptische Papyri: Papyrus Leningradensis: Epstein, Claire, JEA 49 (1963), 49–56; Papyrus Anastasi I: Fischer-Elfert, Hans-Werner: Die satirische Streitschrift des Papyrus Anastasi I (ÄA 44), Wiesbaden 1986

Onomastikon des Amenemope: Gardiner, Alan: Ancient Egyptian Onomastica, Oxford 1947

Reisebericht des Wen-Amun (um 1070 v. Chr.): TUAT III, 912–921.

Mesopotamische Texte:

Mari-Archiv (18. Jh. v. Chr.): Archive Royal de Mari, Paris 1941 ff. [bisher nur Nennungen von Hazor und vielleicht Dan/Lajisch]

Assyrische und babylonische Annalen: TUAT I, 354–410 [Übersetzung aller auf Palästina bezogenen assyrischen und babylonischen Inschriften, Band III enthält ein Ortsnamensregister]

Texte aus Palästina und Syrien:

Taanach-Briefe (um 1450 v. Chr.): Gustavs, A.: Die Personennamen in den Tontafeln von Tell Taʿannek, in: ZDPV 50. 1927, 1–18 [Orsnamen: 5 f.]

Briefe aus Hazor: Goren, Yuval: Provenance Study of the Cuneiform Texts from Hazor, in: IEJ 50. 2000, 29–42 [mit Literaturangaben zu allen bisher in Hazor gefundenen Keilschriftinschriften]

Texte aus Ugarit: Dietrich, Manfred u. a.: The Cuneiform Alphabetic Texts from Ugarit, Ras Ibn Hani and Other Places (KTU: second, enlarged edition), Münster 1995 [heute grundlegende Textausgabe]

Für die hebräischen Inschriften vgl. die Literaturangaben im Literaturverzeichnis zu Epigraphik.

Für die Periode ab der Hellenisierung des Orients gibt es griechische und lateinische Texte, die sich auf Ortslagen der Region beziehen:

Textquellen ab der Hellenisierung des Orients

Griechische und lateinische Beschreibungen der Region:
Herodot (ca. 485–425 v.Chr.): Mittmann, Siegfried: Die Küste Palästinas bei Herodot, in: ZDPV 99. 1983, 130–140; Rainey, Anson F.: Herodotus' Description of the East Mediterranean Coast, in: BASOR 321. 2001, 57–63
Pseudo-Skylax (um 350–300 v.Chr.): Galling, Kurt: Studien zur Geschichte Israels im persischen Zeitalter, Tübingen 1964, 185–209.224
Strabo, Geographia 16.2 (ca. 64 v.Chr.–25 n.Chr.): Stern, Menahem: Greek and Latin Authors on Jews and Judaism I, Jerusalem 1974–1984, 261–315 [Strabo bietet die ausführlichste Darstellung Palästinas durch einen Nichtjuden, allerdings kannte er das Land nicht durch Augenschein; in dem dreibändigen Werk von Stern werden weitere griechische und lateinische Autoren zitiert, Band III enthält Register]
Plinius, Naturalis Historia 5,66–73 (23/24–79 n.Chr.): R. König/G. Winkler, Plinius der Ältere, Naturkunde. 37 Bücher, Düsseldorf/Darmstadt 1993 [Beschreibung des Orients nicht aus eigener Anschauung, sondern aus Bücherstudium]
Zenon-Papyri (Mitte 3. Jh. v.Chr.): Hengel, Martin: Judentum und Hellenismus. Studien zu ihrer Begegnung unter besonderer Berücksichtigung Palästinas bis zur Mitte des 2. Jh. v.Chr. (WUNT 10), Tübingen ³1988, 571f.

Jüdisches Schrifttum ab dem 3. Jh. v.Chr.:
Jüdische Schriften aus hellenistisch-römischer Zeit I–V, Gütersloh 1973ff. [nur Übersetzungen mit Kommentierungen sowie mit reichlich Sekundärliteratur; ein Register, das alle Ortsnamen enthält, ist in Vorbereitung]
Maier, Johann: Die Qumran-Essener: Die Texte vom Toten Meer I–III, München 1995–1996 [enthält alle Qumran-Handschriften außer den biblischen Texten in Übersetzung]
Flavius Josephus (37/38–110 n.Chr.): Möller, Christa/Schmitt, Götz: Siedlungen Palästinas nach Flavius Josephus (BTAVO B 14), Wiesbaden 1976 [Handbuch mit ausführlicher Kommentierung einer jeden Ansetzung]

Ab dem 2. Jh. n.Chr. gibt es zahlreiche rabbinische Quellen, die z.T. mit guten Ortskenntnissen, z.T. aber auch allein als Interpretation der überlieferten Texte und damit oft ohne eigentlichen historischen Wert Ortsnamen erwähnen. Daneben entsteht allmählich eine christliche Literatur, die in Reiseberichten und anderen Werken biblische Ortsnamen erwähnt. Nicht immer sind die hier aufgeführten Lokalisationen jedoch zutreffend; häufig haben die einheimischen Reisebegleiter den Besuchern Ortslagen an Stellen gezeigt, wo sie historisch nicht gelegen haben können, um den Reisenden eine Freude zu bereiten. Daneben gibt es weiterhin amtliche römische und später byzantinische Texte, in denen auf Orte eingegangen wird. Nun sind auch erste Landkarten erhalten. Eine vollständige Zusammenstellung der vielfältigen nun zur Verfügung stehenden Textsammlungen und Quellen kann in diesem Rahmen nicht gegeben werden; lediglich die wichtigsten Werke sind nachfolgend aufgeführt:

Rabbinische und christliche Quellen

Dauphin, Claudine: La Palestine byzantine. Peuplement et Populations (BAR S 726), Oxford 1998
Reeg, Gottfried: Die Ortsnamen Israels nach der rabbinischen Literatur (BTAVO B 51), Wiesbaden 1989 [vollständige Zusammenstellung aller rabbinischen Orts-

lagen mit Angaben der Belegstellen, z. T. auch mit Zitaten, und mit Auflistung der bisherigen Lokalisierungsvorschläge]

Schmitt, Götz: Siedlungen Palästinas in griechisch-römischer Zeit. Ostjordanland, Negeb und (in Auswahl) Westjordanland (BTAVO B 93), Wiesbaden 1995 [im Gegensatz zu Tsafrir bietet dieses Werk auch eine Diskussion der einzelnen Lokalisierungsvorschläge, daneben die jeweiligen Belegstellen]

Tsafrir, Yoram u. a.: Tabula imperii romani Iudaea – Palaestina. Eretz Israel in the Hellenistic, Roman and Byzantine Periods, Jerusalem 1994 [bietet – allerdings teilweise in nicht eindeutigen Umschriften – Ortslagen aus rabbinischer und kirchengeschichtlicher Literatur, nennt Sekundärliteratur und einen Lokalisierungsvorschlag]

Onomastikon des Eusebius von Cäsarea (vor 331 n. Chr.): Klostermann, Erich: Das Onomastikon der Biblischen Ortsnamen (GCS, Eusebius 3/1), Leipzig 1904

Pilgerberichte: Donner, Herbert: Pilgerfahrt ins Heilige Land. Die ältesten Berichte christlicher Palästinapilger (4.–7. Jahrhundert), Stuttgart 1979; Wilkinson, John: Jerusalem Pilgrims before the Crusades, Warminster 1977; Rüger, Hans-Peter: Syrien und Palästina nach dem Reisebericht des Benjamin von Tudela (ADPV 12), Wiesbaden 1990; Tobler, Titus: Descriptiones Terrae Sanctae ex saeculo VIII. IX. XII et XV, Leipzig 1874; Molinier, A./Kohler, C.: Itinerea Hierosolytima et Descriptiones Terrae Sanctae bellis sacris anteriora et latina lingua exarata II: Itinerum bellis sacris anteriorum series chronologica accidentalibus illustrata testimonibus I, 30–600, Genf 1885 = Osnabrück 1966; Röhricht, Reinhold: Bibliotheca Geographica Palaestinae. Chronologisches Verzeichnis der auf die Geographie des hl. Landes bezüglichen Literatur von 333 bis 1878 und Versuch einer Cartographie, Berlin 1890/Nachdruck mit Corrigenda et Addenda Jerusalem 1963

Madeba-Karte: Donner, Herbert/Cüppers, Heinz: Die Mosaikkarte von Madeba. Tafelband (ADPV; Wiesbaden 1977); H. Donner: The Mosaic Map of Madaba (Kampen 1992) [Palästinakarte als Fußbodenmosaik einer Kirche aus dem 6. Jh. n. Chr.]

Sonstige Karten: K. Nebenzahl: Atlas zum Heiligen Land. Karten der Terra Sancta durch zwei Jahrtausende, Stuttgart 1995; Rubin, Rehav: Image and Reality. Jerusalem in Maps and Views, Jerusalem 1999

Spätere Textquellen

Schließlich sind aber auch noch all die Quellen der arabischen Zeit, der Kreuzfahrerzeit, die Reiseberichte der Neuzeit, die ersten kartographischen Aufnahmen des Landes und die Aufarbeitungen der jüngeren Vergangenheit zu nennen, die für die Siedlungsgeschichte des Landes von Relevanz sind.

Änderung von Ortsnamen

Viele Ortschaften bestanden zwar über die Jahrhunderte hinweg am selben Ort, haben aber im Laufe der Zeit unterschiedliche Namen besessen. So wurde z. B. Jerusalem durch Hadrian in Aelia Capitolina umbenannt, während es heute im Arabischen *el-Quds* heißt. Hinzu kommt, dass fremdsprachliche Wiedergaben einen Ortsnamen natürlich entstellen können. In Keilschrifttexten lautet der Name Jerusalems beispielsweise Urusalim oder Uruslimmu. Eine Zusammenstellung der verschiedenen Namen findet sich, allerdings ohne eine Diskussion, bei:

Höhne, Ernst: Historisch-archäologische Karte Palästinas, in: BHH IV, Göttingen 1979 [auch separat erschienen]

Erstellung der Geschichte eines Ortes

Hat man alle diese Quellenausgaben durchsucht und die entsprechenden Belegstellen zusammengestellt, kann man eine Geschichte der Ortslage erstellen. Die hinsichtlich der Abfassungszeit eingestuften Texte bieten Anhaltspunkte, wann eine Ortslage sicher besiedelt war. Manchmal ergeben sich aus den Texten jedoch auch weitere Informationen, etwa über die Größe und Bedeutung des Ortes oder aber über seine Nachbarschaft zu anderen Orten. All dieses Material gilt es zusammenzustellen und auszuwerten. Die Geschichte des Ortes ist eine wesentliche Grundlage für die Identifizierung mit einer heutigen Ortslage, auch wenn dieser Arbeitsschritt allein in der Regel noch keine gesicherte Auskunft über die konkrete Lage ergibt, sondern nur hilft, die Lage in einer Region näher einzugrenzen.

8.2 Aus archäologischen Quellen erschließbare Geschichte

Auf Grund des erlangten Wissens über die ungefähre Lage eines Ortes kann man nun in der jeweiligen Region nach Siedlungshügeln suchen, deren archäologische Hinterlassenschaft sich mit der erstellten Geschichte des zu lokalisierenden Ortes deckt. Ist ein Ort einigermaßen umfassend ausgegraben, ergibt sich eine ziemlich genaue Bestimmung der Siedlungsgeschichte. Doch nur eine geringe Anzahl der möglichen Kandidaten für eine Lokalisierung wird ausgegraben sein. Daher muss man in der Regel auf Oberflächenuntersuchungen zurückgreifen, die gleichfalls einen Anhaltspunkt für die Siedlungsgeschichte ergeben. Zweifelsohne können u.U. einzelne Perioden selbst bei gründlichen Oberflächenuntersuchungen nicht erfasst werden. War eine Ortslage auf Grund der historischen Untersuchung z.B. in der Eisenzeit II durchaus bedeutend, so sollte man aber erwarten, dass sich dort auch ein entsprechender Scherbenbelag finden lässt. Nur wenn die archäologische Geschichte eines Ortes mit der aus Texten rekonstruierten Geschichte übereinstimmt, kann man davon ausgehen, dass diese Ortslage für die Identifizierung mit einem antiken Ort in Frage kommt. Mit Hilfe der Oberflächenuntersuchungen kann man die möglichen Kandidaten in einer Region sehr stark eingrenzen und oft schon eine erste Festlegung der Lokalisierung vornehmen.

Wie findet man aber die bislang bekannten Oberflächenuntersuchungen? Eine über das Internet zugängliche Datenbank (http://monip.ev.theologie.uni-mainz.de) hat einen Großteil der Literatur zusammengestellt; Vollständigkeit ist hier aber nur schwer zu erreichen. Immerhin ist es dort auch möglich, durch Eingabe der Koordinaten Kleinregionen und die dort bisher bekannten Ortslagen zu erfassen. Einige Werke haben für unterschiedliche Zeiten versucht, die bis dahin archäologisch bekannten Ortslagen für bestimmte Regionen und Zeiten vollständig zusammenzustellen. Neuere Literatur findet man vor allem in den Surveyberichten (vgl. die Literaturangaben zu Kapitel 7.2) und in der Reihe „Excavations and Surveys in Israel".

8.3 Heutiger Ortsname

Der Vergleich zwischen der erschließbaren Geschichte einer Ortslage und der Siedlungsgeschichte eines heutigen Ortes grenzt die Kandidaten für eine Lokalisierung erheblich ein. Vielfach ist man allein auf diese beiden Quellen für die Bestimmung einer Ortslage angewiesen. Im Idealfall tritt zu diesen beiden Quellen jedoch noch eine dritte, nämlich die Kontinuität der Ortsnamen. Es gehörte zu den großen Erkenntnissen des 19. Jh., dass sich die biblischen Namen oft noch heute in den arabischen Ortsnamen erhalten haben. Forscher wie z. B. E. Robinson haben diese Beobachtung zur Grundlage genommen, um die biblischen Orte neu zu lokalisieren und sich damit unabhängig zu machen vom jahrhundertelang tradierten Pilgerwissen, das zahlreiche Ungenauigkeiten aufwies. Sie reisten im Lande umher, sammelten die arabischen Ortsnamenschreibweisen und verglichen diese mit den biblischen Namen. So konnte beispielsweise das biblische Silo mit *Ḥirbet Sēlūn* gleichgesetzt werden, wobei *S* und *l* in beiden Namen identisch sind, während *-ūn* eine typische arabische Ortsnamensendung (vergleichbar unserem -ingen in Böblingen u.ä.) ist.

Eine Schwierigkeit stellt heute die genaue Festlegung der arabischen Ortsnamen im Gebiet Israels dar. Moderne Karten weisen in der Regel nur noch die israelischen Namen auf, die in den 50er Jahren des 20. Jh. festgelegt wurden. Diese Namen dürfen jedoch auf keinen Fall für die Lokalisation herangezogen werden, da sie häufig irreführend sind. So hat z. B. der Jerusalemer Stadtteil Gilo seinen Namen von der durch ein tiefes Tal getrennten, knapp zwei Kilometer entfernten arabischen Siedlung *Bēt Ǧālā* erhalten. Der Name Gilo wurde bewusst in Anschluss an einen gleichnamigen Ort im Alten Testament gewählt (Jos 15,51; 2Sam 15,12; 23,34). Dieser – noch nicht sicher lokalisierte – Ort muss allerdings, wie der Kontext von Jos 15,51 deutlich zeigt, im Süden Judäas gesucht werden. Die Namenswahl des heutigen Jerusalemer Stadtteils wurde somit zwar unter deutlichem Bezug auf einen biblischen Text vorgenommen, ist aber irreführend für eine historisch-topographische Untersuchung. Relativ häufig sind jedoch die modernen Ortschaften, die biblische Namen tragen, in der Nähe einer Ortslage, die zumindest mit guten Gründen Kandidat für eine Gleichsetzung mit dem entsprechenden biblischen Namen ist, aber eben nicht deckungsgleich. So muss das biblische Zora (Jos 15,33; 19,41; Ri 13,2.25 u. ö.) zweifelsohne in *Ṣarʿā* (Koord. 1488.1313) gesucht werden. Historischer und archäologischer Befund decken sich hier, und zudem hat sich auch der alttestamentliche Name in der 1948 von Israelis zerstörten arabischen Siedlung erhalten. Die heutige israelische Siedlung Zora liegt jedoch etwa 2 Kilometer von dem biblischen Ort entfernt (Koord. 1470.1300). Aus diesem Grunde ist es wichtig, älteres Kartenmaterial, das noch die arabischen Ortsnamen enthält, für topographische Studien heranzuziehen. Inzwischen wird auch beim Survey of Israel, dem groß angelegten Projekt einer das ganze Land erfassenden Oberflächenuntersuchung, auf die arabische Namensnennung wieder zurückgegriffen.

Ein Problem stellen für jeden Anfänger im Bereich der historischen Topographie auch immer wieder die unterschiedlichen Umschriftsysteme dar, die völlig uneinheitlich in den einzelnen Ländern nach jeweils lokalen Traditionen verwendet werden. Eine Übersicht soll zumindest die wesentlichen Schreibweisen einander gegenüberstellen:

Arabisches Zeichen	Wissenschaftliches Umschriftsystem der Deutschen Morgenländischen Gesellschaft bzw. des Deutschen Palästinavereins	Populärwissenschaftliches englisches Umschriftsystem	Populärwissenschaftliches deutsches Umschriftsystem	Populärwissenschaftliches französisches Umschriftsystem
ا	ʼ	ʼ	ʼ/-	ʼ/-
ب	b	b	b	b
ت	t	t	t	t
ث	ṯ	th	th	th
ج	ǧ	j	dsch	dj
ح	ḥ	ḥ	ch oder ḥ	ḥ
خ	ḫ	kh	ch	kh
د	d	d	d	d
ذ	ḏ	dh	dh	dh
ر	r	r	r	r
ز	z	z	z	z
س	s	s	s	s
ش	š	sh	sch	sh
ص	ṣ	ṣ	s oder ṣ	ṣ
ض	ḍ	ḍ	d oder ḍ	d oder ḍ
ط	ṭ	ṭ	t oder ṭ	ṭ
ظ	ẓ	ẓ	z oder ẓ	z oder ẓ
ع	ʿ	ʿ	ʿ	ʿ
غ	ġ	gh	gh	gh
ف	f	f	f	f
ق	q	q oder ḳ	q oder ḳ	q
ك	k	k	k	k
ل	l	l	l	l
م	m	m	m	m
ن	n	n	n	n
ه	h	h	h	h
و	w	w	w	w
ي	y	y	y oder j	y

Üblicherweise nimmt man bei den Schreibweisen die Bezeichnung des Ortes im jeweiligen lokalen Dialekt, der sich nicht in den Konsonanten, aber in den Vokalen erheblich vom Hocharabischen unterscheidet. Für den Tübinger Atlas des Vorderen Orients bzw. den Tübinger Bibelatlas hat man aus Gründen der Vergleichbarkeit der Ortsnamen aus dem gesamten Vorderen Orient eine hocharabische Schreibweise aller Ortsnamen versucht. Die Vokale im Hocharabischen sind *a, i, u, ā, ī, ū, ai* und *au* (Striche über den Vokalen zeigen Längen an), während es als Dialektformen auch *e, ē, ō* und *ö* gibt.

Von einer wirklich gesicherten Ansetzung einer antiken Ortslage kann man ausgehen, wenn alle drei in der obigen Grafik angegebenen Eckpunkte untersucht wurden und sich als hinreichend aussagekräftig und richtig erwiesen haben. Dies trifft jedoch nur in einer geringen Zahl der Fälle zu. Häufig muss man daher bei der Historischen Topographie mit Wahrscheinlichkeiten arbeiten. Texte können Informationen enthalten, die trotz fehlender Ortsnamenskonstanz eine hinreichend gesicherte Lokalisierung ermöglichen (z. B. Lage an einer in den Texten erwähnten Quelle oder einer Straße). In vielen Fällen ist die Ansetzung von Ortslagen in Bibelatlanten daher nicht eindeutig, sondern diskussionswürdig, auch wenn für die meisten historisch bedeutsamen und quellenmäßig gut belegten Ortslagen inzwischen ein Konsens erreicht wurde.

9. Sitten und Gebräuche

Palästina ist ein Land, das von der Entstehung größerer städtischer Anlagen in der Bronzezeit bis ins frühe 20. Jh. n. Chr. hinein kaum tiefgreifenden Entwicklungen unterworfen war. Natürlich gab es im Verlauf der Jahrtausende eine Vielzahl von kulturgeschichtlichen Fortschritten (vgl. Kapitel 10) sowie neuen kulturellen Einflüssen durch die jeweils im Lande herrschenden Fremdvölker. Aber im Wesentlichen prägte die Landwirtschaft das Land in den letzten 5000 Jahren. Erst im 20. Jh. gab es hier erhebliche Veränderungen. Nie in der Geschichte war das Land so dicht besiedelt wie heute; die heutige Einwohnerzahl ist etwa 8-mal so hoch wie in byzantinischer Zeit, dem Zeitraum der dichtesten Besiedlung in der Antike. Vor allem Israel, aber auch die industriell geprägten Regionen Jordaniens weisen heute einen hohen Standard an technischer Entwicklung auf, der demjenigen in Europa durchaus vergleichbar ist. Israel ist heute ein Industrieland, das nur noch in geringem Maße von der Landwirtschaft abhängig ist. In den palästinensischen Autonomiegebieten gibt es dagegen noch große Regionen, in denen die Zeit stehen geblieben zu sein scheint. Trotzdem finden sich auch hier Veränderungen in den letzten 50 bis 100 Jahren, die stärker waren als die Veränderungen in den vergangenen 3000 Jahren: Telefon und Handys, Autos und Fernseher sind auch dort überall verbreitet. Tiefgreifend sind auch die Veränderungen im Bereich der Landwirtschaft. Durch das Pflügen mit dem Traktor wird der Boden viel tiefer umgebrochen als mit dem alten Handpflug. Dies führt einerseits zu einem intensiveren Ackerbau, aber auch zu Schäden an den durch die Erdkrume bedeckten antiken Resten. Jahrhunderte alte Zisternen werden aufgegeben und statt dessen das Wasser in Plastikkanistern abgefüllt. Sitten und Gebräuche, aber auch gesellschaftliche Ordnungen ändern sich in der Gegenwart hier in rasanter Weise. Arbeitsformen ändern sich gleichfalls, und mit ihnen auch die gesellschaftliche Schichtung in den einzelnen Orten. Traditionelle Arbeitsweisen wie z. B. die Keramikherstellung werden durch industrielle Produktion verdrängt. Mit der Änderung der Arbeitsweisen und Lebensformen gehen auch Erinnerungen, Sitten und Gebräuche verloren, die sich weitgehend unverändert von der biblischen Zeit bis in die jüngste Vergangenheit erhalten haben. Hier die noch feststellbaren Praktiken aufzuzeichnen und das jahrhundertealte Wissen für die nächsten Generationen zu erhalten, wird eine wichtige Aufgabe der nächsten Jahre sein.

Für Palästina sind wir in der glücklichen Lage, dass man schon mit den Anfängen der wissenschaftlichen Erforschung des Landes sich auch dem Festhalten der im Lande gepflegten Sitten und Gebräuche gewidmet hat. Einige Namen sind in diesem Zusammenhang besonders zu nennen. Gustaf Dalman (1855–1941), jahrelang Leiter des deutschen Instituts in Jerusalem, hat sich intensiv mit der Lebensweise der Menschen in Palästina

Konstanz der Lebensweise über Jahrtausende hinweg

Frühe Arbeiten zu Sitten und Gebräuchen

beschäftigt und die Beobachtungen in seinem Standardwerk „Arbeit und Sitte in Palästina" festgehalten. Der Österreicher Alois Musil (1868–1944) hatte bei seinen Reisen im Ostjordanland viele Erkenntnisse über die Lebensweisen der Nomaden und Beduinen kennen gelernt.[1] Der Palästinenser Tawfik Canaan (1882–1964), ein angesehener Arzt mit umfassender Bildung, überlieferte uns schließlich vielfältige Informationen über die Sitten der Menschen aus einer Innensicht.[2] In den vergangenen Jahrzehnten haben vor allem arabische Schriftsteller, die nun in Europa oder Amerika leben, viele Aspekte ihrer ehemaligen Welt festgehalten.[3] All diese volkskundlichen Kenntnisse ermöglichen es nicht nur, die Lebenswelt der Menschen heute und damit – die langandauernde Konstanz der Lebensbedingungen vorausgesetzt – im Altertum besser zu verstehen. Sie bieten auch Verständnismöglichkeiten von Texten, die sich durch reine Textuntersuchungen mit exegetischem Handwerkszeug nicht ergeben.

Die Menschen einer jeden Region sind einerseits von den vorgegebenen Rahmenbedingungen geprägt, die sie umgeben. Ein sesshaft lebender Ägypter im Altertum, der bestens vom Ackerbau lebte und die hohe Kultur im alten Ägypten bewunderte, konnte nur wenig oder gar kein Verständnis aufbringen für diejenigen, die als Kleinviehnomaden in Zelten lebten und scheinbar ohne jegliche Kultur (bzw. was ein Ägypter darunter verstand) auskommen konnten. In Ägypten wurden diese Nomaden daher oft verächtlich Staubfresser genannt. Andererseits begibt sich ein Kleinviehnomade oder Jäger auch nur ungern in die Abhängigkeiten, denen ein Ackerbauer ausgesetzt ist. Ein schönes biblisches Beispiel ist hierfür die Geschichte vom Linsengericht, für das Esau sein Erstgeburtsrecht an Jakob verkauft (Gen 25,29–34). Für den Jäger Esau bedeutete der Grundbesitz, der mit der Erstgeburt als Erbe verbunden war, nichts, weil er nicht die Lebensweise eines Ackerbauern übernehmen wollte. Vielmehr wollte er als Jäger leben, der nicht von der Hoffnung auf Niederschläge im Winterhalbjahr abhängig war.

Neben den regionalen und oft recht kleinräumigen Einflüssen auf Sitten und Gebräuche spielen im Vorderen Orient aber auch grundlegende Verhaltensweisen eine große Rolle, die sich völlig von unserer westlichen Denkart unterscheiden. Das ganze Wertesystem im Vorderen Orient war ein völlig anderes als etwa in der zeitgleichen griechisch geprägten Welt. Diese Jahrtausende alten Wurzeln prägen noch heute die Menschen in den einzelnen Ländern. Als Beispiel sei hier nur die Gastfreundschaft erwähnt. Der Gast ist oberstes Gut und schützenswert; er muss auf jeden Fall gegen

Beispiele von Rahmenbedingungen für die Interpretation biblischer Texte

---

[1] Über A. Musil existiert eine Biographie, die alle Werke aufführt und in sein Lebenswerk einführt: Bauer, Karl J.: Alois Musil. Wahrheitssucher in der Wüste, Wien/Köln 1989.

[2] Eine Zusammenstellung aller Schriften T. Canaans (auch der medizinischen Arbeiten) wurde von K. v. Rabenau erstellt, siehe ZDPV 79.1963, 1–7. Seine Amulettsammlung, ein wichtiges Zeugnis der Religionsgeschichte Palästinas der vergangenen Jahrhunderte, wurde kürzlich veröffentlicht: Nashef, Khaled: Ya kafi, Ya shafi ... The Tawfik Canaan Collection of Palestian Amulets, Bir Zeit 1998.

[3] Als ein besonders gelungenes Beispiel sei hier genannt: Alafenisch, S.: Die acht Frauen meines Großvaters, Zürich 1989.

jegliche Angriffe verteidigt werden. Die Erzählung Gen 19, wonach Lot der Forderung der Bewohner Sodoms nicht nachkommt, seine beiden Gäste zum Zwecke einer homosexuellen Vergewaltigung auszuliefern (V. 5) und statt dessen sogar seine eigenen Töchter anbietet, macht die Hochschätzung der Gastfreundschaft eindrücklich deutlich. Des Weiteren ist die Denkweise im Orient sehr viel stärker von Familienbanden und -zugehörigkeiten geprägt als bei uns. Das Fehlverhalten einer einzelnen Person wird als Schande für den ganzen Clan gedeutet, das Vergehen an dem Mitglied eines Clans wird vom ganzen Clan geahndet.

Die Ethnologie, die Ethnoarchäologie und die Religionswissenschaft haben in diesem Bereich der Landes- und Altertumskunde ganz eigene Methoden entwickelt, die aufgegriffen und für die besonderen Rahmenbedingungen der Situation der Levante angewandt werden müssen. Dieser Zugang ist in den vergangenen Jahren durch den Schwerpunkt, der in der exegetischen Forschung auf die Redaktionsgeschichte und damit auf rein sprachliche Bezüge zwischen einzelnen Texten gesetzt wurde, etwas in den Hintergrund gerückt. Durch entsprechende Untersuchungen der heutigen Verhältnisse, der kontrollierten Rückprojektion in die Vergangenheit und den Vergleich mit biblischen und außerbiblischen Texten lässt sich jedoch viel für das Verständnis der Texte gewinnen.

10. Kulturgeschichte

10.1 Überblick
über die kulturgeschichtliche Entwicklung
von den Anfängen bis in die Perserzeit

Trotz der im vergangenen Kapitel postulierten Konstanz der äußeren
Lebensbedingungen über große Zeiträume hinweg entwickelt sich die
Menschheit stetig. Sie sucht neue Lebensmöglichkeiten und -formen, ge-
staltet diese aus und erweitert damit den eigenen Horizont. Der kulturelle
Fortschritt der Menschheit hat aber auch zur Folge, dass ältere Gestaltungs-
formen und das hierfür notwendige Wissen schnell verloren gehen. Die
Entwicklung ist somit von einem ständigen Wandel, vom Erschließen neuer
Erkenntnisse und dem Verlust überkommenen Wissens geprägt. Mit neuen
Erfindungen ändern sich auch die Lebensmöglichkeiten und –formen der
Menschen. Mit der Kultivierung von Getreide war es beispielsweise möglich, die Lebensweise als Jäger und Sammler aufzugeben und größere Sozialverbände zu gründen. Mit der Entwicklung des Rades wurde die Mobilität der Menschen leichter und damit auch der Austausch von Nachrichten
eher möglich. Mit der Erfindung des Pfluges konnten größere Äcker bewirt-
schaftet und damit die Arbeitsteilung in den Gesellschaften vorangetrieben
werden. Die Erfindung der Schrift ermöglichte neue Formen des Wissens-
erhaltes, aber auch einen Aufschwung der Verwaltung. Sie hatte aber auch
zur Folge, dass nun Gesetze verschriftlicht und damit überprüfbar gemacht
werden konnten. Als Folge der Schriftentwicklung ist auch die Entwicklung
einer Schriftreligion wie die des Judentums und des Christentums zu sehen,
die sich an geschriebenem und damit autoritativem Wort orientiert.
Schließlich ermöglicht die Erfindung der Schrift auch neue Formen von
Wissenschaft sowie eine neue soziale Scheidung zwischen denen, die
lesen können, und Analphabeten.

Ein umfassender Überblick über die Kulturgeschichte der Levante kann
hier nicht gegeben werden. Kulturgeschichte kann immer nur an einzelnen
Entwicklungen festgemacht werden, die dann wiederum ihre Auswirkungen auf die gesamte Gesellschaft haben. Die Entwicklung einer Kultur wird
im Rahmen der Archäologie durch die entdeckten Funde aufgezeigt. Diese
zu untersuchen und einzustufen, ist eine umfassende Aufgabe und wurde
auch in breiter Vielfalt unternommen (vgl. dazu die Literaturangaben). Die
nachfolgende tabellarische Übersicht soll zumindest ansatzweise verdeutlichen, welche großen Entwicklungen es in Palästina im Verlauf der Geschichte bis in die persische Zeit hinein gab und welche Auswirkungen sie
auf das gesellschaftliche Leben hatten. Dabei wird deutlich, dass auf eine
Verbesserung der Methoden der Landwirtschaft und des täglichen Lebens
immer auch eine größere Ausbeute erfolgte, die jedoch stets auch einen

Raubbau an den natürlichen Ressourcen und damit eine Verknappung dieser Ressourcen nach sich zog. Diese Verknappung machte schließlich wieder, um die Lebensmöglichkeiten zu halten, eine erneute Verbesserung der Methoden nötig. Deutlich wird in der Tabelle aber auch, dass es kein stetiges Voranschreiten, sondern Rückschläge (z. B. Frühbronzezeit IV/Mittelbronzezeit I) gab, wie sie im Verlauf der letzten fünf Jahrtausende mehrfach beobachtet werden können. In diesen Zeiten wandte man sich wieder den gesicherteren Erwerbsmethoden, im Nahen Osten speziell der Kleinviehhaltung, zu, um die Überlebensmöglichkeiten zu sichern. Nicht oder nur am Rande sind in der Tabelle die politischen Rahmenbedingungen und Abhängigkeiten von den dominanten Nachbarstaaten berücksichtigt, die gleichfalls erhebliche Auswirkungen auf die Gestaltung der Kultur hatten.

Perioden	Kulturgeschichtliche Entwicklungen	Auswirkungen auf das gesellschaftliche Leben in dieser Zeit
Paläolithikum (Altsteinzeit, 700 000– 15 000 v. Chr.)	Erste menschliche Siedlungsspuren	„Jäger und Sammler": Fundstätten vor allem in der Nähe von Wasserstellen, da dort Tiere gejagt und essbare Pflanzen gefunden werden können. Höhlen als Lagerplätze der Kleinfamilien (im Karmel, in Galiläa oder in der judäischen Wüste).
	Entwicklung von Abschlagtechniken für Steingeräte (Schaber, einfache Messer, Pfeilspitzen)	Möglichkeit der Jagd und der Verarbeitung von Jagdtieren zu Nahrung, Fellen usw.
Mesolithikum (Mittelsteinzeit, 15 000–8500 v. Chr.)	Domestikation von Schafen und Ziegen	Änderung der Nahrung: Milch und Milchprodukte erhalten größere Bedeutung.
	Erster Anbau von Wildgetreide und Beginn der Kultivierung	Beschränkung der Siedlungen auf eine max. Höhe von 250 m über NN und damit auf Regionen, in denen Wildgetreide wuchs. Dadurch auch Lagerplätze, die wesentlich weniger geschützt waren als die Höhlen, sowie Errichtung erster frei stehender Rundgebäude. Für den Transport ungeeignete, da schwere Basaltgefäße (zum Mahlen des Getreides) gehören zum Hausrat.
	Weiterentwicklung der Abschlagtechniken für Steingeräte und der Retouchierung	Bessere Jagdmöglichkeiten und damit größere Jagderfolge. Möglichkeit der künstlerischen Bearbeitung von Knochen usw.

		als Schmuck und damit erste Anfänge von Kult und Religion. Religion wird ausdifferenziert; Ahnen werden verehrt.
Neolithikum (Neusteinzeit, ca. 8500–4500 v. Chr.)	Verbesserung der Anbaumethoden für Getreide und fortschreitende Zuchterfolge bei der Kleinviehzucht	Größere Sozialverbände können gemeinsam an einem Ort leben. Dies wiederum führte langfristig zur Ausbildung eines Spezialistentums (z. B. Ackerbauer und Jäger) je nach den individuellen Fähigkeiten der jeweiligen Menschen. Notwendigkeit des Baus von Häusern und kleinen Siedlungen, damit auch Verbesserung der Wohnqualität und der Hausbautechniken. Jagd verliert in den Ortschaften an Bedeutung für den Lebensunterhalt. Spezialisierung führt zu Handelsverbindungen und Tauschhandel (z. B. Salz und Asphalt aus Jericho gegen Obsidian aus Anatolien oder Türkis aus dem Sinai). Erste Belege für Fruchtbarkeitsgöttinnen, die verdeutlichen, dass für die lebenserhaltende Fruchtbarkeit nun spezielle Göttinnen (und nicht nur Ahnen) angebetet wurden.
	Entwicklung von Keramikgefäßen	Bessere Transportmöglichkeiten von Waren, da Gefäße nun leichter sind.
Chalkolithikum (Kupfersteinzeit, ca. 4500–3300 v. Chr.)	Entwicklung der Kupferschmelze	Weiteres Voranschreiten der Spezialisierung und des überregionalen Handels von den Fundstätten zu den Verbrauchern. Neue Möglichkeiten der künstlerischen Gestaltung.
	Weiterentwicklung der Keramikproduktion	Gestaltung von größeren Gefäßen, Verwendung von Ton für die Herstellung von künstlerisch gestalteten Tongefäßen und damit weitere Ausbildung eines Kunsthandwerks. Künstlerisch gestaltete Tongefäße werden wegen ihres Wertes als Gaben für die Götter verwendet; damit wird erstmals die Errichtung eigener Tempel zum Aufstellen der Opfergaben nötig.

		Herstellung von tönernen Ossuarien zur Sekundärbestattung und damit Ausbildung eines neuen Bestattungsbrauches.
Frühbronzezeit (3300–2200 v. Chr.)	Kultivierung von Olivenbäumen und Weinstöcken sowie Erfindung des Pflugs	Voranschreiten der Spezialisierungen. Ortschaften mit besonders günstigen Rahmenbedingungen spezialisieren sich z. B. auf Ölproduktion und handeln entsprechend andere Waren für ihre Überschüsse ein. Größere Ortschaften (20 ha Größe und mehr) können durch die Fortschritte in der Landwirtschaft versorgt werden; Entwicklung einer differenzierten Stadtkultur. Die größeren Ortschaften führen zur Ausbildung einer Führungsschicht (Errichtung von Palästen) und einer Priesterschaft (Errichtung großer Tempel, feste Opfergaben für die Tempel). Entwicklung serienmäßiger Produktionsformen (z. B. Herstellung von Ziegeln in genormten Formen), um den steigenden Bedarf zu decken.
	Verwendung höherwertigen Tons für die Keramik	Waren wie Öl und Wein können leichter gehandelt werden; Handelsbeziehungen bis nach Ägypten, Anatolien und Nordsyrien sind belegt. In großen Gefäßen können beträchtliche Vorräte aufbewahrt werden, so dass das ganze Jahr über der Handel mit Waren vollzogen werden kann.
	Herstellung von Stempel- und Rollsiegeln	Eigentum kann in einer von Handel geprägten Gesellschaft markiert werden.
Frühbronzezeit IV/ Mittelbronzezeit I (2200–1850 v. Chr.)	Zusammenbruch der Handelsbeziehungen (1. Zwischenzeit in Ägypten)	Aufgabe der städtischen Siedlungen, Renomadisierung.
Mittelbronzezeit II (1850–1550) und Spätbronzezeit (1550–1200 v. Chr.)	Neuerliche Stadtkultur	Wiedererstarken von sozialer Gliederung, neuerlicher Aufbau des Handels (Sicherung der Handelswege), Errichtung massiver Tempel und Paläste, Ausbau der Befestigungsanlagen.

	Ausbildung von kulturellen Fähigkeiten keiten (Gravur von Skarabäen und Rollsiegeln, Elfenbeinbearbeitung, Keramikproduktion, Metallverarbeitung)	internationaler Kulturaustausch (z. B. ägyptische Kultur in Palästina, aber auch levantinische Gottheiten in Ägypten).
	Ausgestaltung von Schrift (akkadische Schrift bei ägyptischer Oberherrschaft über Levante!)	Intensivierung des Handels und der politischen Beziehungen einzelner Stadtstaaten untereinander.
	Entwicklung von Speichenrädern	Möglichkeit, größere Distanzen mit leichten Fahrzeugen zu überwinden, besserer Nachrichtenaustausch. Streitwagen mit Speichenrädern sind Bodentruppen usw. militärisch überlegen. In Regionen (z. B. Ägypten), die über entsprechende Überschüsse verfügen, können spezialisierte Handwerker sich mit Streitwagenbau usw. beschäftigen.
Eisenzeit (1200–586 v. Chr.)	Zusammenbruch der Stadtstaaten, Entwicklung von Territorialstaaten in der Levante	Eigene Sprache wurde benötigt (Phönizisch mit seinen Dialekten Hebräisch, Ammonitisch, Moabitisch usw.), Entstehung eigener Gewichtssysteme für die einzelnen Regionen, Sicherung der Grenzen durch Festungsanlagen.
	Möglichkeit, Eisen zu schmieden	Härtere Metalle für Kriegsführung, besseres Werkzeug für die Landwirtschaft (Pflugschar usw.), Erstellung von Tunneln (Siloahtunnel) und Schächten (zu Wasser führenden Schichten in den Städten) mit diesen Geräten möglich.
	Bessere Beherrschung der Brennmethoden in der Keramikherstellung	Möglichkeit, größere Gegenstände zu brennen (z. B. anthropoide Sarkophage, tönerne Altäre).
	Verbesserung des Schiffbaus	Intensivierung des Mittelmeerhandels (mit Gründung neuer Kolonien) und des Handels auf dem Roten Meer.

	Domestizierung des Kamels und Erfindung geeigneter Sättel	Aufbau eines Handels auf der Weihrauchstraße von Saudi-arabien zur Mittelmeerküste, neue Handelsmöglichkeiten und -produkte.
Babylonisch-persische Zeit (586–333 v. Chr.)	Entwicklung von Großreichen mit zahlreichen Provinzen	Aufbau eines Nachrichtensystems mit Postboten, die innerhalb des Reiches Nachrichten in kurzer Zeit übermitteln. Erleichterung des Fernhandels mit Waren aus bislang nicht erreich-baren Zonen (Seidenstraße!); künstlerische Blüte.
	Einführung von Münzen	Erleichterung des Handels.

Nach diesem groben Überblick werden nun einige typische Bereiche der Kulturgeschichte und deren Entwicklung über die Jahrhunderte hinweg kurz angesprochen.

10.2 Ackerbau und Viehzucht

Die Bestellung der Felder, die Pflege der Bäume und das Hüten der Tiere war in der Regel Aufgabe der Männer. Im Kulturland reichen Betriebs-größen von 5,5 bis 6 ha aus, um bei durchschnittlichen Niederschlägen eine 5-köpfige Familie zu versorgen.[1] Die Arbeitskraft eines einzelnen Mannes genügte normalerweise, um etwa 6,25 ha zu bestellen, so dass in der Regel bei ausreichendem Niederschlag ein geringer Überschuss erwirt-schaftet werden konnte. Das Land war in entsprechend kleine Parzellen aufgeteilt, die das Überleben einer Familie sichern konnten. Wer über Grundbesitz verfügte, hatte eine Grundlage für die Ernährung der Familie. Bis in die hellenistische Zeit hinein lebten die meisten Familien vom Ackerbau. Erst mit dem zunehmenden Aufkommen von Großgrundbesitz in der nachexilischen Zeit (vgl. die Zenonpapyri!) gab es auch eine stei-gende Zahl von Nicht-Grundbesitzern, die sich ihr Überleben als Lohn-arbeiter sichern mussten.

War eine Familie auf Kleinviehzucht spezialisiert, lebte sie zumindest im Winter am Rande des Kulturlandes in Zelten. Ein Aufenthaltsort wurde nur

[1] Kippenberg, Hans G.: Die Typik antiker Entwicklung, in: ders. (Hrsg.): Seminar: Die Entstehung der antiken Klassengesellschaft, Frankfurt 1977, (9–61) 20–29; Ben-David, Arie: Talmudische Ökonomie, Hildesheim/New York 1974, 136f. [zu der von ihm errechneten Feldfläche von 3,13 ha muss noch die etwa ebenso große Flä-che hinzugerechnet werden, die als Brache oder für Gemüseanbau verwendet wurde].

so lange beibehalten, wie es in der näheren Umgebung ausreichend Nahrung für die Tiere gab (Nomaden). Im Sommer fanden die Tiere aber auch im Kulturland ausreichend Nahrung, ohne die dann abgeernteten Äcker zu schädigen. Aber auch jede sesshafte Familie besaß während der Königszeit einige Schafe und Ziegen, um so die Ernährung zu sichern.

10.3 Haushalt

Die Arbeit im Haus war in der Regel Arbeit der Frauen. Die wesentlichen Aufgaben waren das Mahlen von Getreide, das Kochen und Backen, die Versorgung der Tiere, das Spinnen und das Weben; hinzu kam die Erziehung der Kinder. Brot spielte eine große Rolle in der Ernährung. Für die Verhältnisse im Nahen Osten kann man annehmen, dass durchschnittlich pro Person und Jahr 150–250 kg Getreide konsumiert wurden,[2] also zwischen 410 und 680 g pro Tag. Bei einer 5-köpfigen Familie hat man von einer täglichen Getreideration von rund 2 kg auszugehen. Einen beträchtlichen Teil des täglichen Arbeitseinsatzes der Frauen nahm daher das Mahlen des Getreides ein. Lange Zeit verwendete man hierfür einen einfachen, meist aus Basalt gefertigten und durch die Benützung flach ausgehöhlten länglichen Unterstein, auf dem man mit einem kleineren Stein die Körner zerrieb. Die rotierende Handmühle, bei der zwei runde Steine übereinander liegen und der obere Stein über dem unteren gedreht wird, wurde erst in hellenistischer Zeit erfunden. Damit war das Mahlen des Getreides zwar einfacher, aber noch immer recht zeitaufwendig.

Gekocht wurde auf einem Herd, der sich im Hof eines Wohnhauses befand. Gekochte Speisen (Bohnen, Linsen; vgl. Gen 25,29–34) stellten eine Erweiterung des Speisezettels dar. Fleisch, das in der Regel gekocht und nicht gebraten wurde, gab es nur an Festtagen oder bei Besuchen.

Zum Spinnen verwendete man Flachs, Baumwolle oder Tierhaare (Ziegen-, Kamel- oder Schafwolle). Das Scheren der Tiere war Männerarbeit, während die Frauen die Wolle weiterverarbeiteten. Bei vielen Grabungen werden meist einfache Spinnwirtel und Webgewichte in den Wohnhäusern gefunden.

10.4 Stadtentwicklung

Definition „Stadt"

Die moderne Stadtforschung versteht unter einer Stadt
1. eine auf Dauer angelegte, topographisch abgeschlossene Siedlung mit größerer Bevölkerungszahl (wobei konkrete absolute Zahlen umstritten sind) mit
2. (zumindest in Teilbereichen) eigener juristischer und administrativer Organisation, d.h. der Ausbildung einer sozialen und rechtlichen Führungsschicht,

[2] Rosen, Baruch: Subsistence Economy of Stratum II, in: Finkelstein, Israel (Ed.): ʿIzbet Ṣarṭah. An Early Iron Age Site near *Rosh Haʿayin*, Israel (BAR S 299), Oxford 1986, (156–185) 173.

3. einer entsprechend den sozialen Gegebenheiten differenzierten Bausubstanz mit einfachen Wohnhäusern und Palästen (als Oberbegriff für größere Bauten) sowie öffentlichen Gebäuden,
4. einer weitgehend nicht auf Selbstversorgung, sondern auf Arbeitsteilung beruhenden Gesellschaft mit dem Ziel, einen Überschuss zu erwirtschaften, um damit Handel treiben und um am Ort nicht verfügbare Waren kaufen zu können, und mit
5. einer Bedeutung als kultischer, rechtlicher und/oder administrativer Zentralort für das Umland.

Setzt man diese Kriterien voraus, dann ist Jericho noch nicht die „älteste Stadt der Welt", da es dort zwar – etwa zeitgleich mit wenigen anderen Ortslagen des Nahen Ostens – eine permanente, von einer größeren Menschenmenge bewohnte Siedlung gab, aber bisher noch keine Kennzeichen für eine soziale Differenzierung festgestellt wurden. Von Städten im obigen Sinne kann man erst in der Frühbronzezeit II–III, der Mittelbronze IIB-C, Spätbronzezeit und der Eisenzeit IIB sprechen. Dazwischen liegen immer wieder Zeiten eines vornehmlich nomadischen Lebensstils. Die Gründung von Städten ist in der Regel von natürlichen Gegebenheiten (ausreichende Wasserversorgung, fruchtbares Umland für den Ackerbau, Vorkommen spezifischer Rohstoffe) sowie besonderen strategischen und ökonomischen (Handelswege!) Voraussetzungen bestimmt.

In der Regel gab es in den Ortschaften Israels bis in die persische bzw. hellenistische Zeit hinein keine bedeutende Arbeitsteilung; nahezu alle Bewohner lebten von Ackerbau und Viehzucht (vgl. Jer 31,24). In der Königszeit sind nur für Jerusalem und Samaria spezielle Berufe wie Metallhandwerker (2Kön 24,14.16), Bäcker (Jer 37,21), Bau- und Textilhandwerker sowie Getreidehändler (2Kön 7,1.18) nachgewiesen. Töpfer und Kunsthandwerker waren über das ganze Land verteilt und versorgten jeweils den regionalen Bedarf. Der größte Bereich der Städte bestand aus kleinen Wohnhäusern, sog. Vierraumhäusern mit einem Querraum und drei vorgelagerten Längsräumen (davon der mittlere als Hof genutzt). Die Häuser waren etwa 70–100 m² groß und wurden jeweils von einer Kleinfamilie bewohnt. In manchen Städten gab es längliche, durch zwei Pfeilerreihen geteilte Hallen (wahrscheinlich Lagerräume, vorgeschlagen sind auch Stall, Basar oder Kaserne), gemeinschaftlich genutzte Silos (z. B. Megiddo) und (in Hazor, Samaria und Megiddo) in der Nähe der Paläste „Schreiberkammern". Während in den philistäischen Städten Stadttempel existierten, scheint sich das kultische Leben der israelitischen Orte in der Eisenzeit auf stadtnahe Stein- (Gilgal: Jos 4 f. u. ö.) und Baumheiligtümer (z. B. Gen 21,33; Ri 6,11.19), Kulthöhen und allenfalls kleine Tempel (Silo: 1Sam 1–4 u. ö.; Nob: 1Sam 21,2–10; 22,6–23; Dan: Ri 18) konzentriert zu haben. Im 10. Jh. wurden in Jerusalem, Bet-El (1Reg 12,26–13,22; Am 7,10–17) und Dan (1Kön 12,30; die dort ausgegrabene „Kulthöhe" dürfte eher das Fundament eines Palastes sein!) Staatsheiligtümer gegründet. Ob es in Samaria (1Kön 16,32; deuteronomistisch) und Jerusalem (2Kön 11,18; deuteronomistisch) auch Baaltempel gab, ist unklar. Die Wasserversorgung der Stadt musste vor Feinden gesichert werden (vgl. 2Kön 3,19.25; 2Chr 32,30; KAI 189). In mehreren Städten wurden Schächte vom Stadtinneren aus zu einer Quelle gegraben.

Stadt in alttestamentlicher Zeit

Stadt in neutesta-
mentlicher Zeit

In nachexilischer Zeit wurde die Arbeitsteilung in den Städten weiterentwickelt (vgl. z. B. Ex 35,35; Neh 3,8.31 f.; 13,16; 1Chr 4,21.23; 2Chr
26,15). Dies hängt auch mit der Neugestaltung von Städten in dieser Zeit
zusammen. Während man bis dahin jeweils auf Siedlungshügeln lebte,
deren Areal relativ begrenzt war, verließ man nun diese Hügel und siedelte
in deren unmittelbarer Nähe in der Ebene. Für die großen öffentlichen Gebäude der hellenistischen bis byzantinischen Zeit (Nymphäen, Theater, Ba-
siliken, Tempel, Paläste, später auch Kirchen) stand so ausreichend Platz
zur Verfügung. Die Städte wurden nun zentral geplant und meist nach dem
Stadtplan des Hippodamos[3] mit rechtwinklig sich schneidenden Straßen
angelegt. Damit änderte sich die Stadtstruktur völlig. Während in der Bron-
ze- und Eisenzeit die Städte dicht bebaut waren und allenfalls für die
Paläste der Herrschenden großzügig Platz zur Verfügung stand, waren die
neuen Städte großflächig angelegt. Prunkbauten konnten nun den Ruhm
einer Stadt unterstreichen. Außerdem gab es jetzt Einkaufsstraßen mit
Läden zu beiden Seiten. Die Städte erreichten eine Größe, wie sie bis
dahin kaum möglich war. Sie finanzierten sich durch Einnahmen, die ein
zunehmendes Spezialistentum erwirtschaftete.

10.5 Architektur

Privatbauten

Die Architektur Palästinas zerfällt im Wesentlichen in private und öffentliche Bauten. Die Privatbauten waren in der Regel immer relativ klein und
an dem Bedarf der Menschen ausgerichtet. Solange Siedlungen auf das
Areal eines Tell beschränkt waren, musste man den geringen zur Verfügung
stehenden Platz gerecht – und damit kleinräumig – verteilen. Ab der hellenistischen und römischen Zeit stand wesentlich mehr Platz zur Verfügung.
Trotzdem verfügten nur wenige Menschen über so große Resourcen, dass
sie sich ein entsprechend repräsentatives Gebäude erstellen lassen konnten.

Öffentliche Bauten

Öffentliche Bauten spielen seit dem Neolithikum (Turm in Jericho) eine
große Rolle. Ebenfalls in Jericho hatte man eine Mauer zum Schutz der
Siedlung errichtet. Paläste für die Oberschicht sind seit der Frühbronzezeit
bekannt, Tempel möglicherweise schon seit dem Neolithikum, auf jeden
Fall seit dem Chalkolithikum. Mit der hellenistischen Zeit ändert sich auch
die Ausgestaltung der öffentlichen Bauten, die man nun auch bezeichnenderweise als „Baudenkmäler" charakterisieren kann. Sie werden größer,
eindrücklicher und zahlreicher. Einen Höhepunkt in dieser Hinsicht erlebt
Palästina in der römisch-byzantinischen Zeit. Insbesondere Herodes d.Gr.
(37–4 v.Chr.) mit seinem immensen Bauprogramm ist hier zu nennen. Ihm
verdanken wir neben dem Neubau des Jerusalemer Tempels und einer
Verdoppelung des Tempelareals mehrere Paläste und Fliehburgen (z.B.
Alexandreion, Masada, Machärus, Jericho), Heiligtümer, Theater und Am-

---

[3] Hippodamos aus Milet war ein bedeutender Stadtplaner des 5. Jh., der der
Überlieferung nach erstmals Städte mit rechtwinklig sich schneidenden Straßen und
einem besonderen Marktplatz geplant haben soll.

phitheater. Mit ihm gelang es dem provinziellen Judäa, kulturell Anschluss zu finden an die herrschende griechisch-römische Kultur. Etwa gleichzeitig lässt sich aber auch in der Nabatäerhauptstadt Petra ein Aufschwung im Bereich der Architektur beobachten. Die dortigen Grabfassaden wurden jedoch nicht errichtet, sondern aus dem Felsen herausgearbeitet! In der Folgezeit lassen sich in Palästina an vielen Orten groß angelegte Bauten beobachten. Zuerst wurden den Göttern der damaligen Umwelt Pracht-gebäude errichtet (Tempel, Nymphäen), dann ab dem 4. Jh. zahlreiche Kir-chen. Daneben gab es nun Bäder und Theater. Die Mosaiklegekunst erleb-te in dieser Zeit einen Höhepunkt, wobei Künstler gleichermaßen christ-liche, jüdische und heidnische Motive für die Fußböden von Kirchen, Synagogen und Privathäusern verwendeten.

10.6 Kultgerätschaften und -installationen

Während man Fundstücke aus einem eindeutig als Tempel angesehenen Gebäude problemlos als Kultgerätschaften im weitesten Sinne bestimmen kann, fällt eine solche Festlegung bei Funden aus dem privaten Bereich wesentlich schwerer. Zweifelsohne gab es einen Hauskult, dessen genaue Gestalt wir jedoch nicht sicher bestimmen können. Meist bezeichnet man tönerne oder metallene Figurinen, dekorierte und mit Tierfigurinen ge-schmückte Ständer, Kernoi, Räuchergeräte, Masken, Metallschaufeln und einige andere Gegenstände als Kultgerätschaften. Hinzu kommen noch In-stallationen wie z. B. Altäre. Häufig wurden jedoch auch Gegenstände, deren Bedeutung man nicht genau verstand, als kultisch eingestuft, weil man ihnen keinen praktischen Wert für den Alltag zuschreiben konnte. Die sog. syrischen Salbschalen, meist aus Steatit gearbeitete Schalen in Hand-form mit einem Zapfen an einem Ende, werden z. B. heute nicht mehr als Kultgeräte (für Libationen oder Räucheropfer), sondern als profane Gerät-schaften angesehen. In einem ledernen Sack, der an dem Zapfen ange-bracht war, bewahrte man die Salbe auf, die man durch Kippen den Sackes in die Schale fließen lassen konnte. Um Gegenstände eindeutig als kultisch bezeichnen zu können, muss insbesondere auch die Fundsituation der Stücke beachtet werden; sie kann u.U. Aufschlüsse über die Verwendung der Funde ermöglichen.

10.7 Krieg und Waffen

Da Palästina ein Durchzugsland war, wurde es während der vergangenen 4000 Jahre immer wieder von fremdländischen Herrschern kontrolliert. Dies zog kriegerische Auseinandersetzungen nach sich. Als Waffen dienten dabei anfangs Gerätschaften, die in friedlichen Zeiten für die Jagd verwen-det wurden. Schon in der Steinzeit wurden Speer- und Pfeilspitzen aus Stein hergestellt. Mit der Möglichkeit, Metall herzustellen, konnte man auch die Qualität dieser Waffen verbessern. Dolche treten seit dem Chal-kolithikum vereinzelt, seit der Bronzezeit dann in größerer Stückzahl auf.

Schwerter mit einer Klingenlänge von mehr als 40 cm sind dagegen bis in die Eisenzeit hinein außerordentlich selten. Pfeil und Bogen wurden, wie aufgefundene Pfeilspitzen zeigen, in Palästina schon seit dem Neolithikum verwendet. In der Bronze- und Eisenzeit stellten sie die wichtigste Waffe mit Fernwirkung dar. Mit Kompositbögen, bei denen verschiedene Materialien miteinander verklebt wurden, konnten in der Spätbronze- und Eisenzeit Reichweiten von über 100 m erzielt werden. Zur Abwehr fremder Pfeile wurden zumindest seit der Frühbronzezeit Schilde getragen. Sie gehörten meist zur Ausrüstung eines Lanzenwerfers. Schilde konnten aber auch auf dem Boden aufgestellt werden und boten so den Bogenschützen ausreichend Schutz gegen gegnerische Waffen. Eine recht primitive, aber trotzdem höchst treffgenaue und immerhin bis zu 200 m Schußweite reichende Waffe ist die Steinschleuder. In einen Leder- oder Stoffstreifen, der in der Mitte eine kleine Verbreiterung aufwies, wurde der Stein gelegt und anschließend die Schleuder über dem Kopf geschwungen. Ließ man ein Ende los, flog der Stein mit hoher Geschwindigkeit davon. Im Krieg kamen aber auch Werkzeuge wie z. B. Äxte zum Einsatz.

Im frühen 2. Jt. v. Chr. wurde in Kleinasien oder Mesopotamien der Schuppenpanzer entwickelt, bei dem kleine Metallplättchen so auf ein Lederhemd genäht wurden, dass die Nähte jeweils verdeckt waren. Die Schuppen boten dem Träger sowohl Bewegungsfreiheit als auch Schutz vor gegnerischen Pfeilen. Spätestens ab Mitte des 2. Jt. v. Chr. wurden leichte Streitwagen mit Speichenrädern verwendet, die von zwei Pferden gezogen wurden. Zur Besatzung gehörte ein Wagenlenker und ein Schütze mit Pfeil und Bogen, manchmal auch ein dritter Mann, der einen Schild zur Abwehr feindlicher Waffen trug. Auf assyrischen Reliefs sind Sturmböcke abgebildet, die bei der Eroberung einer Stadt eingesetzt wurden. Es handelt sich dabei um mit Rädern versehene Wagen, an denen eine Stange – gelegentlich endete sie in einem Widderkopf – befestigt war, mit der man die Stadtmauer der belagerten Stadt zu beschädigten suchte. Ab der hellenistischen Zeit kamen kompliziertere Geräte zum Einsatz: Wurfmaschinen, Torsionsgeschosse und Belagerungstürme. Insbesondere in römischer Zeit wurde durch die ständig im Lande befindlichen Heere die Militärmacht zu einem wesentlichen Faktor des gesellschaftlichen Lebens.

10.8 Kunsthandwerk und Schmuck

Zum Schmuck zählen vor allem Ringe für Nasen, Arme, Finger, Hals und Ohren. Seit der Frühbronzezeit wurden Steine, die u. U. aus weit entfernten Regionen stammten, Muscheln, Knochen usw. als Halsschmuck verwendet. Mit der Fähigkeit, Metall verarbeiten zu können, fanden auch Metallringe eine große Verbreitung. Ein Höhepunkt der Metallverarbeitung für Kunstgegenstände wurde mit der achämenidischen Zeit erreicht. Die hochwertige Elfenbeinverarbeitung war vor allem reisenden Künstlern aus Phönizien vorbehalten, die ägyptische, palästinisch-phönizische und mesopotamische Motive in einer eigenständigen Art verbanden.

10.9 Grabsitten und -gebräuche

Während man im Neolithikum noch üblicherweise die Toten unter dem Fußboden der Wohnhäuser bestattete, lag in späteren Zeiten der Friedhof grundsätzlich (abgesehen von den Königsgräbern) außerhalb der Ortschaften. Grabstätten waren ein unreiner Ort, der entsprechend gemieden wurde. Bestattungen fanden in Palästina in der Regel in Felskammern und in Erdgräbern statt. Ab der hellenistischen Zeit erbaute man für die Toten der Oberschicht große Mausoleen. Daneben wurden nun auch Grabanlagen mit zahlreichen Schiebegräbern errichtet. Teilweise waren um die Zeitenwende derartige Gräber mit Rollsteinen (vgl. das Grab Jesu) verschlossen. Auch Bleisärge und Sarkophage sind ab der römischen Zeit in Palästina belegt. Im 1. Jh. n. Chr. kam für kurze Zeit die Praxis der Zweitbestattung in Ossuarien, die vorher schon während des Chalkolithikums praktiziert wurde, wieder auf. Urnengräber sind in Palästina selten und gehen wohl auf fremdländische Einflüsse zurück. Die Gräber und ihre Gestaltung haben sich im Verlauf der Jahrhunderte etwas geändert, so dass man u. U. auch über die Grabformen deren Alter bestimmen kann. Sehr viel genauer ist jedoch die Datierung durch die Grabbeigaben, die den Toten ein angenehmes Leben im Jenseits garantieren sollen. Insbesondere die beigegebene Keramik ist ein wichtiger Ansatzpunkt für die Datierung.

10.10 Kleidung

Spätestens seit der Frühbronzezeit verdrängte Stoffkleidung aus Leinen und Wolle, seit der hellenistischen Zeit auch aus Baumwolle immer mehr die Fell- oder Lederkleidung. Siegel zeigen für die Oberschicht in der Mittelbronzezeit häufig das Wickelgewand, das durch Gewandnadeln zusammengehalten wurde. In der Eisenzeit war das bodenlange Hemdkleid eine weit verbreitete Bekleidung. Männer trugen zudem im Alltag einen kurzen Schurz als Arbeitskleidung. Mit der römischen Zeit wurde die im Westen übliche Kleidung übernommen. Stoffreste aus vorrömischer Zeit sind sehr selten erhalten geblieben.

10.11 Musik

Im Vorderen Orient sind Saiten-, Blas- und Schlaginstrumente insbesondere durch Reliefs, in späterer Zeit auch durch Malereien, aber auch durch archäologische Funde belegt. Als Saiteninstrumente wurden die Leier und die Harfe seit dem 3. Jt. verwendet. Ebenfalls aus dieser Zeit stammen die ältesten Belege für Flöten. Daneben gibt es zahlreiche ikonographische Belege für das Schofarhorn und die Doppeloboe. Die Trompete wurde wohl erst seit der nachexilischen Zeit verwendet. Eine große Rolle spielten in der antiken Musik Rhythmusinstrumente wie Handtrommel, Schlaghölzer, Rasseln, Zimbeln, Sistren oder Glocken. Wie die Musik in Palästina vor 4000 oder 2000 Jahren geklungen haben mag, ist völlig unsicher. Sie scheint eine wichtige Rolle im Kult, vor allem in der nachexilischen Zeit, besessen zu haben.

10.12 Münzen

Bis in die persische Zeit hinein war der Tauschhandel bei allen Handelsgeschäften üblich. Um Tauschgeschäfte vereinfachen zu können, konnte man eine bestimmte Ware auch gegen eine abzuwiegende Menge Metall (meist Silber, selten Gold) tauschen und dieses Metall anschließend wieder in andere Waren eintauschen. Damit lag eine erste Form von Geldwirtschaft vor, wobei die einzutauschende Menge denselben Wert hatte wie das relativ teure Metall. Bei Münzgeld wird der Wert der Münze jedoch nicht durch dessen Materialwert, sondern durch die staatliche Prägung, die für einen bestimmten Wert steht, gewährleistet. Die ältesten Münzen stammen aus Lydien (7. Jh. v. Chr.). Vom 6. Jh. an begegnen Münzen im östlichen Mittelmeerraum. Wirkliche Verbreitung erlangten sie erst in hellenistischer und römischer Zeit. Die Münzen sind ein eigener Forschungsbereich geworden (Numismatik). Dabei sind die Münzbilder Palästinas u. a. auch wegen der ausgewählten Motive von großem Interesse. Zudem lassen sich über Münzverteilungen auch Handelswege und Einflusszentren der Antike erschließen. Die Numismatik ist damit auch ein wichtiger Aspekt bei der Bearbeitung einer Territorial-, Religions- oder Handelsgeschichte.

Bibliographie

Für die meisten Werke haben sich Abkürzungen eingebürgert. Das grundlegende, die gesamte theologische Wissenschaft umfassende Abkürzungsverzeichnis ist Schwertner, Siegfried M.: TRE Theologische Realenzyklopädie. Abkürzungsverzeichnis/Internationales Abkürzungsverzeichnis für Theologie und Grenzgebiete (Berlin ²1993). Da in diesem Abkürzungsverzeichnis versucht wurde, für alle theologischen Gebiete ein einheitliches und eindeutiges Abkürzungsverzeichnis zu entwickeln, gibt es jedoch gelegentlich Überschneidungen mit lang eingebürgerten Abkürzungen in einzelnen Fächern.

Zeitschriften, Jahrbücher und Publikationsreihen

Zahlreiche Fachzeitschriften und Jahrbücher informieren über die aktuellen Ausgrabungsbefunde und behandeln archäologische Themen. Zum Teil werden diese Zeitschriften von den jeweiligen Antikenverwaltungen der einzelnen Länder herausgegeben und beschränken sich damit i.d.R. auf Ausgrabungsbefunde allein aus diesen Ländern.

AAS/AAAS	Les Annales archéologiques (arabes) de Syrie. Revue d'archaeologie et d'histoire syriennes, 1951 ff. [nur Syrien]
AASOR	Annual of the American Schools of Oriental Research, 1920 ff.
ADAJ	Annual of the Department of Antiquities of Jordan, 1951 ff. [nur Jordanien]
AJA	American Journal of Archaeology and of the History of Fine Arts, 1885/1897 ff. [enthält in jedem Band Zusammenfassungen der wichtigsten Grabungen in den einzelnen Ländern]
AJBA	The Australian Journal of Biblical Archaeology, 1968–1974/5
'Atiqot ES	'Atiqot. English Series, 1955 ff. [nur Israel; Bd. 1 und 2 sind identisch mit 'Atiqot HS; ab Band 20. 1991 gemeinsame englische und hebräische Ausgabe]
'Atiqot HS	'Atiqot. Hebrew Series, 1955 ff. [s. o.]
BA	Biblical Archaeologist, 1939–1997 [fortgeführt unter NEA]

BAR, BArR	Biblical Archaeologist Review, 1975 ff. [populärwissenschaftliche Beiträge mit meist hervorragenden Farbphotos]
BASOR	Bulletin of the American Schools of Oriental Research, 1919 ff.
BBLAK	Beiträge zur Biblischen Landes- und Altertumskunde [= ZDPV 68. 1949–1951]
Berytus	Berytus. Archaeological Studies, 1934 ff.
BJPES/BIES	Bulletin of the Jewish Palestine Exploration Society, 1933 ff. [hebr.]; fortgeführt als Bulletin of the Israel Exploration Society, 1951 ff. [hebr.; nur Israel]
BMB	Bulletin du Musée de Beyrouth, 1937 ff.
BTS	La Bible et Terre Sainte, 1959–1977 [fortgeführt von Le Monde de la Bible]
EI	Eretz-Israel. Archaeological, Historical and Geographical Studies, 1952 ff.
ESI	Excavations and Surveys in Israel, 1982–1999 [engl. Übersetzung von HA (ab Nr. 78)]
HA	*Hadashot Arkheologiyot*, 1961 ff. [Kurzberichte von fast allen Ausgrabungen nur in Israel; hebr., seit HA 109. 1999 zweisprachig mit ESI vereint]
HL	Das Heilige Land in Vergangenheit und Gegenwart, 1939 ff.
IEJ	Israel Exploration Journal, 1950/51 ff. [nur Israel]
INJ	Israel Numismatic Journal, 1963 ff.
JDEIAHL	Jahrbuch des Deutschen Evangelischen Instituts für Altertumswissenschaft des Heiligen Landes, 1989 ff.
JEOL	Jaarbericht van het Vorderaziatisch-Egyptisch Genootschap „Ex Oriente Lux", 1933 ff.
JPA	Journal of Palestinian Archaeology, 2000 ff. [nur Palästina/Westbank]
JPOS	Journal of the Palestine Oriental Society, 1920/21–1946 [nur britisches Mandatsgebiet]
LA	s. SBFLA
Levant	Levant. Journal of the British School of Archaeology in Jerusalem, 1969 ff.

MNDPV   Mitt(h)eilungen und Nachrichten des Deutschen Palästina-Vereins, 1895–1912

MoBi   Le Monde de la Bible, 1977 ff.

MUSJ   Mélanges de l'Université Saint-Joseph, 1906 ff.

NEA   Near Eastern Archaeology, 1998 ff.

PEFQSt   Palestine Exploration Fund Quarterly Statements, 1869 ff. [seit 1937 PEQ]

PEQ   Palestine Exploration Quarterly, 1937 ff.

PJB   Palästinajahrbuch des Deutschen Evangelischen Instituts für Altertumswissenschaft des Hl. Landes zu Jerusalem, 1905–1941

Qad.   Qadmoniot, 1968 ff. [nahezu nur Israel; hebr.]

QDAP   The Quarterly of the Department of Antiquities in Palestine, 1932–1950 [nur britisches Mandatsgebiet]

RB   Revue Biblique, 1892 ff.

SBFLA   Studii Biblici Franciscani. Liber Annuus, 1950/51 ff.

Syria   Syria. Revue d'art oriental et d'archéologie, 1920 ff.

TA   Tel Aviv, 1974 ff.

UF   Ugarit-Forschungen. Internationales Jahrbuch für die Altertumskunde Syrien-Palästinas, 1969 ff.

WUB   Welt und Umwelt der Bibel, 1996 ff. [teilweise Übersetzung von Le Monde de la Bible]

Yediot   Yediot bahaqirat Eretz-Israel weatiqoteha, 1962–1967 [nur Israel; hebr.; weitergeführt durch Qadmoniot]

ZDPV   Zeitschrift des Deutschen Palästina-Vereins, 1878 ff.

Einige Publikationsreihen sind für die Palästinaforschung von besonderer Bedeutung:

ADPV   Abhandlungen des Deutschen Palästina-Vereins, Wiesbaden 1969 ff. [Veröffentlichungen zu Themen aus dem gesamten Spektrum der Biblischen Landes- und Altertumskunde]

AOAT   Alter Orient und Altes Testament, Kevelaer/Neukirchen-Vluyn, später Münster 1968 ff. [enthält neben sprachlichen Untersuchungen gelegentlich auch archäologische Arbeiten]

AVO   Altertumskunde des Vorderen Orients, Münster 1992

BAR.S   British Archaeological Reports. International Series, Oxford 1974 ff.

BTAVO A/B Beihefte zum Tübinger Atlas des Vorderen Orients, Wiesbaden 1977 ff. [Reihe A enthält Arbeiten zur Naturwissenschaft, Reihe B zur Historischen Topographie des Vorderen Orients]

IAA Reports Israel Antiquities Authority, Jerusalem 1996 ff. [nur israelische Grabungsberichte]

NTOA   Novum Testamentum et Orbis Antiquus, Fribourg/Göttingen 1986 ff. [enthält neben exegetischen Arbeiten auch solche zur neutestamentlichen Umwelt]

NTOA.SA Novum Testamentum et Orbis Antiquus, Fribourg/Göttingen 1996 ff. [enthält Grabungsberichte zur neutestamentlichen Zeit]

OBO   Orbis Biblicus et Orientalis, Fribourg/Göttingen 1973 ff. [enthält neben exegetischen Untersuchungen Arbeiten zur Umwelt des Alten Testaments und zur biblischen Landes- und Altertumskunde; ein Schwerpunkt sind ikonographische Untersuchungen]

OBO.SA   Orbis Biblicus et Orientalis. Series Archaeologica, Fribourg/Göttingen 1980 ff. [enthält Grabungsberichte und ikonographische Untersuchungen]

OLB   s. Keel/Küchler, S. 159

PEFA   Palestine Exploration Fund. Annual, London 1911–1953

Qedem   Qedem. Monographs of the Institute of Archaeology, The Hebrew University of Jerusalem, Jerusalem 1970 ff. [enthält vorwiegend israelische Grabungsberichte]

SHAJ   Studies in the History and Archaeology of Jordan, Amman 1982 ff. [enthält die Vorträge der regelmäßig stattfindenden Kongresse zur Geschichte und Archäologie Jordaniens]

SIMA   Studies in Mediterranean Archaeology, Jonsered 1962 ff. [spezialisiert auf die Archäologie des Mittelmeerraumes mit zahlreichen Arbeiten zu Syrien-Palästina]

Lexika

Lexika bieten die Möglichkeit, sich schnell eine Übersicht über die derzeitige Forschungslage zu verschaffen. Für die archäologische Arbeit sind insbesondere zu empfehlen:

ABD Freedman, David N. u.a. (Ed.): The Anchor Bible Dictionary 1–6, New York u.a. 1992 [das wichtigste amerikanische Lexikon für alle exegetischen Fragestellungen]

BRL² Galling, Kurt (Hrsg.): Biblisches Reallexikon, Tübingen ²1977 [trotz des inzwischen hohen Alters noch immer ein unverzichtbares Nachschlagewerk für die gesamte vorhellenistische Kultur Palästinas]

DANE Bienkowski, Piotr/Millard, Alan (Ed.): Dictionary of the Ancient Near East, Philadelphia/London 2000 [kurzgefasstes Lexikon zur Kulturgeschichte des gesamten Nahen Ostens]

DDD² van der Toorn, Karel u.a. (Ed.): Dictionary of Deities and Demons in the Bible, Leiden u.a. ²1999 [enthält Artikel zu allen im Raum Syrien/Palästinas relevanten Gottheiten und Dämonen, vornehmlich in Bezug auf die Textquellen]

DNP Cancik, Hubert/Schneider, Helmut (Hrsg.): Der neue Pauly, Stuttgart 1996ff.

EJ Encyclopaedia Judaica 1–17, Jerusalem 1971–1982 [beschäftigt sich schwerpunktmäßig mit Judaistik, enthält aber auch viele wichtige Artikel zur Kultur des Altertums]

Kleine Pauly Ziegler, Konrat u.a. (Hrsg.): Der Kleine Pauly. Lexikon der Antike 1–5, München 1975 [kurzgefasstes Lexikon zur Kultur des Mittelmeerraums in der Antike]

LÄ Helck, Wolfgang u.a. (Hrsg.): Lexikon der Ägyptologie 1–7, Wiesbaden 1975–1992 [Standardwerk für alle ägyptologischen Fragestellungen]

NEAEHL Stern, Ephraim (Ed.): The New Encyclopedia of Archaeological Excavations in the Holy Land 1–4, Jerusalem u.a. 1993 [die vier Bände enthalten für nahezu alle archäologisch wichtigen Ortslagen des Staates Israel und der Westbank sowie für einige Ortslagen im Sinai und in Jordanien Zusammenfassungen der Grabungsergebnisse, die – soweit möglich – von den Ausgräbern selbst verfasst sind]

NBL Görg, Manfred/Lang, Bernhard (Hrsg.): Neues Bibel-Lexikon, Düsseldorf/Zürich 1991–2001 [inzwischen das zuverlässigste Lexikon für die deutschsprachige Tradition der Bibelexegese]

OEANE Meyers, Eric M. (Ed.): The Oxford Encyclopedia of Archaeology in the Near East 1–5, Oxford 1997 [informatives Lexikon für die materielle Kultur des gesamten Nahen Ostens, enthält auch Personenartikel!]

RE Wissowa, Georg u.a. (Hrsg.): Paulys Real-Encyclopädie der classischen Alterthumswissenschaft, Stuttgart 1894–1980 [das ausführlichste und informativste Lexikon für die Kultur des Mittelmeerraums]

RlA Ebeling, Erich u.a. (Hrsg.): Reallexikon der Assyriologie 1ff., Berlin/Leipzig 1932ff. [Standardlexikon für alle Fragestellungen zu Texten und archäologischen Funden aus dem Raum des Vorderen Orients]

ThWAT Botterweck, G. Johannes u.a. (Hrsg.): Theologisches Wörterbuch zum Alten Testament 1ff., Stuttgart u.a. 1970ff. [behandelt die wichtigsten alttestamentlichen Begriffe]

TRE Krause, Gerhard u.a. (Hrsg.): Theologische Realenzyklopädie, Berlin/New York 1976ff.

Karten Palästinas (in chronologischer Reihenfolge)

Eine gute Ausstattung mit Palästinakarten unterschiedlicher Zeiten und Maßstäbe ist für jede archäologische und topographische Arbeit unverzichtbar. Allerdings hat kaum ein Institut weltweit wirklich vollständige Kartensätze für die südliche Levante. Eine der wichtigsten Aufgaben der Zukunft wird sein, die noch vorhandenen Kartenblätter digital zu speichern und sie so einer breiteren Öffentlichkeit wieder zugänglich zu machen.

Ältere Karten geben dabei die Siedlungsdichte in früheren Zeiten wieder. Da sich in den letzten rund 100 Jahren die Siedlungsdichte und die Art der Siedlungen erheblich geändert haben, findet man viele vor allem für die topographische Diskussion wichtige Ortslagen und deren Größe nur auf diesen Karten. Allerdings haben sie häufig einen ungünstigen Maßstab, der mit den heutigen Karten oft nur schwer kompatibel ist. Berücksichtigt werden muss, dass in den fünfziger Jahren des 20.Jh. das israelische „National Names Commitee" eine Vielzahl von neuen Ortsnamen vergab, die sich in den heutigen amtlichen Karten finden. Der heutige Ortsname muss demnach nicht mit dem biblischen Namen identisch sein! Dies macht häufig das umständliche Arbeiten mit mehreren Kartenblättern aus unterschiedlichen Zeiten nötig. Die modernen Kartenblätter sind in der Regel mit dem sog. Palestine-Grid (so schon die gebräuchliche Touristenkarte im Maßstab 1:500000, aber auch detailliertere Karten) versehen. Durch die Angabe der Koordinaten auf mindestens 3 Stellen, die einer Genauigkeit von 1 km entspricht, lassen sich die einzelnen arabisch bezeichneten Ortslagen dann relativ leicht auf heutigen Karten auffinden.

Nachfolgend finden sich die wichtigsten Kartenwerke aufgeführt, wobei sowohl reine physikalische Karten als auch Kartenblätter, die den Siedlungsbestand im Altertum auflisten und somit die archäologische Diskussion aufarbeiten, berücksichtigt wurden. Sofern in Kartenwerken auch die historisch-topographische Diskussion berücksichtigt ist, also die angenommene Lage aus antiken Quellen bekannter Orte eingezeichnet ist, finden sich die Karten unter den Abschnitt „Bibelatlanten" aufgeführt.

Map of Western Palestine (PEF), London 1882–1888; nachgedruckt: 1998 (allerdings um 20% verkleinert) [Die insgesamt 26 Kartenblätter im gewöhnungsbedürftigen Maßstab 1:63360 stellen die erste vollständige kartographische Aufnahme des Westjordanlandes mit Tyrus im Norden und Beerscheba im Süden dar und geben die Siedlungen der Jahre 1880–1884 wieder. Damit sind sie eine unverzichtbare Informationsquelle. Ein eigener Band gibt alle eingetragenen Ortsnamen in arabischer Schreibweise und englischer Übersetzung wieder, einige weitere Bände bieten Beschreibungen der Ortslagen].

Schumacher, Gottlieb: Karte des Ostjordanlandes. 10 Blatt. Maßstab 1:63360, 1908–24 [Als Ergänzung zum Survey of Western Palestine wurden 1892–1902 diese Kartenblätter des Ostjordanlandes aufgenommen].

Karte von Palästina 168960 (Kartographische Abteilung des stellvertretenden Generalstabs der Armee), 1915 [mindestens 17 Blatt, basiert auf der englischen Karte]

Palästina 1:250000 (Kartographische Abteilung der königlich preußischen Landesaufnahme, 1918).

Palästina 1:50000 (Reichsamt für Landesaufnahme Berlin 1918, mindestens 39 Blätter).

Palästina 1:25000 (Reichsamt für Landesaufnahme Berlin 1918, mindestens 7 Blätter).

Levante 1:200000 (10 Blätter, Paris 1920).

Levante 1:50000 (ca. 50 Blätter, Paris 1926ff., bearbeitet Paris 1942–1945, auch in englisch nachgedruckt).

Palestine 1:20000 (unvollständig, 29 Blätter, vor allem Küstenregion im Norden und Süden des Landes, Jaffa 1927ff.).

Carte du Liban 1:50000 (Service Géographique de l'Armée/Institut Géographique National, 27 Blätter, 1933ff.).

Palestine (Survey of Palestine), [165 Blätter 1:20000 (1932 aufgenommen, 1941 veröffentlicht)].

Levante 1:200000 (mindestens 27 Blätter, Paris 1943–1945).

Palestine (Survey of Palestine) 1:100000, 1942ff. [16 Blätter, in engl., nach dem 2. Weltkrieg zahlreiche israelische Nachdrucke mit hebräischem Aufdruck, Überarbeitungen der Grundkarten und Neuausgaben, z.T. auf 5 oder 6 Kartenblättern sowie seit 1951 jordanische Nachdrucke auf 19 Blättern (mit Westbank)].

South Levant (Field Survey) 1:100000, 1946 (20 Blätter).

Levante 1:50000, 1957–1968 (mindestens 78 Blätter, in arab.).

Jordan 1:50000, 1961 (121 Blätter).

The Hashemite Kingdom of Jordan 1:250000, 1949 (4 Blätter, zahlreiche Überarbeitungen und Nachdrucke).

Archaeological Map of the Hashemite Kingdom of Jordan 1:250000 (Department of Lands and Surveys of Jordan), 1949 (4 Blätter, zahlreiche überarbeitete Nachdrucke).

Map of Israel 1:250000, 1961ff. (2 Blätter) [Seit 1961 in mehreren Bearbeitungen als physikalische und als Straßenkarte erhältlich. Der Carta-Verlag gibt seit 1983 zu diesen Kartenblättern ein nützliches und mehrfach überarbeitetes Beiheft „Carta's Official Guide to Israel" heraus, in dem sich zu allen eingetragenen Ortslagen kurze Informationen zur Geschichte sowie Koordinatenangaben finden.)

Carte du Liban 1:20000, 1964ff. (Armée Libanaise/Institut Géographique National Française, 124 Blätter).

Israel 1:100000, 1966–1971 (26 Blätter, danach Überarbeitungen von Einzelblättern; hebr.).

Atlas of Israel. Cartography, Physical, Geography, Human and Economic Geography, History, Jerusalem/Amsterdam 1970 [Der Band stellt die wichtigsten geographischen Daten des Landes kartographisch aufgearbeitet zusammen].

Amiran, David H. K. u.a. (Ed.): Atlas of Jerusalem, Berlin/New York 1973 [Umfangreiches Kartenwerk mit 53 großformatigen Kartenblättern zur geschichtlichen Entwicklung der Stadt und ihrer wirtschaftlichen Bedeutung; beigegeben ist ein Beiheft „Urban Geography of Jerusalem. A Companion Volume to the Atlas of Jerusalem" mit vielen grundlegenden Informationen].

The Archaeological Survey of Israel, Jerusalem 1978 ff. [Im Verlauf dieses großangelegten Surveyprogramms wird das ganze Land in 10 × 10 km-Quadranten untersucht; bisher sind nur etwa 30 der geplanten ca. 250 Bände erschienen. Den Bänden ist jeweils eine aktuelle Karte im Maßstab 1:20 000 beigegeben, die alle bislang bekannten Siedlungen und Fundstätten der Vergangenheit enthält, in den Heften sind die einzelnen Ortslagen ausführlich beschrieben].

Soffer, Arnon/Kipnis, Baruch A.: Atlas of Haifa and Mount Carmel, Haifa 1980 [Hebr. und engl., bietet zahlreiche Karten zu der Kleinregion, zur historischen Entwicklung und zur wirtschaftlichen Bedeutung].

Spezielle Karten:

Geological Map of Jordan, East of the Rift Valley 1:250 000 (Department of Lands and Surveys of the Jordan), 1945 [3 Blätter].

Burden, J. D.: 1959. Handbook of the Geology of Jordan, to accompany and explain the three sheets of the 1:250 000 Geological Map of Jordan East of the Rift.

Geologische Karte von Jordanien 5 Blätter 1:250 000 (Bundesanstalt für Bodenforschung Hannover/Government of the Hashemite Kingdom of Jordan), 1968.

Nir, D.: Geomorphological Map of the Judean Desert 1:100 000, Scripta Hiersolymitana 15. 1965.

Geological Map of Israel 1:50.000, 1970 ff. [45 Blätter].

Dan, J./Raz, Z.: 1:250 000 Map of Soil Groups of Israel (hebr.), 1970.

Hilfsmittel zum Gebrauch der Karten:

Für die Karten des Tübinger Atlas des Vorderen Orients, der auf den verschiedenen Kartenblättern insgesamt fast 6000 Ortslagen aus Palästina enthält, ist ein nützliches Gesamtregister erschienen:

Kopp, Horst/Röllig, Wolfgang (Hrsg.): Tübinger Atlas des Vorderen Orient: Register zu den Karten. General-Index. 3 Bde., Wiesbaden 1994 [allerdings sind in diesem Register die Ortsnamen in Hocharabisch wiedergegeben, zudem

finden sich oft mehrere Schreibungen für ein und die selbe Ortslage].

Ein wichtiges Hilfsmittel für alle von den Israelis nach 1948 entvölkerten und größtenteils zerstörten Ortslagen, die sich somit in heutigen Karten nicht mehr nachweisen lassen, ist:

Khalidi, Walid (Ed.): All that Remains: The Palestinian Villages Occupied and Depopulated by Israel in 1948, Washington 1992 [bietet Informationen zur Lage, wirtschaftlichen Bedeutung und Geschichte der nicht mehr existierenden Orte, oft auch mit Verweisen auf archäologische Tätigkeiten im Umfeld der Ortslage].

Bibelatlanten

Im Unterschied zu den Karten versuchen die Bibelatlanten, biblisch (bzw. historisch) belegten Ortslagen zu lokalisieren und somit die historisch-topographische Forschung aufzunehmen. Auf dem Markt gibt es eine Vielzahl von Bibelatlanten mit unterschiedlichen Ansprüchen und Qualitäten. Es können hier nur einige wenige, für den wissenschaftlichen Gebrauch besonders geeignete Atlanten vorgestellt werden. Daneben gibt es, bislang beschränkt auf den amerikanischen Markt, einige CD-ROMs als Bibelatlanten, die jedoch hinsichtlich ihrer wissenschaftlichen Brauchbarkeit noch nicht voll überzeugen können.

Aharoni, Yohanan/Avi-Yonah, Michael: Der Bibel-Atlas, Augsburg 1991 (engl.: The Macmillan Bible Atlas) [auf 264 Detailkarten werden zentrale Ereignisse der Geschichte Palästinas kartographisch festgehalten; recht brauchbares Hilfsmittel, auch wenn man über die wissenschaftliche Zuverlässigkeit mancher Karteneintragungen streiten kann].

Fitzner, Thilo (Hrsg.): Länder der Bibel. Archäologisch-historischer Satelliten-Atlas. Studien- und Standard-Ausgabe, o. O. [Bad Boll] o. J. [1999] [Bietet zahlreiche hervorragende Satellitenaufnahmen Palästinas, zudem viele Luftaufnahmen des Landes; von ästhetischem, weniger wissenschaftlichem Wert].

Guthe, Hermann: Bibelatlas, Leipzig ²1926 [dieser Klassiker unter den Bibelatlanten zeichnet sich noch immer durch seine besondere Qualität aus und ist noch längst nicht überholt].

Höhne, Ernst: Historisch-archäologische Karte zu Palästina, Göttingen 1981 = 2. Teil des Biblisch-Historischen Handwörterbuches. Band IV, Göttingen 1979 [2 Kartenblätter, leider in dem ungewöhnlichen Maßstab 1:300000, in die alle Ortslagen eingezeichnet sind, deren Name vom 2. Jt. v. Chr. bis in die Kreuzfahrerzeit hinein überliefert ist; das Namenregister ist für alle weiteren Forschungen grundlegend und für die richtige Schreibweise arabischer Ortsnamen sehr hilfreich].

Keel, Othmar/Küchler, Max/[Pritchard, James B.] (Hrsg.): Herders großer Bibelatlas, Freiburg u. a. 1989 [mit reichlich Bildmaterial versehener Atlas, der auch viele Detailkarten enthält; die ungewöhnliche kartographische Gestaltung, die die Erdkrümmung mitberücksichtigt, erschwert die wissenschaftliche Brauchbarkeit oft].

Mittmann, Siegfried/Schmitt, Götz (Hrsg.): Tübinger Bibelatlas, Stuttgart 2001 [der Band enthält 29 für die Biblische Altertumskunde relevante Karten des großangelegten Kartenwerks „Tübinger Atlas des Vorderen Orients"; faßt den Forschungsstand der letzten Jahrzehnte zusammen, bietet vielfach Informationen zur Siedlungsgeschichte des Landes und ist daher ein unverzichtbares Standardwerk für jegliche historisch-topographische Forschung].

Nebenzahl, Kenneth: Atlas zum Heiligen Land, Stuttgart 1995 [bietet eine Zusammenstellung historischer Bibelkarten von der Madeba-Karte bis ins frühe 19. Jh.; vor allem wissenschaftsgeschichtlich von besonderer Bedeutung].

Staubli, Thomas: Biblische Welten, Stuttgart 2000 [der Bildatlas verbindet Karten zur Geschichte Israels mit zahlreichen Bildern zur Kulturgeschichte des Landes].

Tsafrir, Yoram u. a. (Hrsg.): Tabula Imperii Romani. Iudaea – Palaestina [mehrere Kartenblätter für die hellenistische bis byzantinische Zeit; der beigegebene Gazetteer erläutert die vorgenommenen Identifikationen und führt sowohl die antiken Belegstellen als auch die moderne Sekundärliteratur an].

Zwickel, Wolfgang: Calwer Bibelatlas, Stuttgart 2000 [bietet 17 Karten zur historischen Entwicklung Palästinas in biblischer Zeit sowie einem Kurzabriss der Geschichte Israels].

Bibliographien

Thomsen, Peter: Die Palästina-Literatur. Eine internationale Bibliographie in systematischer Ordnung. Bd. 1–7, Leipzig, später Berlin 1908–1972 [vollständige Bibliographie zu Themen der Biblischen Landes- und Altertumskunde für die Jahre 1878–1945].

Elenchus bibliographicus biblicus, Rom 1920 ff. [die Beigabe zu Biblica (seit 1968 in einem separaten Band) führt neben archäologischen Beiträgen auch diejenigen der biblischen Landes- und Altertumskunde auf].

Homès-Fredericq, Denyse/Hennessy, James B. (Ed.): Archaeology of Jordan I. Bibliography (Akkadica Supplementum 3), Leuven 1986 [in Band II.1 und 2 finden sich daneben Berichte über Ausgrabungen und Surveys].

Vogel, Eleanor K.: Bibliography of Holy Land Sites. Part I. HUCA 42. 1971, 1–96.

Dies./Holtzclaw, B.: Bibliography of Holy Land Sites. Part II. HUCA 52. 1981, 1–92.

Dies.: Bibliography of Holy Land Sites. Part III. HUCA 58. 1987, 1–63 [die drei Beiträge geben einen alphabetisch geordneten Überblick über die Grabungspublikationen der südlichen Levante].

Bildbände

Die Zahl der Bildbände zur materiellen Kultur Palästinas sind inzwischen fast nicht mehr überschaubar. Gaben in früheren Jahrzehnten die Bände den Lesern einen kleinen Einblick in die Gestaltung der Landschaft und die wichtigsten Funde, so bieten sie heute oft hochwertige Rekonstruktionszeichnungen und gute Farbphotos. Viele der Bildbände sind jedoch auf ein touristisches Publikum ausgerichtet und bieten immer wieder die selben Motive. Nur relativ wenige Bände sind wirklich hochwertig und können als Hilfsmittel für die Biblische Landes- und Altertumskunde im wissenschaftlichen Sinne herangezogen werden, wobei auch die älteren Bände, die noch die ursprünglichere Landschaft widerspiegeln, von besonderer Bedeutung sind.

Preiss, Ludwig/Rohrbach, Paul: Palästina und das Ostjordanland, Stuttgart 1925.

Burkhardt, Helmut u. a. (Hrsg.): Das große Bibellexikon Bd. 1–3, Wuppertal/Gießen 1989 [Lexikon mit teilweise sehr schönem Bildmaterial, dessen Textbeiträge aber z. T. nicht dem Stand der Forschung entsprechen].

Cleave, Richard: Das Land der Bibel erleben. Eine faszinierende Bildreise aus noch nie gesehener Perspektive, Neuhausen-Stuttgart 1992 [identisch mit Fitzner (s. u.)].

Dalman, Gustaf: Hundert deutsche Fliegerbilder aus Palästina, Gütersloh 1925) [Luftbilder, die die Besiedelung Palästinas in der ersten Hälfte des Jahrhunderts zeigen; weitere bislang unveröffentlichte Aufnahmen befinden sich im Bayerischen Kriegsarchiv in München].

Fitzner, Thilo (Hrsg.): Länder der Bibel. Archäologisch-historischer Satelliten-Atlas. Studienausgabe. Bd. 2: Die Regionen, o.O. [Bad Boll] o.J. [2000]) [Satelliten-Atlas, verbunden mit einer Vielzahl vorzüglicher Luftbilder und Landschaftsaufnahmen].

Gonen, Amiram: Israel gestern und heute, Neuhausen-Stuttgart 1997 [vergleicht alte Landschafts- und Ortsaufnahmen mit modernen Photos].

Grinberg, Itamar: Israel aus der Luft, Erlangen o.J. [1998].

Hrouda, Barthel (Hrsg.): Der Alte Orient. Geschichte und Kultur des alten Vorderasien, Gütersloh 1991 [behandelt die Levante nur am Rande mit, ist aber wichtig für die gesamte Umwelt].

Kochav, Sarah: Israel – Das heilige Land, Erlangen o.J. [mit hervorragenden Photos von Fundstücken und faszinierenden Rekonstruktionszeichnungen antiker Stätten].

Lessing, Erich: Das Heilige Land, München 1987.

Orthmann, Winfried (Hrsg.): Der Alte Orient (PKG 18), Berlin 1975 [wichtiges Werk für die gesamte Kunstgeschichte des Vorderen Orients].

Pritchard, James B.: The Ancient Near East in Pictures Relating to the Old Testament, Princeton ²1969 [klassisches Standardwerk mit leider nicht immer befriedigender Bildqualität].

Rothenberg, Benno: Sinai. Pharaonen, Bergleute, Pilger und Soldaten, Bern 1979 [mit sehr guten Textbeiträgen zur Geschichte, Geographie, Geologie, Flora und Fauna des Sinai].

Siliotti, Alberto: Sinai. Geschichte, Kunst, Touristik, Erlangen 1994.

Willeitner, Joachim/Dollhopf, Helmut: Jordanien, München 1996.

Reiseführer und Studienhandbücher

Die Zahl der Reiseführer in die südliche Levante ist groß. Die meisten Führer sind an rein touristischen Interessen ausgerichtet und daher allenfalls eingeschränkt für wissenschaftliche Zwecke geeignet.

Baedeker, Karl (Hrsg.)/Socin, Albert (Autor): Palästina und Syrien. Handbuch für Reisende, Leipzig 1875. [erster brauchbarer wissenschaftlicher Reiseführer].

Burns, Ross: Monuments of Syria. An Historical Guide, London/New York ³1999.

Murphy-O'Connor, Jerome: The Holy Land. An Oxford Archaeological Guide from Earliest Times to 1700, Oxford ⁴1998) [einziger derzeit erhältlicher unter wissenschaftlichen Gesichtspunkten abgefasster Reiseführer des Landes; die (vergriffene) deutsche Übersetzung bezieht sich auf die 1. Auflage und ist daher veraltet].

Keel, Othmar/Küchler, Max u.a.: Orte und Landschaften der Bibel. Ein Handbuch und Studien-Reiseführer zum Heiligen Land 1 ff., Zürich 1982 ff. [das auf insgesamt 5 Bände angelegte Handbuch OLB ist weit mehr als ein Reiseführer; vielmehr handelt es sich um ein Handbuch, das nahezu alle archäologisch relevanten Orte des Landes neu bearbeitet und die zugehörige Textüberlieferung kritisch sichtet; bisher sind 2 Bände erschienen: Band I ist eine Einführung in die geographisch-geschichtliche Landeskunde, Band II behandelt den Süden des Landes].

Scheck, Frank Rainer: Jordanien (DuMont Kunst-Reiseführer), Köln 1985/²1997 [guter, informativer Reiseführer zu Jordanien].

Forschungsüberblicke:

Conrad, Diethelm: Biblische Archäologie heute, in: Verkündigung und Forschung 40. 1995, 51–74.

Zwickel, Wolfgang: Biblische Archäologie, in: Theologische Rundschau 66. 2001, 288–309 [wird im Abstand von einigen Jahren fortgesetzt].

Zu Kapitel 2: Was ist das Land der Bibel?

Feldman, Louis H.: Some Observations on the Name of Palestine, in: HUCA 61 (1990), 1–23.

OLB I, 206–288.

Noth, Martin: Zur Geschichte des Namens Palästina, in: ders., Aufsätze zur biblischen Landes- und Altertumskunde I, Neukirchen 1971, 294–308.

Zu Kapitel 3: Geschichte der biblischen Landes- und Altertumskunde

Für Literaturangaben zu den Pilgerreisen, zur Madebakarte etc. vgl. Kapitel 8.

Erste Reisen nach Palästina unter wissenschaftlichen Gesichtspunkten:

Ben-Arieh, Yehoshua: The Rediscovery of the Holy

Land in the Nineteenth Century, Jerusalem ²1983 [Überblick über die Forschungsgeschichte im 19. Jh.].

Seetzen, Ulrich J.: A Brief Account of the Countries Adjoining the Lake of Tiberias, the Jordan and the Dead Sea, London 1810.

Ders.: Reisen durch Syrien, Palästina, Phönicien … 4 Bände, Berlin 1854–1859.

Burckhardt, Johann Ludwig: Travels in Syria and the Holy Land, London 1822.

Robinson, Edward: Palästina und die südlich angrenzenden Länder. Tagebuch einer Reise im Jahre 1838. 4 Bände, Halle 1841 f.

Ders.: Biblical Researches in Palestine and the Adjacent Regions. A Journal of Travels in the Years 1838 & 1852. Vol. I–III, Boston 1856.

Ders.: Neue biblische Forschungen in Palästina. Tagebuch einer Reise im Jahre 1852, Berlin 1857/ Jerusalem 1970.

Guérin, Victor H.: Description géographique, historique et archéologique de la Palestine. Judée I–III, Paris 1868/9; Samarie I–II, Paris 1874/5; Galilée I–II, Paris 1880.

Bell, Gertrude L.: The Desert and the Sown, London 1907.

Deeken, Annette/Bösel, Monika: „An den süßen Wassern Asiens". Frauenreisen in den Orient, Frankfurt a. M. – New York 1996.

Conder, Claude Reignier/Kitchener, Horatio Herbert: Galilee, London 1881; Samaria, London 1882; Judaea, London 1881.

Palmer, Edward Henry: Arabic and English Name List, London 1881.

Schumacher, Gottlieb: Across the Jordan, London 1886.

Ders.: The Jaulan, London 1888.

Ders.: Abila, Pella and the Northern Ajlun, London 1889.

Steuernagel, Carl: Der 'Adschlun, in: ZDPV 47. 1924, 191–240; 48.1925, 1–144.201–392; 49. 1926, 1–167.273–303.

Musil, Alois: Arabia Petraea (3 Bde), Wien 1907–08.

Osman, Colin: Jerusalem Caught in the Time, Reading 1999 [Zusammenstellung einiger wichtiger Aufnahmen zu Jerusalem aus der Frühzeit der Photographie mit Angaben zu den wichtigsten Photographen und Photostudios; spezielle Bildersammlungen existieren auch beim Palestine Exploration Fund in London und beim Gustaf-Dalman-Institut der Universität Greifswald und können dort eingesehen werden].

Zur Geschichte der archäologischen Erforschung des Landes:

Drinkard, Joel F. u. a. (Ed.): Benchmarks in Time and Culture. FS J. A. Callaway, Atlanta 1988 [enthält im ersten Teil (S. 3–128) eine Entwicklungsgeschichte des Faches, im zweiten Teil dann Darstellungen der Methodik archäologischer Tätigkeit].

Moorey, P. R. S.: A Century of Biblical Archaeology, Louisville 1991 [faszinierend geschriebene Darstellung von 100 Jahren Forschungsgeschichte der Palästinaarchäologie].

North, Robert: A History of Biblical Map Making (BTAVO B 32), Wiesbaden 1979.

Zur deutschen Forschung in Palästina:

Carmel, Alex: Palästina im 19. Jh. – zur Vorgeschichte des Deutschen Palästina Vereins, in: ZDPV 95. 1979, 1–6.

Bienert, Hans-Dieter/Weber, Thomas: Die deutschen Evangelischen Institute in Jerusalem und Amman, in: Antike Welt 29. 1998, 57–65.

Zobel, Hans-Jürgen: Geschichte des Deutschen Evangelischen Instituts für Altertumswissenschaft des Heiligen Landes von den Anfängen bis zum Weltkrieg, in: ZDPV 97. 1981, 1–11.

Fritz, Volkmar: Für die biblische und kirchliche Vorzeit. Hundert Jahre Deutsches Evangelisches Institut für Altertumswissenschaft des Heiligen Landes, in: Antike Welt 31. 2000, 43–47.

Hardmeier, Christof/Neumann, Thomas: Palästinawissenschaft in Deutschland. Das Gustav-Dalman-Institut Greifswald 1920–1955, Berlin/New York 1995.

Männchen, Jutta: Gustaf Dalmans Leben und Wirken in der Brüdergemeine, für die Judenmission und an der Universität Leipzig 1855–1902 (ADPV 9,1), Wiesbaden1987.

Dies.: Gustaf Dalman als Palästinawissenschaftler in Jerusalem und Greifswald. 1902–1941 (ADPV 9,2), Wiesbaden1993.

Zur Publikation von Grabungen:

Shanks, Hershel (Ed.): Archaeology's Publication Problem 1/2, Washington 1996/1999 [enthält neben Anregungen zur optimalen Art der Publikation archäologischer Daten vor allem in Band 1 einige Beiträge über die Frage, warum Grabungsberichte oft erst viele Jahre nach Beendigung der Grabungen oder sogar gar nicht erscheinen].

Kletter, Raz/de-Groot, Alan: Excavations to Excess, Implications of the Last Decade of Archaeology in Israel, in: Journal of Mediterranean Archaeology 14. 2001, 76–85 [untersuchen kritisch die Grabungslizenzen und -publikationen der jüngeren Vergangenheit; anschließend an den Beitrag sind in der selben Zeitschrift zahlreiche Diskussionsbeiträge abgedruckt].

Silberman, Neil A.: Between Past and Present. Archaeology, Ideology, and Nationalism in the Modern Middle East, New York 1990.

Zu Kapitel 4: Hermeneutik der Biblischen Archäologie

Zum Verhältnis von Archäologie und Exegese:

Crüsemann, Frank: Alttestamentliche Exegese und Archäologie, in: ZAW 91. 1979, 177–193 [vor allem an der Rekonstruktion sozialgeschichtlicher Zusammenhänge interessiert].

Dever, William G.: What did the Biblical Writers Know & When did they Know it? What Archaeology Can Tell Us about the Reality of Ancient Israel, Grand Rapids 2001.

Noort, Ed.: Biblisch-archäologische Hermeneutik und alttestamentliche Exegese, Kampen 1979 [bester derzeitiger Diskussionsbeitrag, bringt in den Anmerkungen breiten Überblick über verschiedene Forschungsmeinungen].

Ders.: Fundamentalismus in Exegese und Archäologie. Eine Problemanzeige, in: Jahrbuch für Biblische Theologie 6. 1991, 311–332 [Auseinandersetzung mit der fundamentalistischen Meinung, dass man durch die Archäologie die Bibel beweisen könne].

Kempinski, Aaron: Die Archäologie als bestimmender Faktor in der israelischen Gesellschaft und Kultur, in: Judaica 45. 1989, 2–20.

OLB I, 366 ff. [guter Überblick zur Thematik].

Silberman, Neil A./Small, David (Ed.): The Archaeology of Israel. Constructing the Past, Interpreting the Present (JSOT.SS 237), Sheffield 1997.

Silberman, Neil A./Finkelstein, Israel: The Bible Unearthed, New York 2001.

Zur Geschichte Israels:

Ahlström, Gösta W.: The History of Ancient Palestine from the Palaeolithic Period to Alexander's Conquest (JSOT.SS 146), Sheffield 1993

Biblische Enzyklopädie, Stuttgart u.a. 1996 ff. [das auf 12 Bände angelegte Werk will die ganze Geschichte des Landes bis zu den Anfängen der Kirche behandeln].

Coogan, Michael D. (Ed.): The Oxford History of the Biblical World, Oxford 1998.

Donner, Herbert: Geschichte des Volkes Israel und seiner Nachbarn in Grundzügen. 2 Bde., Göttingen ²1995 [derzeit beste deutschsprachige Geschichte Israels].

Knauf, Ernst Axel: Die Umwelt des Alten Testaments, Stuttgart 1994.

Miller J. Maxwell/Hayes, John H.: A History of Ancient Israel and Judah, London 1986.

Soggin, J. Alberto: Einführung in die Geschichte Israels und Judas von den Ursprüngen bis zum Aufstand Bar Kochbas, Darmstadt 1991.

Zu exegetischen Methoden:

Steck, Odil Hannes: Exegese des Alten Testaments, Neukirchen ¹²1989.

Kreuzer, Siegfried/Vieweger, Dieter u.a.: Proseminar I. Altes Testament. Ein Arbeitsbuch, Stuttgart u.a. 1999.

Kommentare zu Biblischen Büchern:

Aus der Vielzahl der vorliegenden Kommentarreihen können hier nur einige wenige herausgehoben werden, wobei es in jeder Kommentarreihe gute und weniger gute Bände gibt.

– Altes Testament Deutsch (ATD)
– The Anchor Bible (AB)
– Biblischer Kommentar (BK)
– Evangelisch-Katholischer Kommentar zum Neuen Testament (EKK)
– Handbuch zum Alten Testament (HAT)
– Handbuch zum Neuen Testament (HNT)
– Herders Kommentar zum Alten Testament (HKAT)
– Herders Kommentar zum Neuen Testament (HKNT)
– Hermeneia
– International Critical Commentary (ICC)
– Kommentar zu Alten Testament (KAT)
– Kritisch-exegetischer Kommentar über das Neue Testament (KEK)
– Neue Echter Bibel (NEB)
– Neues Testament Deutsch (NTD)
– New International Commentary (NIC)
– Old Testament Library (OTL)
– Word Biblical Commentary (WBC)

Einleitungen in die biblischen Bücher und die Apokryphen:

Zenger, Erich u.a. (Hrsg.): Einleitung in das Alte Testament, Stuttgart u.a. ⁴2001.

Rost, Leonhard: Einleitung in die alttestamentlichen Apokryphen und Pseudepigraphen einschließlich der großen Qumran-Handschriften, Heidelberg/Wiesbaden ³1985.

Vielhauer, Philipp: Geschichte der urchristlichen Literatur. Einleitung in das Neue Testament, die

Apokryphen und die Apostolischen Väter, Berlin/New York 1975.

Zur Entstehung der Geschichtsbücher des Alten Testaments:
Kratz, Reinhard G.: Die Komposition der erzählenden Bücher des Alten Testaments (UTB 2157), Göttingen 2000.

Zu Kapitel 5:
Überlegungen zur Chronologie

Zur Literatur zur Exegese biblischer Texte vgl. die Angaben zu Kapitel 4.

Zum chronologischen System der Bibel

Andersen, K. T.: Die Chronologie der Könige von Israel und Juda, in: Studia Theologica 23. 1969, 69–114.
Finnegan, Jack: Handbook of Biblical Chronology, Princeton 1964.
Galil, Gershon: The Chronology of the Kings of Israel and Judah, Leiden 1996.
Jepsen, Alfred/Hanhart, Robert: Untersuchungen zur israelitisch-jüdischen Chronologie (BZAW 88), Berlin 1964 [die von Jepsen erstellte Chronologie, die in Deutschland weite Verbreitung gefunden hat, ist auch übersichtlich abgedruckt auf den Zeittafeln im Anhang eines jeden Bandes des KAT].
OLB I, 463–633 [Zeittafel mit ergänzenden Angaben zu den einzelnen historischen Ereignissen].
Thiele, Edwin R.: The Mysterious Numbers of the Kings, Grand Rapids [3]1983.

Zur chronologischen Einordnung in den Nachbarregionen

Chronologische Übersicht in der Archäologie:
Åström, Paul (Ed.): High, Middle or Low? 3 vols., Göteborg 1987.
Ehrich, Robert W. (Ed.): Chronologies in Old World Archaeology. 2 vols., Chicago [3]1992.

Ägypten:
Beckerath, Jürgen v.: Chronologie des pharaonischen Ägypten (MÄS 46), Mainz 1997.
Schneider, Thomas: Lexikon der Pharaonen. Die altägyptischen Könige von der Frühzeit bis zur Römerherrschaft, Zürich 1994.

Mesopotamien:
Brinkman, John A.: Mesopotamian Chronology of the Historial Period, in: Oppenheim, A. Leo: Ancient Mesopotamia, Chicago [2]1977, 355 ff.
Millard, Alan R.: The Eponyms of the Assyrian Empire 910–612 B.C. (State Archives of Assyria Studies 2), Helsinki 1994.
Walker, C. B. F.: Mesopotamian Chronology, in: Collon, Dominique: Ancient Near Eastern Art, London 1995, 230–238.
Iran:
Carter, Elizabeth/Stolper, Mathew W.: Elam: Surveys of Political History and Archaeology, Berkeley/Los Angeles 1984.

Ägäis:
Manning, Sturt W.: The Absolute Chronology of the Aegean Early Bronze Age. Archaeology, Radiocarbon and History, Sheffield 2001.

Zur Keramiktypologie

Spezielle Arbeiten zur Keramik an einzelnen Orten mit Verweisen auf die entsprechenden Parallelen finden sich in den größeren Grabungsberichten.

Adan-Bayewitz, David: Common Pottery in Roman Galilee: A Study of Local Trade, Ramat Gan 1993.
Amiran, Ruth: Ancient Pottery of the Holy Land from its Beginnings in the Neolithic Period to the End of the Iron Age, Jerusalem/Ramat Gan hebr. 1963/engl. 1969 [das Standardwerk, aber leider inzwischen sowohl vergriffen als auch durch die Menge neuer Grabungen veraltet].
Boardman, John: The Greeks Overseas, Harmondsworth 1973 [zur griechischen Keramik in der Levante].
Epstein, Claire: Palestinian Bichrome Ware, Leiden 1966.
Franken, Hendricus J.: Analysis of Methods of Potmaking in Archaeology, in: HThR 64. 1971, 227–255.
Ders./Kalsbeek, J.: Potters of the Medieval Village in the Jordan Valley: Excavations at Tell Deir 'Alla, a Medieval Tell, Tell Abu Gourdan, Jordan, New York 1975.
Garfinkel, Yosef: Neolithic and Chalcolithic Pottery of the Southern Levant (Qedem 39), Jerusalem 1999.
Gunneweg, Jan u.a.: The Provenience, Typology, and Chronology of Eastern Terra Sigillata (Qedem 17), Jerusalem 1983.

Hayes, John W.: Late Roman Pottery, London 1972.

Ders.: A Supplement to Late Roman Pottery, London 1980.

Hendrix, Ralph E. u.a.: Ancient Pottery of Transjordan. An Introduction Utilizing Published Whole Forms. Late Neolithic through Late Islamic, Berrien Springs 1997.

Herr, Larry G./Trenchard, Warren C.: Published Pottery of Palestine, Atlanta 1996 [bietet eine komplette Literaturzusammenstellung aller Grabungsberichte etc., die Keramik von der Steinzeit bis in die islamische Zeit abbilden, hat aber selbst keine Abbildungen].

Homès-Fredericq, Denyse/Franken, Hendricus J. (Ed.): Pottery and Potters – Past and Present. 7000 Years of Ceramic Art in Jordan, Tübingen 1986.

Kaplan, Maureen F.: The Origin and Distribution of the Tell el Yahudiyeh Ware (SIMA 62), Göteborg 1980.

Lapp, Paul W.: Palestinian Ceramic Chronology 200 B.C.–A.D. 70, New Haven 1961.

Ders.: The Pottery of Palestine in the Persian Period, in: Kuschke, Arnulf/Kutsch, Ernst (Hrsg.): Archäologie und Altes Testament. FS K. Galling, Tübingen 1970, 179–192.

Lehmann, Gunnar: Untersuchungen zur späten Eisenzeit in Syrien und Libanon. Stratigraphie und Keramikformen zwischen ca. 720 bis 300 v. Chr. (AVO 5), Münster 1996.

Leonard, Albert: An Index to the Late Bronze Age Aegean Pottery from Syria-Palestine (SIMA 114), Jonsered 1994.

London, Gloria/Sinclair, Marlene: An Ethnoarchaeological Survey of Potters in Jordan, in: Herr, Larry G. u.a. (Ed.), Madeba Plains Project 2: The 1987 Season at Tell el-ʿUmeiri and Vicinity and Subsequent Studies, Berrien Springs 1992, 420–428 [eine der wenigen bisher für Palästina durchgeführten ethnoarchäologischen Studien, die in Zukunft sicherlich noch mehr Beachtung finden werden].

Magness, Jodi: Jerusalem Ceramic Chronology circa 200–800 CE, Sheffield 1993 [wichtigstes Werk für die spätere Keramik].

Oakeshott, Marion F.: The Edomite Pottery, in: Sawyer, John F .A./Clines, David J. A. (Ed.): Midiam, Moab and Edom. The History and Archaeology of Late Bronze and Iron Age Jordan and North-West Arabia, Sheffield 1983, 53–63 [Zusammenfassung der unpublizierten Doktorarbeit über edomitische Keramik].

Peleg, Michal: A Bibliography of Roman, Byzantine and Early Arab Pottery from Israel and Neighbouring Countries (Excluding Glazed Ware), Jerusalem 1990.

Philip, Graham/Baird, Douglas (Ed.): Ceramics and Change in the Early Bronze Age of the Southern Levant, Sheffield 2001.

Rice, Prudence M.: Pottery Analysis: A Sourcebook, Chicago 1987 [beschreibt Techniken für die Keramikanalyse].

Rothenberg, Benno/Glass, Jonathan: The Midianite Pottery, in: Sawyer, John F. A./Clines, David J. A. (Ed.), Midiam, Moab and Edom. The History and Archaeology of Late Bronze and Iron Age Jordan and North-West Arabia, Sheffield 1983, 65–124.

Stern, Ephraim, Material Culture of the Land of the Bible in the Persian Period 538–332 B.C., Warminster 1982 [für die Keramik der Perserzeit].

Zimhoni, Orna: Studies in the Iron Age Pottery of Israel. Typological, Archaeological and Chronological Aspects, Tel Aviv 1997 [beste Arbeit zur eisenzeitlichen Keramik].

Kap. 6: Landeskunde

Allgemein

Baly, Denis: Geographisches Handbuch zur Bibel, Neukirchen-Vluyn 1966.

Hütteroth, Wolf-Dieter/Abdulfattah, Kamal: Historical Geography of Palestine, Transjordan and Southern Syria in the Late 16th Century, Erlangen 1977 [wertet Steuerlisten des 16. Jh. n. Chr. aus und gibt so wichtige Informationen für den landwirtschaftlichen Anbau in dieser Zeit].

Hütteroth, Wolf-Dieter: Palästina und Transjordanien im 16. Jahrhundert. Wirtschaftsstruktur ländlicher Siedlungen nach osmanischen Steuerregistern (BTAVO B33), Wiesbaden 1978.

Orni, Efraim/Efrat, Elisha: Geographie Israels, Jerusalem 1966.

Karmon, Yehuda: Israel. Eine geographische Landeskunde (Wissenschaftliche Länderkunden 22), Darmstadt ²1994.

OLB I, 25 ff.

Raphael, C. Nicholas u.a.: Geography and the Bible, in: ABD II, 964–988.

Wagner, Horst-Günter: Mittelmeerraum (Wissenschaftliche Länderkunden), Darmstadt 2001.

Geologie

Bowen, Robert/Jux, Ulrich: Afro-Arabian Geology: A Kinematic View, New York 1987.

Vgl. auch die einschlägigen Karten im Atlas of Israel (s. o.)

Böden

Reifenberg, A.: The Soils of Palestine, London ²1947.

Klima

Amiran, David H. K.: Land Use in Israel, in: UNES-CO International Geographic Union (Ed.), Land Use in Semi-Arid Mediterranean Climates, Paris 1964, 101–112.

Ben-Yoseph, J.: The Climate in Eretz Israel during Biblical Times, in: Hebrew Studies 26. 1985, 225–239.

Frick, Frank S.: Art. Palestine, Climate of, in: ABD V, 119–126.

Gilead, M./Rosenan, N.: Ten Years of Dew Observation in Israel, in: IEJ 4. 1954, 120–123.

Klein, Hugo: Das Klima Palästinas auf Grund der alten hebräischen Quellen, in: ZDPV 37. 1914, 217–249.297–327.

OLB I, 38–53.

Rosenan, N.: One Hundred Years of Rainfall in Jerusalem, in: IEJ 5. 1955, 137–153.

Sharon, D.: Variability of Rainfall in Israel: A Map of the Relative Standard Deviation of the Annual Ammounts, in: IEJ 15. 1965, 169–176.

Takahashi, K./Arakawa, H.: Climates of Southern and Western Asia (World Survey of Climatology Vol. 9), Amsterdam u. a. 1981.

Flora

Anderson, D. A.: All the Trees and Woody Plants of the Bible, Washington 1979.

Berlinger, M. (Ed.): Plants of the Bible in their Natural Surroundings, Haifa 1969.

Borowski, Oded: Agriculture in Iron Age Israel, Winona Lake 1987.

Fragman, Ori u. a.: Flowers of the Eastern Mediterranean, Ruggell 2001.

Gemünden, Petra von: Vegetationsmetaphorik im Neuen Testament und seiner Umwelt (NTOA 18), Fribourg/Göttingen 1983.

Habbe, Joachim: Palästina zur Zeit Jesu. Die Landwirtschaft in Galiläa als Hintergrund der synoptischen Evangelien, Neukirchen-Vluyn 1996.

Harrison, R. A.: Healing Herbs of the Bible, Leiden 1966.

Hepper, F. Nigel: Pflanzenwelt der Bibel. Eine illustrierte Enzyklopädie, Stuttgart 1992.

Hopkins, David C.: The Highlands of Canaan: Agricultural Life in the Early Iron Age, Decatur 1985.

Löw, Immanuel: Die Flora der Juden 1–4, Wien 1922–1934 = Hildesheim 1967.

Moldenke, H. N. und A. L.: Plants of the Bible, New York 1952.

Neumann-Gorsolke, Ute/Riede, Peter (Hrsg.): Das Kleid der Erde, Neukirchen-Vluyn/Stuttgart 2002.

OLB I, 54–99.

Tristam, H. B.: The Fauna and Flora of Palestine (Survey of Western Palestine), London 1884.

Walker, W.: All the Plants of the Bible, London ³1959.

Walsh, Carey E.: The Fruit of the Vine: Viticulture in Ancient Israel, Winona Lake 2000.

Zohary, Daniel/Hopf, Maria: Domestication of Plants in the Old World, Oxford 1988.

Zohary, Michael: Pflanzen der Bibel, Stuttgart 1983/³1995.

Ders.: Vegetation of Israel and Adjacent Areas (BTAVO A 7), Wiesbaden 1982.

Ders./Feinbrun-Dothan, Naomi: Flora Palaestina Bd. 1–8, Jerusalem 1966–1986 [das wissenschaftliche Standardwerk].

Flora in Ägypten und Mesopotamien (mit oft wichtigen Angaben zum Raum Syrien-Palästinas):

Bleibtreu, Erika: Die Flora der neuassyrischen Reliefs: Eine Untersuchung zu den Orthostatenreliefs des 9.–7. Jahrhunderts v.Chr., Wien 1980.

Germer, Renate: Flora des pharaonischen Ägypten, Mainz 1985.

Keimer, Ludwig: Die Gartenpflanzen im alten Ägypten, Hildesheim 1967.

Schoske, Sylvia u. a.: ‚Anch‘ Blumen für das Leben. Pflanzen im alten Ägypten, München 1992.

Thomason, Allison K.: Representations of the North Syrian Landscape in Neo-Assyrian Art, in: BASOR 323. 2001, 63–96.

Fauna

Baumgart, Wolfgang: Die Vögel Syriens, Heidelberg 1995.

Benecke, Norbert: Der Mensch und seine Haustiere, Stuttgart 1994.

Borowski, Oded: Every Living Thing, Walnut Creek 1998.

Brentjes, Burchard: Die Haustierwerdung im Orient, Stuttgart 1966.

van Buren, E. Douglas: The Fauna of Ancient Mesopotamia as Repesented in Art, Rom 1939.

Janowski, Bernd u. a. (Hrsg.): Gefährten und Feinde des Menschen. Das Tier in der Lebenswelt des alten Israel, Neukirchen-Vluyn 1993.

Keel, Othmar/Staubli, Thomas: ,Im Schatten Deiner Flügel'. Tiere in der Bibel und im alten Orient, Fribourg 2001.

Pangritz, Walter: Das Tier in der Bibel, München 1963.

Riede, Peter: Art. Tiere, in: NBL III, 849–858.

Schmitz-Kahmen, Florian: Geschöpfe Gottes unter der Obhut des Menschen. Die Wertung der Tiere im Alten Testament, Neukirchen-Vluyn 1997.

Shouten van der Velden, Adriaan: Tierwelt der Bibel, Stuttgart 1992.

Toynbee, Jocelyn M. C.: Tierwelt der Antike, Mainz 1973.

Zu Flora und Fauna ist eine Datenbank im Internet mit einer vollständigen Liste aller einschlägigen Literaturangaben (bis 2001) vorhanden: http://bibfutheol.uibk.ac.at/bildi/search/search-tiere-de.html.

Rohstoffe

Curtis, John (Ed.): Bronze-Working Centres of Western Asia c. 1000–539 B.C., London/New York 1988.

Hauptmann, Andreas: Zur frühen Metallurgie des Kupfers in Fenan, Jordanien (Der Anschnitt Beiheft 11), Bochum 2000.

Mayer, Hannes: Das Bauholz des Tempels Salomos, BZ 11. 1967, 53–66 [über die Holzvorkommen im Libanon].

Moorey, P. R. S.: Ancient Mesopotamian Materials and Industries. The Archaeological Evidence, Winona Lake 1999 [auch für die Levante wichtiges Nachschlagewerk].

Waldbaum, Jane C.: From Bronze to Iron, Göteborg 1978.

Zwickel, Wolfgang (Hrsg.): Edelsteine in der Bibel, Mainz 2002.

Straßen und Handel

Dorsey, David A.: The Roads and Highways of Ancient Israel, Baltimore/London 1991 [manchmal zu optimistisch bei der Annahme antiker Straßen im regionalen Bereich, für den überregionalen Bereich aber sehr zuverlässig].

Helck, Wolfgang: Die Beziehungen Ägyptens zu Vorderasien im 3. und 2. Jahrtausend v. Chr. (ÄA 5), Wiesbaden [2]1971.

Ders.: Die Beziehungen Ägyptens und Vorderasiens zur Ägäis bis ins 7. Jahrhundert v. Chr., Darmstadt [2]1995.

Hennessy, James B.: The Foreign Relations of Palestine During the Early Bronze Age, London 1967.

Kletter, Raz: Economic Keystones. The Weight System of the Kingdom of Judah (JSOT.SS 276), Sheffield 1998.

Roll, Isaac: The Roman Road System in Judaea, in: The Jerusalem Cathedra 3. 1983, 136–161 [Überblick über das römische Straßensystem; einzelne Straßen werden in eigenen Monographien ausführlich behandelt].

Schipper, Bernd U.: Israel und Ägypten in der Königszeit. Die kulturellen Kontakte von Salomo bis zum Fall Jerusalems (OBO 170), Fribourg/Göttingen 1999 [grundlegend für die Handelsbeziehungen zwischen beiden Ländern].

Thomsen, Peter: Die römischen Meilensteine der Provinz Syria, Arabia und Palästina, ZDPV 40. 1917, 1–103 [z. T. veraltet, aber noch immer sehr informativ; die Lage der bisher entdeckten Meilensteine bieten auch die Karten des Tübinger Atlas und der Tabula Imperii Romani].

Kap. 7:
Archäologische Methoden

Literatur zu Grabungs- und Surveymethodik

Bernbeck, Reinhard: Theorien in der Archäologie (UTB 1964), Tübingen/Basel 1997.

Eggers, Hans Jürgen: Einführung in die Vorgeschichte, München [3]1986.

Eggert, Manfred K. H.: Prähistorische Archäologie. Konzepte und Methoden (UTB 2092), Tübingen/Basel 2001.

Gersbach, Egon: Ausgrabung heute. Methoden und Techniken der Feldgrabung, Darmstadt 1998.

Hachmann, Rolf (Hrsg.): Vademecum der Grabung Kamid el-Loz, Bonn 1969.

Jacomet, Stefanie/Kreuz, Angela: Archäobotanik, Stuttgart 1999.

Joukowsky, Martha: A Complete Manual of Field Archaeology. Tools and Techniques of Field Work for Archaeologists, New Jersey 1980 [wohl bestes Werk für Anfänger auf Ausgrabungen].

Wheeler, Mortimer: Moderne Archäologie. Methoden und Technik der Ausgrabung, Reinbek 1969 [Klassiker unter den einschlägigen Büchern zur Grabungsmethodik].

Oberflächenuntersuchungen

Zu den archäologisch bekannten Ortslagen in einzelnen Epochen vgl. die Übersicht auf S. 168. Dank neuerer Oberflächenuntersuchungen veralten solche Zusammenstellungen jedoch recht schnell. Neben den Grabungsberichten sind daher vor allem die Surveyberichte mit heranzuziehen, wenn man die Siedlungsgeschichte einer Region erfassen will. Kleinere Surveys werden meist in Zeitschriften veröffentlicht.

Ältere Surveys:
Glueck, Nelson: Explorations in Eastern Palestine (AASOR 14; 15; 18/19; 25/28), New Haven 1934–1951.
Kochavi, Moshe (Ed.): Judaea, Samaria and the Golan. Archaeological Survey 1967–1968, Jerusalem 1972.
Mittmann, Siegfried: Beiträge zur Siedlungs- und Territorialgeschichte des nördlichen Ostjordanlandes, Wiesbaden 1970.
Ylqwṭ hprswmym, o.O. 1964.
Geographical List of the Record Files 1918–1948, Jerusalem 1976 [die beiden letztgenannten Literaturangaben sind offizielle Zusammenstellungen der archäologisch erfassten Ortslagen in Israel; seitdem sind einige Ergänzungslieferungen erschienen].

In den letzten Jahren sind mehrere groß angelegte Surveys in Monographien erschienen (Auswahl):
The Archaeological Survey of Israel, Jerusalem 1978ff.) [groß angelegtes Projekt, bei dem das ganze Gebiet Israels in jeweils 10 × 10 km großen Quadranten vollständig erfasst werden soll].
Finkelstein, Israel/Lederman, Zvi: Highlands of Many Cultures. The Southern Samaria Survey. The Sites I–II, Tel Aviv 1997.
Frankel, Rafael u.a.: Settlement Dynamics and Regional Diversity in Ancient Upper Galilee. Archaeological Survey of Upper Galilee (IAA Reports 14), Jerusalem 2001.
Gal, Zvi: Lower Galilee During the Iron Age, Winona Lake 1992.
Kamlah, Jens: Der Zeraqōn-Survey 1989–1994. Mit Beiträgen zur Methodik und geschichtlichen Auswertung archäologischer Oberflächenuntersuchungen in Palästina (ADPV 27,1), Wiesbaden 2000.
MacDonald, Burton: The Wadi el Hasa Archaeological Survey 1979–1983, West-Central Jordan, Waterloo 1988.

Ders.: The Southern Ghors and Northeast ʿArabah Archaeological Survey, Sheffield 1992.
Miller, J. Maxwell: Archaeological Survey of the Kerak Plateau, Atlanta 1991.
Parker, S. Thomas: The Roman Frontier in Central Jordan. Interim Report on the Limes Arabicus Project, 1980–1985 (BAR S 340.1/2), Oxford 1987.
Isaac, Benjamin u.a.: Roman Roads in Judaea, Oxford 1982ff. [untersucht die Straßenverläufe in römisch-byzantinischer Zeit sowie die archäologischen Funde im Umfeld der Straßen].

Ikonographie

Börker-Klähn, Jutta: Altvorderasiatische Bildstelen und vergleichbare Felsreliefs (Bagdader Forschungen 4), Mainz 1982 [hauptsächlich an Mesopotamien orientiert!].
Gressmann, Hugo: Altorientalische Bilder zum Alten Testament, Berlin/Leipzig 1927.
Keel, Othmar: Die Welt der altorientalischen Bildsymbolik und das Alte Testament. Am Beispiel der Psalmen, Göttingen ⁵1996.
Ders.: Das Recht der Bilder gesehen zu werden. Drei Fallstudien zur Methode der Interpretation altorientalischer Bilder (OBO 122), Fribourg/Göttingen 1992.
Ders./Uehlinger, Chr.: Göttinnen, Götter und Gottessymbole. Neue Erkenntnisse zur Religionsgeschichte Kanaans und Israels aufgrund bislang unerschlossener ikonographischer Quellen, Freiburg u.a. ⁴1998.
Pritchard, James B.: The Ancient Near East in Pictures Relating to the Old Testament (ANEP), Princeton ²1969.
Schroer, Silvia: In Israel gab es Bilder. Nachrichten von darstellender Kunst im Alten Testament (OBO 74), Fribourg/Göttingen 1987 [Zusammenstellung der biblischen Texte zu Bildern in Verbindung mit einschlägigem Bildmaterial].

Siegel und Amulette:
Ben-Tor, Amnon: Cylinder Seals of Third-Millenium Palestine (BASOR Suppl. Series 22), Cambridge/Mass. 1978.
Collon, Dominique: First Impressions. Cylinder Seals in the Ancient Near East, London 1987 [derzeit wohl beste Einführung in die Rollsiegel].
Frankfort, Henri: Cylinder Seals, London 1939.
Herrmann, Christian: Formen für ägyptische Fayencen. Katalog der Sammlung des Biblischen Instituts der Universität Freiburg Schweiz und einer

Privatsammlung (OBO 60), Fribourg/Göttingen 1985.

Ders.: Ägyptische Amulette aus Palästina/Israel. Mit einem Ausblick auf ihre Rezeption durch das Alte Testament (OBO 138), Fribourg/Göttingen 1994.

Keel, Othmar: Studien zu den Stempelsiegeln aus Palästina/Israel. Band IV (OBO 135), Fribourg/Göttingen 1994.

Ders.: Corpus der Stempelsiegel-Amulette aus Palästina/Israel. Von den Anfängen bis zur Perserzeit. Einleitung (OBO.SA 10), Fribourg/Göttingen 1995 [beste Einführung in die Methodik der Auswertung von Stempelsiegeln].

Ders.: Corpus der Stempelsiegel-Amulette aus Palästina/Israel. Von den Anfängen bis zur Perserzeit. Katalog Band I: Von Tell Abu Faraǧ bis ʿAtlit (OBO.SA 13), Fribourg/Göttingen 1997 [in voraussichtlich vier bis fünf Bänden sollen alle Stempelsiegel Palästinas, die bei offiziellen Grabungen gefunden wurden, zusammengestellt und vorbildlich dargeboten werden].

Ders. u. a.: Studien zu den Stempelsiegeln aus Palästina/Israel. Band II (OBO 88), Fribourg/Göttingen 1989.

Ders. u. a.: Studien zu den Stempelsiegeln aus Palästina/Israel. Band III. Die Frühe Eisenzeit. Ein Workshop (OBO 100), Fribourg/Göttingen 1990.

Ders./Schroer, Silvia: Studien zu den Stempelsiegeln aus Palästina/Israel. Band I (OBO 67), Fribourg/Göttingen 1985.

Keel-Leu, Hildi: Vorderasiatische Stempelsiegel. Die Sammlung des Biblischen Instituts der Universität Freiburg Schweiz (OBO 110), Fribourg/Göttingen 1991.

McGovern, Patrick E.: Late Bronze Palestinian Pendants. Innovation in a cosmopolitan age (JSOT/ASOR Monograph Series 1), Sheffield 1985.

Moortgat, Anton: Vorderasiatische Rollsiegel. Ein Beitrag zur Geschichte der Steinschneidekunst, Berlin ³1988.

Sass, Benjamin/Uehlinger, Christoph (Hrsg.): Studies in the Iconography of Northwest Semitic Inscribed Seals (OBO 125), Fribourg/Göttingen 1993.

Schmitt, Rüdiger: Bildhafte Herrschaftsrepräsentation im eisenzeitlichen Israel (AOAT 283), Münster 2001.

Teissier, Beatrice: Egyptian Iconography on Syro-Palestinian Cylinder Seals of the Middle Bronze Age (OBO.SA 11), Fribourg/Göttingen 1996.

Welten, Peter: Die Königsstempel (ADPV), Wiesbaden 1969.

Epigraphik

Avigad, Nahman: Corpus of West Semitic Stamp Seals, Jerusalem 1997.

Davies, Graham I.: Ancient Hebrew Inscriptions. Corpus and Concordance, Cambridge 1991.

Donner, Herbert/Röllig, Wolfgang: Kanaanäische und aramäische Inschriften I–III, Wiesbaden ⁴1979/³1973/³1976.

Gibson, John C. L.: Syrian Semitic Inscriptions I–III, Oxford 1971 ff.

Hoftijzer, Jacob/Jongeling, Karel: Dictionary of the North-West Semitic Inscriptions (2 Bände), Leiden u. a. 1995.

Naveh, Joseph: Early History of the Alphabet. An Introduction to West Semitic Epigraphy and Palaeography, Jerusalem/Leiden 1982.

Pritchard, James B. (Ed.): Ancient Near Eastern Texts Relating to the Old Testament (ANET), Princeton ³1969.

Renz, Johannes: Schrift und Schreibertradition. Eine paläographische Studie zum kulturgeschichtlichen Verhältnis von israelitischem Nordreich und Südreich (ADPV 23), Wiesbaden 1997.

Ders./Röllig, Wolfgang: Handbuch der althebräischen Epigraphik I–III, Wiesbaden 1995 ff.

Sass, Benjamin: The Genesis of the Alphabet and its Development in the Second Millennium B.C. (ÄAT 13), Wiesbaden 1988.

Schüle, Andreas: Die Syntax der althebräischen Inschriften. Ein Beitrag zur historischen Grammatik des Hebräischen (AOAT 270), Münster 2000.

Yardeni, Ada: The Book of Hebrew Script. History, Palaeography, Scriptstyles, Calligraphy & Design, Jerusalem 1997.

Kap. 8: Historische Topographie

Zur Methodik:

Borée, Wilhelm: Die alten Ortsnamen Palästinas, Leipzig ²1940 = Hildesheim 1968 [behandelt die Namensform aller biblischen Ortsnamen].

Görg, Manfred: Untersuchungen zur hieroglyphischen Wiedergabe palästinischer Ortsnamen, Bonn 1974.

Noth, Martin: Die topographischen Angaben im Onomastikon des Eusebius, ZDPV 66. 1943, 32–63 = ders., Aufsätze zur biblischen Landes- und Altertumskunde 1, Neukirchen-Vluyn 1971, 309–331.

Ders.: Jabes-Gilead. Ein Beitrag zur Methode alttestamentlicher Topographie, ZDPV 69. 1953, 28–41 = ders., Aufsätze zur biblischen Landes-

und Altertumskunde 1, Neukirchen-Vluyn 1971, 476–488.

Röllig, Wolfgang (Hrsg.): Von der Quelle zur Karte, Weinheim 1991 [enthält mehrere interessante Beiträge zur Problematik historischer Geographie, u. a. einen Beitrag über die Erstellung historischer Palästinakarten].

Allgemeine Einführungen:

Abel, Félix-Marie: Géographie de la Palestine. Tome I: Géographie physique et historique. Tome II. Géographie politique. Les villes, Paris 1933/1937 [noch immer brauchbares, aber z. T. durch neuere Forschungen überholtes Werk; allerdings das einzige Werk, das alle biblischen Ortslagen behandelt].

Aharoni, Yohanan: Das Land der Bibel. Eine historische Geographie, Neukirchen-Vluyn 1984 [grundlegende Darstellung, in der die Entwicklung des Landes auf Grund der zur Verfügung stehenden topographischen Quellen behandelt wird].

Dussaud, René: Topographie historique de la Syrie antique et médiévale, Paris 1927.

Kallai, Zecharia: Historical Geography of the Bible. Tribal Territories of Israel, Jerusalem/Leiden 1986 [beschäftigt sich mit den Stammesgebieten der biblischen Stämme].

Naʿaman, Nahman: Borders & Districts in Biblical Historiography, Jerusalem 1986) [gesammelte Aufsätze zu topographischen Problemen].

Smith, George A.: The Historical Geography of the Holy Land, Glasgow 1894/Jerusalem ³⁰1966 [Klassiker].

Angaben zu den Textquellen für die Erstellung einer Geschichte einer Ortslage s. S. 129–132.

Zusammenstellungen der zu bestimmten Zeiten besiedelten Ortslagen (chronologisch geordnet):

Thompson, Thomas L.: The Settlement of Palestine in the Bronze Age (BTAVO B 34), Wiesbaden 1979.

Ders.: The Settlement of Sinai and the Negev in the Bronze Age (BTAVO B 8), Wiesbaden 1975.

Palumbo, Gaetano: The Early Bronze Age IV in the Southern Levant. Settlement Patterns, Economy, and Material Culture of a ‚Dark Age‘, Rom 1991.

Ders. (Ed.): JADIS. Jordan Antiquities Database and Information System, Amman 1994.

Zwickel, Wolfgang: Eisenzeitliche Ortslagen im Ostjordanland (BTAVO B 81), Wiesbaden 1990.

Stern, Ephraim: Material Culture of the Land of the Bible in the Persian Period 538–332 B.C., Warminster 1982.

Wenning, Robert: Die Nabatäer – Denkmäler und Geschichte (NTOA 3), Fribourg/Göttingen 1987.

Ovadiah, Asher: Corpus of the Byzantine Churches in the Holy Land (Theophaneia 22), Bonn 1970. Supplementa in Levant 13. 1981, 200–261; 14. 1982, 122–170.

Kap 9: Sitten und Gebräuche

Dalman, G.: Arbeit und Sitte in Palästina I–VIII, Gütersloh u. a. 1928–2001 [unverzichtbares Standardwerk zum Alltagsleben in Palästina; der abschließende Band VIII, der leider ein Fragment geblieben ist, enthält jetzt ein Register für die früheren Bände].

Aus der Vielzahl an Büchern über Nomaden und Beduinen und deren Lebensweise sind besonders zu nennen:

Barfield, Thomas J.: The Nomadic Alternative, New York 1993.

Biasio, Elisabeth: Beduinen im Negev. Vom Zelt zum Haus, Zürich 1998.

Hobbs, Joseph J.: Bedouin Life in the Egyptian Wilderness, Kairo 1990.

Korsching, Friederike: Beduinen im Negev. Eine Ausstellung der Sammlung Sonia Gidal, Mainz 1980.

Lancaster, William: The Rwala Bedouin Today, Cambridge 1981.

Musil, Alois: The Manners and Customs of the Rwala Bedouins, New York 1928.

Oppenheim, Max Freiherr von: Die Beduinen (2 Bde.), Leipzig 1939.

Reintjes, H.: Die soziale Stellung der Frau bei den nordarabischen Beduinen unter besonderer Berücksichtigung ihrer Ehe- und Familienverhältnisse, Bonn 1974.

Wilson, C. T.: Peasant Life in the Holy Land, London 1906.

Literatur zur Ethnoarchäologie:

Biewers, Michèle: L'habitat traditionnel à ʿAima. Enquête ethnoarchéologique dans un village jordanien (BAR S 662), Oxford 1997.

Kramer, Carol (Ed.): Ethnoarchaeology: The Implications of Ethnography for Archaeology, New York 1979.

Themenhefte Ethnoarchaeology I + II: NEA 63. 2000, 1–110 sowie BA 56:4, 1993.

10. Kulturgeschichte

Allgemein

Avi-Yonah, Michael: Art in Ancient Palestine. Selected Studies, Jerusalem 1981

Collon, Dominique: Ancient Near Eastern Art, London 1995.

Galling, Kurt (Hrsg.): Biblisches Reallexikon (HAT I/1), Tübingen 1977 [noch immer das zuverlässigste und beste Standardwerk für alle Fragen zu Realien].

Hachlili, Rachel: Ancient Jewish Art and Archaeology in the Land of Israel (HO I/2 B4), Leiden u. a. 1988.

Heinz, Marlies: Altsyrien und Libanon. Geschichte, Wirtschaft und Kultur vom Neolithikum bis Nebukadnezar, Darmstadt 2002.

Kuhnen, Hans-Peter: Palästina in griechisch-römischer Zeit, München 1990 [beste Darstellung für die jüngeren Epochen].

Levy, Thomas E. (Ed.): The Archaeology of Society in the Holy Land, London/Washington 1993.

Mazar, Amihai: Archaeology of the Land of the Bible 10,000–586 B.C.E., New York u. a. 1990.

Patrich, Joseph: The Formation of Nabatean Art, Jerusalem u. a. 1990.

Reallexikon für Antike und Christentum, Stuttgart 1950 ff. [unverzichtbares Standardwerk für alle Realien seit der Zeitenwende].

Rousseau, John J./Arav, Rami: Jesus and His World. An Archaeological and Cultural Dictionary, Minneapolis 1995.

Stern, Ephraim: Archaeology and the Land of the Bible. Volume II: The Assyrian, Babylonian, and Persian Periods (732–332 B.C.E.), New York u. a. 2001.

Weippert, Helga: Palästina in vorhellenistischer Zeit, München 1988 [beste derzeitlich erhältliche Gesamtdarstellung].

Wenning, Robert: Die Nabatäer – Denkmäler und Geschichte. Eine Bestandsaufnahme des archäologischen Befundes (NTOA 3), Fribourg/Göttingen 1987.

Kulturgeschichtliche Entwicklung in Palästina, wichtige Werke zu den einzelnen Perioden (chronologisch geordnet):

Schyle, Daniel/Uerpmann, Hans-Peter: Das Epipaläolithikum des Vorderen Orients (BTAVO B 85/1.2), Wiesbaden 1996.

Gebel, Hans Georg u. a. (Ed.): The Prehistory of Jordan, II. Perspectives from 1997, Berlin 1997.

Epstein, Claire: The Chalcolithic Culture of the Golan, Jerusalem 1998.

Hanbury-Tenison, J. W.: The Late Chalcolithic to Early Bronze I Transition in Palestine and Transjordan, Oxford 1986.

Miroschedji, Pierre de (Ed.): L'urbanisation de la Palestine à l'âge du Bronze ancien I, Oxford 1989.

Esse, Douglas L.: Subsistence, Trade, and Social Change in Early Bronze Age Palestine, Chicago 1991.

Gerstenblith, Patty: The Levant at the Beginning of the Middle Bronze Age, Winona Lake 1983.

Kempinski, Aaron: Syrien und Palästina (Kanaan) in der letzten Phase der Mittelbronze IIB-Zeit (1650–1570 v. Chr.), (ÄAT 4), Wiesbaden 1983.

Dothan, Trude: The Philistines and Their Material Culture, Jerusalem 1982.

Oren, Eliezer D. (Ed.): The Sea Peoples and their World: A Reassessment, Philadelphia 2000.

Finkelstein, Israel: The Archaeology of the Israelite Settlement, Jerusalem 1988.

Ders./Na'aman, Nahman (Ed.): From Nomadism to Monarchy. Archaeological and Historical Aspects of Early Israel, Jerusalem/Washington 1984.

Kletter, Raz: Pots and Polities: Material Remains of Late Iron Age Judah in Relation to its Political Borders, in: BASOR 314. 1999, 19–54.

Stern, Ephraim: Archaeology of the Land of the Bible. Volume II: The Assyrian, Babylonian, and Persian Periods (732–332 B.C.E.), New York u. a. 2001.

Ders.: Material Culture of the Land of the Bible in the Persian Period 538–332 B.C., Warminster/Jerusalem 1982.

Nunn, Astrid: Der figürliche Motivschatz Phöniziens, Syriens und Transjordaniens vom 6. bis zum 4. Jahrhundert v. Chr. (OBO.SA 18), Fribourg/Göttingen 2000.

In der Zeitschrift NEA sind in den letzten Jahren einige Themenhefte zu einzelnen Perioden erschienen, in denen die jeweiligen Epochen ausführlich und mit reichlich Bibliographie dargestellt werden.

Nachfolgend sind zu den einzelnen Kategorien nur Literaturangaben aufgeführt, die noch nicht in den Literaturangaben von Galling, BRL² verzeichnet sind.

Ackerbau und Viehzucht

Siehe auch Flora und Fauna.

Bar-Yosef, Ofer/Khazanov, Anatoly (Ed.): Pastoralism in the Levant. Archaeological Materials and Anthronological Perspectives, Madison 1992.
Frankel, Rafael u.a.: History and Technology of Olive Oil in the Holy Land, Tel Aviv 1994.
Ders.: Wine and Oil Production in Antiquity in Israel and Other Mediterranean Countries, Sheffield 1999.
Staubli, Thomas: Das Image der Nomaden im Alten Israel und in der Ikonographie seiner sesshaften Nachbarn (OBO 107), Fribourg/Göttingen 1991.

Haushalt

Daviau, P. M. Michèle: Houses and their Furnishings in Bronze Age Palestine. Domestic Activity Areas and Artefact Distribution in the Middle and Late Bronze Ages, Sheffield 1993.
Hübner, Ulrich: Spiele und Spielzeug im antiken Palästina (OBO 121), Fribourg/Göttingen 1992.
Nippa, Annegret: Haus und Familie in arabischen Ländern. Vom Mittelalter bis zur Gegenwart, München 1991 = Darmstadt 1991.
Tilly, Michael: So lebten Jesu Zeitgenossen. Alltag und Frömmigkeit im antiken Judentum, Mainz 1997.

Stadtentwicklung

Fansa, Mamoun u.a. (Ed.): Damaskus – Aleppo. 5000 Jahre Stadtentwicklung in Syrien, Mainz 2000.
Fritz, Volkmar: Die Stadt im alten Israel, München 1990.
Herzog, Ze'ev: Archaeology of the City. Urban Planning in Ancient Israel and its Social Implications, Tel Aviv 1997.
Hoffmann, Adolf/Kerner, Susanne (Hrsg.): Gadara – Gerasa und die Dekapolis, Mainz 2002.
Wilhelm, Gernot (Hrsg.): Die orientalische Stadt. Kontinuität, Wandel, Bruch, Saarbrücken 1997.
Wirth, Eugen: Die orientalische Stadt im islamischen Vorderasien und Nordafrika (2 Bde.), Mainz 2000.
Zwingenberger, Uta: Dorfkultur der frühen Eisenzeit in Mittelpalästina (OBO 180), Fribourg/Göttingen 2001.

Architektur

Fritz, Volkmar: Paläste während der Bronze- und Eisenzeit in Palästina, in: ZDPV 99. 1983, 1–42.

Herzog, Ze'ev: Das Stadttor in Israel und in den Nachbarländern, Mainz 1986.
Hirschfeld, Yizar: The Palestinian Dwelling in the Roman-Byzantine Period, Jerusalem 1995.
Kee, Howard C./Cohick, Lynn H.: Evolution of the Synagogue. Problems and Progress, Harrisburg 1999.
Kempinski, Aaron/Reich, Ronny (Ed.): The Architecture of Ancient Israel from the Prehistoric to the Persian Periods, Jerusalem 1992.
Levine, Lee I. (Ed.): Ancient Synagogues Revealed, Jerusalem 1981.
Lichtenberger, Achim: Die Baupolitik Herodes des Großen (ADPV 26), Wiesbaden 1999.
Netzer, Ehud: Die Paläste der Hasmonäer und Herodes' des Großen, Mainz 1999.
Piccirillo, Michele: The Mosaics of Jordan, Amman 1993.
Pringle, Denys: The Churches of the Crusader Kingdom of Jerusalem: A Corpus (2 Bde.), Cambridge 1993/1998.
Ders.: Secular Buildings the Crusader Kingdom of Jerusalem: An Archaeological Gazetteer, Cambridge 1998.
Ders.: Fortification and Settlement in Crusader Palestine, Aldershot 2000.
Roller, Duane W.: The Building Program of Herod the Great, Berkeley u.a. 1998.
Shiloh, Yigael: The Proto-Aeolic Capital and Israelite Ashlar Masonry (Qedem 11), Jerusalem 1979.
Urman, Dan/Flesher, Paul V. M. (Ed.): Ancient Synagogues. Historical Analysis and Archaeological Discovery (2 vol.), Leiden u.a. 1995.
Wright, G. R. H.: Ancient Building in South Syria and Palestine. Vol. I/II (HO I/2 B3), Leiden/Köln 1985.
Zwickel, Wolfgang: Der Tempelkult in Kanaan und Israel (FAT 10), Tübingen 1994 [Zusammenstellung aller Tempelbauten von der Mittelbronzezeit bis zum Ende der Eisenzeit].
Ders.: Der salomonische Tempel, Mainz 1999.

Kultgerätschaften und -installationen

Abou Assaf, Ali: Untersuchungen zur ammonitischen Rundbildplastik, in: UF 12. 1980, 7–102.
Bignasca, Andrea M.: I kernoi circolari in Oriente e in Occidente. Strumenti di culto e immagini cosmiche (OBO.SA 19), Fribourg/Göttingen 2000.
Bretschneider, Joachim: Architekturmodelle in Vorderasien und der östlichen Ägäis vom Neolithikum bis in das 1. Jahrtausend. Phänomene in der Kleinkunst an Beispielen aus Mesopotamien, dem Iran, Anatolien, Syrien, der Levante und

dem ägäischen Raum unter besonderer Berücksichtigung der bau- und religionsgeschichtlichen Aspekte (AOAT 229), Kevelaer/Neukirchen-Vluyn 1991.

Kamlah, Jens: Tell el-Fuḫḫār (Zarqu?) und die pflanzenhaltende Göttin in Palästina, in: ZDPV 109. 1989, 101–127.

Kletter, Raz: The Judean Pillar-Figurines and the Archaeology of Asherah (BAR 636), Oxford 1996.

Negbi, Ora: Canaanite Gods in Metal. An Archaeological Study of Ancient Syro-Palestinian Figurines (Publications of the Institute of Archaeology 5), Tel Aviv 1976.

Nunn, Astrid: Der figürliche Motivschatz Phöniziens, Syriens und Transjordaniens vom 6. bis zum 4. Jahrhundert v. Chr. (OBO.SA 18), Fribourg/Göttingen 2000.

Pritchard, James B.: Palestinian Figurines in Relation to Certain Goddesses known through Literature, New Haven 1943.

Schmitt, Rüdiger: Philistäische Terrakottafigurinen, in: UF 31. 1999, 577–676.

Seeden, Helga: The Standing Armed Figurines in the Levant (Prähistorische Bronzefunde I/1), München 1980.

Winter, Urs: Frau und Göttin. Exegetische und ikonographische Studien zum weiblichen Gottesbild im Alten Israel und in dessen Umwelt (OBO 53), Fribourg/Göttingen 1983.

Zwickel, Wolfgang: Räucherkult und Räuchergeräte. Exegetische und archäologische Studien zum Räucheropfer im Alten Testament (OBO 97), Fribourg/Göttingen 1990 [zu Altären, Räucheraltären, Metallschaufeln].

Krieg und Waffen

Gopher, Avi: Arrowheads of the Neolithic Levant. A Seriation Analysis (ASOR Diss. Series 10; Winona Lake 1994.

Gonen, Rivka: Weapons of the Ancient World, London 1975.

Herold, Anja: Streitwagentechnologie in der Ramses-Stadt. Bronze an Pferd und Wagen, Mainz 1999.

Philip, Graham: Metal Weapons of the Early and Middle Bronze Ages in Syria-Palestine (BAR S 526/1.2), Oxford 1989.

Kunsthandwerk und Schmuck

Barnett, Richard D.: Ancient Ivories in the Middle East (Qedem 14), Jerusalem 1982.

Bianchi, Robert St. (Ed.): Reflections on Ancient Glass from the Borowski Collection, Mainz 2002.

Gershuny, Lilly: Bronze Vessels from Israel and Jordan (Prähistorische Bronzefunde II/6), München 1985.

Liebowitz, Harold: Bone and Ivory Inlay from Syria and Palestine, in: IEJ 27. 1977, 89–97.

Markoe, Glenn: Phoenician Bronze and Silver Bowls from Cyprus and the Mediterranean, Berkeley 1985.

Musche, Brigitte: Vorderasiatischer Schmuck von den Anfängen bis zur Zeit der Achämeniden (ca. 10 000–330 v. Chr.), (HO 7/1 2B,7), Leiden 1992.

Rehm, Ellen: Der Schmuck der Achämeniden (AVO 2), Münster 1992.

Rosenthal, Renate: Late Roman and Byzantine Bone Carvings from Palestine, in: IEJ 26. 1976, 96–103.

Stucky, Rolf A.: The Engraved Tridacna Shells, São Paulo 1974.

Thimme, Jürgen: Phönizische Elfenbeine, Karlsruhe 1973.

Grabsitten und -gebräuche

Bloch-Smith, Elizabeth: Judahite Burial Practices and Beliefs about the Dead (JSOT.SS 123), Sheffield 1992.

Frede, Simone: Die phönizischen anthropoiden Sarkophage. Teil 1: Fundgruppen und Bestattungskontexte, Mainz 2000.

Gonen, Rivka: Burial Patterns and Cultural Diversity in Late Bronze Age Canaan, Winona Lake 1992.

Lemke, Katja: Phönizische anthropoide Sarkophage, Mainz 2001.

Nunn, Astrid: Nekropolen und Gräber in Phönizien, Syrien und Jordanien zur Achämenidenzeit, in: UF 32. 2000, 389–463.

Wenning, Robert: Bestattungen im königszeitlichen Juda, in: ThQ 177. 1997, 82–93 [die Drucklegung der Eichstätter Habilitationsschrift des Autors zur selben Thematik ist seit längerem angekündigt].

Rahmani, Lewi Y.: A Catalogue of the Jewish Ossuaries in the Collections of the State of Israel, Jerusalem 1994.

Kleidung

Völger, Gisela u. a. (Hrsg.): Pracht und Geheimnis. Kleidung und Schmuck aus Palästina und Jordanien, Köln 1987.

Schmidt-Colinet, Andreas u. a.: Die Textilien aus

Palmyra (Damaszener Forschungen 8), Mainz 2000.

Wäfler, Markus: Nicht-Assyrer neuassyrischer Darstellungen (AOAT 26), Kevelaer/Neukirchen-Vluyn 1975 [wichtig für die Darstellung unterschiedlicher Stämme bzw. Völker Palästinas auf assyrischen Reliefs].

Musik

Braun, Joachim: Die Musikkultur Altisraels/Palästinas. Studien zu archäologischen und vergleichenden Quellen (OBO 164), Fribourg/Göttingen 1999.

Münzen

Hill, George F.: A Catalogue of the Greek Coins in the British Museum. Vol. XXVII: Catalogue of the Greek Coins of Palestine (Galilee, Samaria and Judaea), London 1914.

Kadman, Leo: Jerusalem. I, 1956: The Coins of Aelia Capitolina, Jerusalem 1956.

Ders.: The Coins of Caesarea Maritima, Jerusalem 1957.

Ders.: The Coins of the Jewish War of 66–73 C.E., Jerusalem 1960.

Ders.: The Coins of Akko-Ptolemais, Jerusalem 1961.

Kienle, Helmut: Der Gott auf dem Flügelrad. Zu den ungelösten Fragen der ‚synkretistischen‘ Münze BMC Palestine S. 181, Nr. 29, Wiesbaden 1975.

Madden, Frederic W.: Coins of the Jews, London 1881 = Hildesheim 1976.

Ders.: History of Jewish Coinage and of Money in the Old and New Testament, London 1864 = New York 1967.

Meshorer, Ya'akov: Nabataean Coins (Qedem 3), Jerusalem 1975.

Ders.: City-Coins of Eretz-Israel and the Decapolis in the Roman Period, Jerusalem 1984.

Ders.: Ancient Jewish Coinage I/II, Dix Hills/New York 1982.

Ders.: Jewish Coins of the Second Temple Period, Tel Aviv 1967.

Ders.: A Treasury of Jewish Coins. From the Persian Period to Bar Kokhba, Jerusalem/New York 2001.

Ders./Qedar, Shrage: The Coinage of Samaria in the Fourth Century BCE, Jerusalem 1991.

Dies.: Samarian Coinage (Numismatic Studies and Researches 9), Jerusalem 1999.

Mildenberg, Leo: The Coinage of the Bar Kokhba War, Aarau u. a. 1984.

Ders.: Vestigia Leonis. Studien zur antiken Numismatik Israels, Palästinas und der östlichen Mittelmeerwelt (NTOA 36), Fribourg/Göttingen 1998.

Oberbeck, Bernhard: Das Heilige Land. Antike Münzen und Siegel aus einem Jahrtausend jüdischer Geschichte, München 1993.

Rosenberger Mayer/Meir [Sammeltitel]: City Coins of Palestine (The Rosenberger Israel Collection), (3 Bde.), Jerusalem 1972/1975/1977.

Spijkerman, Augustus: Coins of the Decapolis and Provincia Arabia, Jerusalem 1978.

Personen- und Sachregister (Auswahl)

Bibelstellenregister (Auswahl)

Abbildungsnachweis

Abb. 1: Wilson, Charles/Warren, Charles: The Recovery of Jerusalem. A Narrative of Exploration and Discovery in the City and the Holy Land, London 1871, S. 35

Abb. 2: Zeichnung: Ronja Kratz, © Wolfgang Zwickel

Abb. 3: Zwickel, Wolfgang: Calwer Bibelatlas, Stuttgart 2000, S. 43 (© Calwer Verlag, Stuttgart)

Abb. 4: © Calwer Verlag/Wolfgang Zwickel

Abb. 5a und b: Zeichnung: Ronja Kratz (© Calwer Verlag/Wolfgang Zwickel)

Abb. 6: Zwickel, Wolfgang: Die Welt des Alten und Neuen Testaments. Ein Sach- und Arbeitsbuch, Stuttgart 1997, S. 111 (© Wolfgang Zwickel)

Abb. 7: © Calwer Verlag/Wolfgang Zwickel

Abb. 8: © Calwer Verlag/Wolfgang Zwickel

Abb. 9: © Calwer Verlag/Wolfgang Zwickel

Abb. 10: Zwickel, Wolfgang: Calwer Bibelatlas, Stuttgart 2000, S. 42 (© Calwer Verlag Stuttgart)

Abb. 11: 11 a: aus: Keel, Othmar/Uehlinger, Christoph: Göttinnen, Götter und Gottessymbole, Freiburg u. a. ⁵1998, S. 245 Abb. 222 b

11 b: aus: Metzger, Martin: Der Weltenbaum in vorderorientalischer Bildtradition, in: Unsere Welt – Gottes Schöpfung. FS E. Wölfel, Marburg 1992, S. 13 Abb. 1

11 c: aus: Ebd., S. 14 Abb. 8

11 d: aus: Ebd., S. 18 Abb. 33

11 e: aus: NBL II, 223